北大文化產業評論

Peking University Cultural Industries Review

向勇◎主编

2022–2023

華文出版社
SINO-CULTURE PRESS

图书在版编目（CIP）数据

北大文化产业评论．2022—2023 / 向勇主编．-- 北京：华文出版社，2023.8

ISBN 978-7-5075-5824-1

Ⅰ．①北… Ⅱ．①向… Ⅲ．①文化产业－研究 Ⅳ．①G114

中国版本图书馆CIP数据核字(2023)第124278号

北大文化产业评论 2022—2023

主　　编：向　勇
策划编辑：杨艳丽
责任编辑：张颖潇　周海璐
出版发行：华文出版社
地　　址：北京市西城区广安门外大街305号8区2号楼
邮政编码：100055
网　　址：http：//www.hwcbs.cn
电　　话：总编室 010-58336239　发行部 010-58336212 58336230
　　　　　责任编辑 010-58336191
经　　销：新华书店
印　　刷：三河市龙大印装有限公司
开　　本：787mm×1092mm　1/16
印　　张：14.75
字　　数：260千字
版　　次：2023年8月第1版
印　　次：2023年8月第1次印刷
标准书号：ISBN 978-7-5075-5824-1
定　　价：68.00元

《北大文化产业评论》编委会

贾旭东（中国传媒大学）
高宏存［中央党校（国家行政学院）］
彭　锋（北京大学）
傅才武（武汉大学）
魏鹏举（中央财经大学）
Boyi Li（The London School of Economics and Political Science）

编者按

党的二十大报告深刻阐明了新时代新征程党的使命任务，发出全面建设社会主义现代化国家、全面推进中华民族伟大复兴的动员令，着重强调“提高全社会文明程度”。这些深刻论断全面把握了建设社会主义现代化国家的战略部署和新任务、新要求，指明社会主义文化建设的基本内涵和未来目标，对推动社会主义文化强国建设具有重大的指导意义。2023年6月2日，习近平总书记在北京文化传承发展座谈会上强调，在新的起点上继续推动文化繁荣、建设文化强国、建设中华民族现代文明，是我们在新时代新的文化使命。建设中国特色社会主义文化强国，需要我们持续推进文化自信自强，繁荣发展文化事业和文化产业，增强中华文化的传播力、影响力，坚守中华文化立场，讲好中国故事、传播好中国声音。6月7日至8日，中央宣传部主办的首届文化强国建设高峰论坛在深圳举办，论坛主题为“推进文化自信自强 促进文明交流互鉴”。习近平总书记代表党中央向论坛致贺信，为我们更好地担负起新的文化使命，激发全民族文化创新创造活力指明方向；也为我们提供了文化强国的理论指导和行动指南，使我们更深刻地认识到文化产业高质量发展对文化强国建设的重要价值。

文化数字化建设是我国数字中国建设宏观布局的重要内容，也是推动文化强国建设的重要手段。创意劳动作为文化数字化转型的核心要素，在数字内容生产、数字文化人才培养、数字文化经济发展、数字文化社会转型、数字文化企业管理、数字城乡文化治理、数字创意传播等领域都呈现出独有的特征，值得学界和业界进一步研究与探讨。2022年9月2至4日，北京大学艺术管理与文化产业博士生论坛召开。此次论坛主题为“数字文创与创意劳动”，紧密契合中央提出的国家文化数字化战略，为文化强国建设视域下数字文化体系的创新与发展建言献策。2023第二十届中国文化产业新年论坛于1月7日至8日举行，论坛以“中国式现代化与文化新辉煌”为主题，邀请了全国范围内的专家学者和业界人士积极探讨新时代文化强国建设与文化创新发展。

本期评论集辑录的大部分论文大多来自这两次论坛遴选出的研究成果。此外，本期评论面向国内外专家与行业人士约稿，得到国内外文化研究领域的专家教授、青年学者的积极响应，共收录论文15篇，基本反映了2022年以来我国文化建设与发展的重点领域和重要议题，分为理论视野、前沿观察、产业动态、区域热点四个栏目，呈现出不同角度、不同类型、不同层面、不同学科的文化发展研究视点。

在理论视野栏目中所辑的论文涉及文化和经济的多个领域，提出了文化研究的原创性理论。有研究者提出“文化因子”模型，对当今跨文化传播以及中华传统文化艺术的海外传播提出建议；也有研究者研发出“技术 - 形式 - 内容”三阶元模型，探析博物馆数字藏品发行的本质并对其进行深度诠释；还有研究者通过选取戴维·索罗斯比（David Throsby）文化资本理论中具有代表性的资本、场所、组织和价值转换理论，试图进一步解析其文化经济学对文化产业研究的理论价值。

在前沿观察栏目中所辑的论文聚焦博物馆文创、数字博物馆、非遗短视频的创新性发展等行业热点话题。有研究者认为，推动博物馆文创新业态的发展，重点在于数字化转型、产业链拓展、社会化协同；也有研究者着重探讨了丝绸之路数字博物馆“再现 - 重塑 - 共同诠释”的构建路径，旨在为数字技术及其多元阐释提供可能性；还有研究者以抖音“非遗合伙人”计划为分析对象，总结非遗短视频传播实践中亟待解决的问题，并从创作者和平台方的角度，提出促进传统非遗短视频创新传播的策略和方法。

在产业动态栏目中所辑的论文主要从平台与消费者不同角度出发，以个案研究的方式探析影响文化创新发展的深层次因素。有研究者通过定量研究的方式，分析了短视频带货营销模式对消费者线上购买决策的影响等；也有研究者以数字音乐平台 VFine Music 为例，分析了我国数字音乐商用版权平台的运作结构与经济特性；也有研究者以哔哩哔哩弹幕网为例，分析我国 UGC 网络视频平台的现状、瓶颈与前景；也有研究者以西区爱乐室内乐团为例，从价值链理论的视角出发，探索我国非职业交响乐团的发展路径；还有研究者通过草莓音乐节这种新兴的文化消费形式，细致探究参与者满意度、忠诚度、重游度等影响因素，以及价值感知影响机制。

在区域热点栏目中所辑的论文着眼于不同区域的代表性案例，对文化发展相关领域进行深入分析，对文化及相关产业的未来发展提供可行性建议。有研究者以河南卫视“中国节日”系列节目为例，基于“后身体”视角理论，探讨身体语言与技术相结合的背景下，以身体的表意实现传统文化的创新表达；也有研究者聚焦城市文化街区的典型代表——成都宽窄巷子，探究其夜间经济的游客满意度，对于提升游客满意度有较高的理论参考价值；也有研究者探讨了台北忠泰“新富町文化市场”的案例，全方位调研与分析艺术倡议 (Art-Based Initiatives) 施行过程中所产生的价值与影响；还有研究者从艺术管理视角对广西藤县舞狮的传承与发展进行探讨，为我们提供非遗传承的相关启发与实践思考。

文化是国家发展和民族振兴的强大力量，借助观念创新、技术创新、机制创新，更好地传承中华文化基因，弘扬中华美学精神，推进文化强国建设，是助力中国式现代化发展道路、建设中华民族现代文明，铸就社会主义文化新辉煌的重要基石和根本路径。今后，本评论将立足文化强国建设研究，聚焦文化发展战略、国家文化安全、文化体制改革与国家文化治理、中国传统文化创造性转化和创新性发展、文化经济政策、公共文化建设、文化产业发展、城市文化建设、乡村文化振兴、文化与旅游融合、网络文化建设等领域开展专题约稿，进一步凸显本评论集文化性、专题性、专业性和创新性的组稿思路，进一步凸显本评论集学术性、创造性、现代性和中国性的编辑视野。

北京大学风雨征程已经走过 125 年的峥嵘岁月，在办学过程中始终站在时代前沿，与国家发展同频共振，经历了文化救国、文化立国、文化兴国和文化强国百余年的进阶之路。在多元学科日益交融互动的当下，我们特别期待中国文化界不同学科、不同领域之间不断激发思想火花、点亮智慧火种，推动我国文化创新实践与理论研究的持续和蓬勃展开，建构世界文化发展前沿领域的中国学派。诚挚欢迎国内外学界专家与社会各界人士继续关注和支持本评论集。

《北大文化产业评论》编辑部

2023 年 6 月 20 日

目　录

区域热点

产业动态

短视频带货营销模式对消费者线上购买决策的影响因素研究[①]

陈 丝[②] 马瑞青[③]

【内容提要】 本文旨在分析探究短视频带货兴起背景下消费者的购物决策影响因素及决策机制。结合过往文献和短视频营销形式的特点，本文提出真实性、优质内容、社交核心人物（媒体传播中习惯称“意见领袖”）、用户参与度、激励机制五个变量因子，选取感知价值的结果性价值、情绪性价值、程序性价值三个维度作为中介变量，通过线性回归证明各变量对于购买决策的影响机制。本文发现激励机制、社交核心人物对于三类感知价值的显著作用，并通过感知价值正向影响购买决策。本文还发现，消费水平、年龄、学历背景分别对社交核心人物、激励机制、优质的内容所带来的购买刺激产生正向放大作用。本文对关于短视频场景下线上购物的研究进行了补充，同时对于短视频平台运营及内容创作有参考意义。

【关键词】 购买决策；感知价值；短视频带货

---

① 本文系 2020 年度上海市社科规划一般课题“互联网 +”背景下上海建设全球影视创制中心战略路径研究阶段性成果（课题批准号：2020BCK006）。

本文由上海交通大学上海交大－南加州大学文化创意产业学院所属紫竹中美网络视听传媒管理联合研究中心及国际文化创意产业研究学会专项研究基金资助，首期启动基金由紫竹国家高新技术产业开发区捐赠。

② 陈丝，清华－康奈尔双学位金融工商管理 2021 届硕士，影视文化投资人。

③ 马瑞青，上海交通大学上海交大－南加州大学文化创意产业学院副教授、北京大学文化产业研究院副研究员。

Factors Affecting Customers' Online Purchase Decisions in Short Video E-commerce

CHEN Si，MA Ruiqing

Abstract: Under the background of emerging short video marketing and e-commerce on short video platforms, this dissertation studies the factors affecting customers online purchase decisions on China short video platforms. We chose five factors of High-quality Content, Influencers, Incentives, Reliability, User Engagement and three intermediate factors of Perceived Values of Result, Emotion, Procedure to construct the model showing how the factors influence Purchase Decisions. Testing with multiple-factor regressions, we found that Incentives and Influencers have significant impact on three kinds of Perceived Value and a positive influence on Purchase Decisions. In addition, influences of these five factors can be different in different customer groups. We found the impact of Incentives, Influencers and High-quality Content on Purchase Decisions can be amplified by higher age, higher consumption level and higher education respectively.

Keywords: Purchase Intention, Perceived Value, Short Video E-commerce

一、引　言

电子商务的飞速发展带来了全新的营销方式，影响着消费者的线上购物行为。前人学者梳理总结了各类线上购物场景，主要包括购物网站、社交分享、团购、直播、短视频五大类。在不同场景下，消费者的购买行为具有不同的特征，影响其购买决策的因素也不尽相同。

一、购物网站场景。该场景一般指消费者在网络商城浏览商品信息并发出购物请求，货品邮寄上门的场景。王崇等（2016）[①]将电子商务交易成本拆分成搜寻成本、评价成本、支付成本、风险成本四个维度，并发现提高后三项成本，会使感知价值

① 王崇，吴价宝，王延青．移动电子商务下交易成本影响消费者感知价值的实证研究［J］．中国管理科学，2016（8）：98-106.

显著降低，而搜寻成本对于感知价值的作用并不显著。杜学美（2016）[①] 针对购物网站的客户评价反馈产品或公司的功能，研究在线评论对于线上消费者的购买决策影响，证实了消费者购买决策受评论的功能价值（评论的数量、质量、效价）和消费者的心理表征的共同正向作用。

二、社交分享场景。社交电商借助社交网络平台，通过社交互动、展示用户生产内容的形式促进产品的推介和销售。高海霞等（2019）[②] 指出，社交平台上的信息分享、成员互动、相似感知会显著激发消费者的隐形需求。王兴标等（2020）[③] 认为，网络社交平台的电商化活动下的商家以个体户和自然人居多（如微商），商家的进入门槛低。其电子商务活动缺乏系统性的监管和行业规范的引导，存在消费者的感知风险。他们证明系统质量、信息质量、产品质量、服务质量显著正向作用于感知信任，反向作用于感知风险，并进一步影响购买意愿。社群关系则与中介变量感知信任与感知风险成弱相关。肖开红等（2021）[④] 则基于使用微信群组的购物人群，研究社交核心人物与社交网络对于消费者购物决策的重要影响。发现在微信的社交关系网络中，社交核心人物可凭借其专业度、互动活跃度显著提升消费者的购买意愿。产品的促销激励也将通过提高消费者感知价值而促进消费者购买。

三、团购促销场景。团购是指限定一定数量的消费者一起参与某一产品的购买活动以获得一定数量折扣销售方式。史烽等（2017）[⑤] 围绕团购的特点，提出价格折扣、时间压力、限购数量与参团人数作为环境刺激因素会影响消费者对产品和交易过程的感知风险。事实证明，团购的价格折扣与参团人数会正向影响消费者的购买意愿，而限购数量会反向影响购买意愿。

四、直播带货场景。直播带货是指在直播中进行商品的展示、咨询、导购等活

---

① 杜学美，丁璟妤，谢志鸿，雷丽芳. 在线评论对消费者购买意愿的影响研究［J］. 管理评论，2016，28（03）：173–183.

② 高海霞，牛小静，朱冀方. 社交购物分享对用户隐性需求的影响研究［J］. 生产力研究，2019，11（032）：138–143.

③ 王兴标，谷斌. 基于信任的移动社交电子商务购买意愿影响因素［J］. 中国流通经济，2020，34（04）：23–33.

④ 肖开红，雷兵. "意见领袖"特质、促销刺激与社交电商消费者购买意愿——基于微信群购物者的调查研究［J］. 管理学刊，2021，34（01）：100–110.

⑤ 史烽，孟超，李晓锋等. 基于 SOR 模型的网络团购消费者购买意愿研究［J］. 商业经济研究，2017（20）：53–55.

动的商品推介形式。刘平胜等（2020）[①] 提出，直播带货对消费者购买意愿的影响集中在关注、兴趣、搜寻这三个阶段，指出优质内容、激励机制、"意见领袖"、高度互动性与信任五个因素会显著刺激消费者的购买。田鑫鑫等（2020）[②] 提出，淘宝直播是链接供给与需求的一种形式；因此除了考虑"意见领袖"和感知收益外，他们提出搜索成本的降低与直播间情境因素有利于增强消费者的购买意愿。纪曼等（2020）[③] 更加深入地研究了直播间场景因素，将观看人数与成交量纳入影响指标，通过 SOR 模型证明直播间场景因素皆正向影响观看者购买意愿。

五、短视频营销场景。短视频营销指通过短视频进行产品的分享推介，通常以独立于其他内容的头、尾或中插广告和融入短视频内容的测评、推介等形式出现。蔡霖等（2020）[④] 考虑到短视频平台同时具备上述多种功能，认为用户受到的刺激可以分为两类：社交媒体因素和营销因素。他们从感知价值最大化的研究角度出发，选择短视频社交媒体的特性（流行性、临感性、交互性），以及价格优势、品牌知名度作为因子，以感知使用价值、享乐价值和信任作为中介变量，得出感知使用价值和信任对于消费者购买意愿有显著正向影响，且两者主要受短视频社交媒体的流行性、临感性、交互性所刺激。

在上述五大类线上购物场景中，既往文献对短视频营销场景的研究主要集中在其发展历程、商业模式，以及策略梳理方面，较少运用定量方法探究短视频对消费者线上购买决策的影响因素，对于中介变量、产品和场景的属性特征挖掘还不够深入。本文将从短视频营销特点出发，运用不同线上购物场景中影响消费者购买决策的共通研究方法，将不同类别感知价值作为中介变量，探索其对购买决策的影响机制。

① 刘平胜，石永东．直播带货营销模式对消费者购买决策的影响机制［J］．中国流通经济，2020，34（10）：38–46.

② 田鑫鑫，田晶晶．电商直播中消费者购买意愿影响因素研究——以淘宝直播为例［J］．科技与创新，2020（20）：5–8.

③ 纪曼，卓翔芝．基于 SOR 模型的电商网络直播环境下消费者购买意愿的影响因素［J］．淮北师范大学学报（哲学社会科学版），2020，41（04）：49–57.

④ 蔡霖，任锦鸾，肖丹．短视频平台用户从社交转向商务的影响机制［J］．企业经济，2020，39（12）：61–68.

二、模型与数据

（一）因子选取

1. 真实性

消费者对于短视频内容的信任程度是影响消费者购买决策的重要因素之一（蔡霖等，2020）[①]，而影响消费者信任程度的一大因素则是短视频内容的真实性。短视频突破了图文信息载体的静态限制，能够向消费者全方位地展示商品的外观、功能甚至生产过程，提高了商品展示的真实性。短视频平台上大量的真实用户评价也是反映商品真实性的另一重要信息源。高度真实的短视频可以帮助消费者树立更为合理的价值预期，辅助购物决策，影响消费者获得产品的结果性价值。但短视频若仅以营销为目的，片面地放大产品的优点，通过不同手段进行粉饰，扭曲短视频及评价信息内容，则会导致短视频的公正性和真实性失去保障。

2. 优质内容

优质的短视频内容往往能够引起观众自主转发，形成自然“裂变”，吸引更多的观看者，并给消费者带来情绪上或体验上的愉悦，在此过程中间接地传递商品的信息，使得消费者更加易于接受，促进购买行为。刘平胜等（2020）[②]认为短视频的内容有能力为商品附加情感价值，促进消费者产生购买动机。同时，专业性强或可靠性高的产品推荐和信息普及短视频，可以减少消费者搜索信息、对比产品的时间成本，并进一步降低购买风险。高海霞等（2019）[③]认为，在社交购物分享的场景下，高质量的内容具有介绍详尽、可观、及时的特点，可以帮助消费者减少搜索时间，更好地获取信息。内容的质量被事实证明可以影响消费者的购物体验和感知价值。

3. “意见领袖”

短视频中的“意见领袖”（KOL）主要是具有一定影响力的视频博主、主播，以及商品推广代言活动中常见的演员、专家等。“意见领袖”通常利用自己的知识或者经验对于推荐的产品质量进行筛选把控，通过直接或者间接的方式将产品信息传

---

① 蔡霖，任锦鸾，肖丹．短视频平台用户从社交转向商务的影响机制［J］．企业经济，2020，39（12）：61-68.

② 刘平胜，石永东．直播带货营销模式对消费者购买决策的影响机制［J］．中国流通经济，2020，34（10）：38-46.

③ 高海霞，牛小静，朱冀方．社交购物分享对用户隐性需求的影响研究［J］．生产力研究，2019，11（032）：138-143.

递给消费者。肖开红等（2021）[①]认为“意见领袖”在社交网络中处于相对枢纽的地位，通过热心分享信息、解答问题，触达广泛的人群。“意见领袖”还通常会采用评论、私信等方式保持与观看者的交流，通过定期更新等方式保持对观看者的陪伴，从而建立起相互间的信任，同时在某种程度上给消费者带来情绪上的满足。一些“粉丝”量大的“意见领袖”的粉丝可能出于喜欢或崇拜的情绪、或因为想要成为某种特定期望的状态，而跟随“意见领袖”的建议购买某项产品。许多以直播场景为对象的前人研究（田鑫鑫等，2020[②]；刘平胜等，2020[③]）也都将“意见领袖”当成影响购买决策的一个重要因素。

4. 用户参与度

在短视频营销场景中，消费者既是观看者也是参与者。根据戴德宝等（2017）[④]的定义，短视频社交平台上用户的参与度可以按浏览行为、互动行为、创造行为划分为三个依次递进的层级。用户参与度越高，其信息的来源越丰富，对于产品价值和风险的感知也可能随之更加精确。区别于传统线下购物场景，消费者可以在虚拟社群通过评论、传播、生产短视频等一系列行为，主动参与到产品从生产到消费的过程，并起到创造价值的作用。王影等（2019）[⑤]认为消费者感知短视频的价值会正向影响用户参与度，消费者的点赞分享、转发创造等参与行动，将进一步影响社区中其他消费者的购买意愿。用户参与度、感知价值和购买意愿都存在相关性。

5. 激励机制

短视频营销场景的激励机制包括针对特定话题标签或内容的流量扶持、针对消费者的促销、奖品或积分奖励及任何其他促进短视频社交互动与购买行为的活动。价格是影响消费者感知价值和购买决策的决定性因素之一。刘平胜等（2020）[⑥]、肖

① 肖开红，雷兵．“意见领袖”特质、促销刺激与社交电商消费者购买意愿——基于微信群购物者的调查研究［J］. 管理学刊，2021，34（01）：100–110.

② 田鑫鑫，田晶晶．电商直播中消费者购买意愿影响因素研究——以淘宝直播为例［J］. 科技与创新，2020（20）：5–8.

③ 刘平胜，石永东．直播带货营销模式对消费者购买决策的影响机制［J］. 中国流通经济，2020，34（10）：38–46.

④ 戴德宝，顾晓慧．用户参与行为、感知价值与忠诚度：基于移动短视频社交应用的分析［J］. 消费经济，2017（02）.

⑤ 王影，黄利瑶．移动短视频感知价值对消费者购买意愿影响研究——基于用户参与和态度的中介效应［J］. 经济与管理，2019（5）：68–73.

⑥ 同③。

开红等（2021）[①]在研究里聚焦于直播场景中与价格促销相关的激励机制，证明了激励机制与感知价值正向强相关。因此可以预期在短视频营销场景中，促销活动，如打折、限时抢购、推荐返利等，也将对消费者购买行为产生影响。与直播带货主播类似，短视频平台上的头部"意见领袖"由于其庞大的粉丝基础和突出的带货能力，往往具有一定的议价能力，可以拿到市场低价。平台为了追求流量及电商业务的增长，惯常会采取现金激励、推荐奖励等一系列营销手段，刺激消费者在短视频平台的购买与传播。平台还会组织品牌冠名赞助购物挑战活动，推动活动热度增长的同时，不仅能扩大品牌影响力，还有利于提升消费者对品牌的认知度和参与活动的情绪价值。

（二）中介变量选取

前人学者对购买决策的作用机制已经有了系统性的研究，主要从感知价值最大化、感知风险最小化、消费者态度三个角度出发，研究消费者如何做出购买决策。

基于感知价值的中介效应研究消费者的购买决策，是目前最被广泛使用的研究方法。该方法从消费者的角度出发，探寻产品或服务给消费者预期带来的各项利得与损失，研究消费者在权衡感知到的净价值后如何进行购买决策。Zeithaml（1988）[②]从消费者心理出发，结合收益成本的概念阐述了感知价值的内涵，即消费者将感知的产品质量和感知的成本比对后，评估得出感知价值，感知价值进一步影响购买决策。Zeithaml（泽瑟摩尔）认为感知的产品质量和感知的成本皆受到产品价格的影响，同时与其他内在与外在因素相关联。Dodds 等（1991）[③]的模型在上述框架的基础上进行了延展，引入了品牌和商店信息两大外部因素，与价格共同作用。Ravald 等（1996）[④]认为在关系营销视角下，人们还可以利用除产品核心价值外的其他因素，如独特的产品设计、提供额外支持服务等，增加消费者感知收益或减少感知成本及维护客户关系的成本，从而实现感知价值的提升。Woodruff（1997）[⑤]引入比较优势

① 肖开红，雷兵．"意见领袖"特质、促销刺激与社交电商消费者购买意愿——基于微信群购物者的调查研究［J］. 管理学刊，2021，34（01）：100-110.

② Valarie A，Zeithaml. Consumer perceptions of price，quality and value：a means-end model and synthesis of evidence［J］. *Journal of Marketing*，1988，52（3）：2-22

③ Dodds，W B，Monroe，K B，Grewal，D.Effects of price，brand，and store information on buyers' product evaluations［J］. *Journal of Marketing Research*，1991，28（3）：307-319.

④ Ravald，A，& Grönroos，C. The value concept and relationship marketing［J］. *European Journal of Marketing*. 1996. 30（2）：19 - 30.

⑤ Woodruff R B. Customer value：The next source for competitive advantage［J］. *Journal of the Academy of Marketing Science*，1997，25（2）：139.

的概念，认为消费者的感知价值形成与其他标准产品的对比有关，消费者的目标、使用环境下期望的结果、期望的产品因素、与其他标准产品的比较递次影响，最终形成了消费者的感知价值。Ulaga 等（2001）① 以化工产品作为研究对象，把产品中影响感知价值的因素之一——产品质量做了进一步的拆分，分为与产品相关的因素、与服务相关的因素、与推广相关的因素。张明立等（2005）② 整合研究了前人对于感知价值的定义，认为感知价值包括消费者对于产品和服务属性的期望、实际使用中达到的结果，将其综合后与消费者付出的成本进行比较与评估，把消费者认知学习的过程也融入模型中。陈新跃等（2003）③ 认为产品本身的价值供给不能单独作用，还需要引入消费者的价值需求和个性特征，形成一种供求关系。产品价值、购买成本、消费者的需求、个性特征四者共同作用决定感知价值，影响消费者的购买决策。吴亮锦等（2005）④ 引入经济学概念，强调感知利得与感知成本的差值是消费者获得的净价值，即消费者剩余，并由此推导，感知价值的评定会直接影响消费者剩余的评定。理性消费者会选择带来消费者剩余最大的商品并做出购买决策。

国内还有专门针对线上购物场景的感知价值对于消费者线上购买意愿影响的相关研究。王崇（2007）⑤ 通过对消费者线上购买数码产品决策过程的研究，发现风险态度对感知利得和感知风险有显著影响，对感知价值的评估起到间接作用，进而影响消费者的购物决策。李宗伟等（2017）⑥ 通过挖掘淘宝大数据，发现了分别影响体验型产品和搜索型产品的不同重要因素。买家评论、卖家信用等级、开店时长等通过调节感知价值影响消费者购买决策。徐载娟（2020）⑦ 验证了水平信任对于线上消费者购物决策的重要作用，即当消费者对其他消费者的善意、诚实、能力越发信任时，消费者的感知价值就会越大，对于产品的购买意愿也会越强。

---

① Ulaga W and Chacour S. Measuring customer-perceived value in business markets: a prerequisite for marketing strategy development and implementation [J]. *Industrial Marketing Management*. 2001, 30 (6): 525-540.

② 张明立，樊华，于秋红．顾客价值的内涵、特征及类型［J］．管理科学，2005，18（2）：71-77.

③ 陈新跃，杨德礼．基于顾客价值的消费者购买决策模型［J］．管理科学，2003，16（2）：59-62.

④ 吴亮锦，糜仲春．珠宝知觉价值与购买意愿的经济学分析［J］．商场现代化，2005（031）：24-26.

⑤ 王崇．网络消费者购买意愿影响因素模型研究［D］．黑龙江哈尔滨工业大学，2007.

⑥ 李宗伟，张艳辉，栾东庆．哪些因素影响消费者的在线购买决策？——顾客感知价值的驱动作用［J］．管理评论，2017，29（08）：136-146.

⑦ 徐载娟．水平信任与顾客消费决策的互动关系：以感知价值为中介［J］．商业经济研究，2020（18）：74-77.

参考前人的研究成果，基于本文的研究目的，本文将从感知价值的研究角度出发，选取结果性价值、情绪性价值、程序性价值作为中介变量进行研究。其中，结果性价值是指消费者在短视频场景下意识到某种产品可能带给自己较为有益的结果；情绪性价值是指消费者购买的某种产品可能带来某种情绪上的满足；程序性价值是指消费者在观看短视频过程中可以随时下单进行购买，这种短视频带货的程序途径能节省消费者的搜索成本、时间成本，降低消费者的操作难度和使用门槛。

（三）模型设定

本文最终选取真实性、优质内容、“意见领袖”、用户参与度和激励机制作为因子，以结果性价值、情绪性价值、程序性价值作为中介变量，探究短视频营销场景下消费者购买行为的决策机制。（图 1–1）

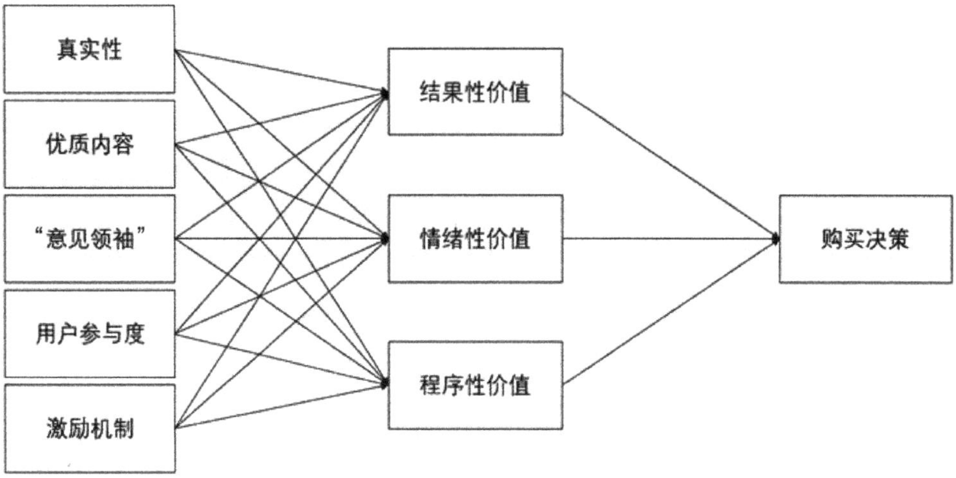

图 1–1　模型示意图

（四）问卷设计与数据

1. 数据收集

本研究采用李克特五点量表法设计调查问卷，通过发放问卷获取有关消费者购买决策成因的数据。调查问卷包括两个部分：第一部分是对于消费者基本信息的调查，包括年龄、性别、学历、收入水平和短视频使用情况等；第二部分涵盖了三类变量，包括消费者购物决策变量、满足或创造需求的影响因子和感知价值中介变量。

本研究通过现场发放纸质问卷和线上问卷结合的形式，公开向志愿受访者进行了调查。发放纸质问卷36份，线上问卷星链接发放300次，回收问卷317份，去除无效问卷和重复问卷，整理得到有效问卷245份，整体有效率为77.28%。

2. 描述性统计分析

本文受访者中男性为112人，占比为45.7%，女性为133人，占比为54.3%，性别比例相对均衡。从年龄来看，18—25岁占比为28.6%、25—35岁占比为51.4%、35—50岁占比为16.7%。受访者的学历主要集中在本科和研究生区间。50.2%受访者的月消费水平在1000—5000元左右。78.4%受访者在短视频平台上的月度平均花销集中在100元以下。大部分受访者每天的短视频活跃时间集中在1小时以下、1—2小时、2—4小时这几个时间区间，且一半以上的受访者每周活跃天数在4天以上。

3. 信度分析

本文采用Cronbach's Alpha系数作为信度分析的指标，考察问卷可信度情况。本文计算得出Cronbach's Alpha系数达到了0.961，问卷整体的信度较高。

三、实证分析

（一）因子相关性分析

为了证明真实性、优质内容、"意见领袖"、用户参与度、激励机制是购买决策有效的影响因子，首先要进行因子间的相关性分析，包括因子对于购买决策、因子对于中介变量，以及中介变量对购买决策的影响。从购买决策和其他维度的相关性来看，购买决策和"意见领袖"之间显著相关，相关性为0.702且在0.01级别（双尾）相关性显著。

其次，结果性价值、情绪性价值、程序性价值对消费者在短视频营销场景下的购买决策影响也较大。真实性和用户参与度与购买决策之间的相关性分别为0.514、0.470，表明在显著性为95%的前提下两者与购买决策相关且效果较好。用户参与度与消费者购买决策之间的关系明显但较弱。在实际场景中，短视频不同于直播带货，缺乏在播出过程中和观众直接互动的环节，一般都是通过弹幕等方式进行互动，用户的参与度低，因此用户参与度与消费者购买决策之间的相关性也相对较低。

此外，在相关分析中还可以发现，真实性和优质内容之间的相关性较高，相关系数为0.615。在显著性为95%的前提下显著，即可说明真实性是优质内容产生的重要前提，而优质内容是引导消费者决策的重要因素。用户参与度和激励机制之间的相关性为 0.602，并且在显著性为 95% 的前提下显著，即可说明在激励机制提升的情况下用户的参与度也会随之提升。激励机制和情绪性价值相关性最强，相关系数达到了 0.716。表明在激励机制作用下，消费者情绪性价值会提升，进而又促进对用户的激励效用，从而提升用户参与度。（见表 1–1）

表 1–1 相关性分析

	真实性	优质内容	意见领袖	用户参与度	激励机制	结果性价值	情绪性价值	程序性价值	购买决策
真实性	1	.615**	.526**	.456**	.526**	.535**	.524**	.535**	.514**
优质内容	.615**	1	.698**	.558**	.624**	.620**	.667**	.662**	.668**
“意见领袖”	.526**	.698**	1	.601**	.586**	.647**	.656**	.645**	.702**
用户参与度	.456**	.558**	.601**	1	.602**	.557**	.563**	.529**	.470**
激励机制	.526**	.624**	.586**	.602**	1	.750**	.716**	.675**	.587**
结果性价值	.535**	.620**	.647**	.557**	.750**	1	.777**	.831**	.737**
情绪性价值	.524**	.667**	.656**	.563**	.716**	.777**	1	.803**	.780**
程序性价值	.535**	.662**	.645**	.529**	.675**	.831**	.803**	1	.761**
购买决策	.514**	.668**	.702**	.470**	.587**	.737**	.780**	.761**	1

** 在 0.01 级别（双尾），相关性显著

（二）因子回归分析

本文将五个因子对购买决策的影响进行回归分析，得出表 1–2 的结果。

表 1–2　　五因子对购买决策影响回归分析结果

			Estimate	S.E.	T	P
购买决策	←	真实性	0.069	0.055	1.257	0.210
购买决策	←	优质内容	0.254	0.067	3.786	0.000
购买决策	←	“意见领袖”	0.418	0.064	6.557	0.000
购买决策	←	用户参与度	–0.067	0.057	–1.168	0.244
购买决策	←	激励机制	0.187	0.060	3.124	0.002

注：这里的 Estimate 是预估值；S.E. 是 standard error 的缩写，即标准误差；T 是 T statistic ，即 T 值检验；P 是概率。

通过回归分析发现，优质内容、“意见领袖”与激励机制对于购买决策产生正向影响，系数分别为 0.254、0.418、0.187，其中“意见领袖”对于购买意愿的影响最大，优质内容其次。这三个变量的 p 值小于 0.01，在 99% 的概率下影响显著。而真实性和用户参与度的 p 值大于 0.05，在 95% 置信区间上不显著。

对该多因子回归进行模型拟合效果检验，结果所得 R^2 为 76%，调整后 R^2 为 0.578，拟合效果较好。方差检验结果得 P 值接近 0，显著。F 值为 65.404，大于自由度为 244 时 F 临界值 3.21，多因子联合假设检验显著。

（三）因子传导路径分析

1. 结构方程模型

结构方程模型是一种建立、估计和检验因果关系模型的方法，其主要目的是通过已有的显变量检测来构造结构方程模型，推测潜变量存在与否及其之间的关系，并进一步对模型设定的各个变量之间的验证结果进行推断和分析。

通过 AMOS23.0 软件构造得到如下短视频带货营销模式对消费者线上购买决策的影响因素的框架：（图 1–2）

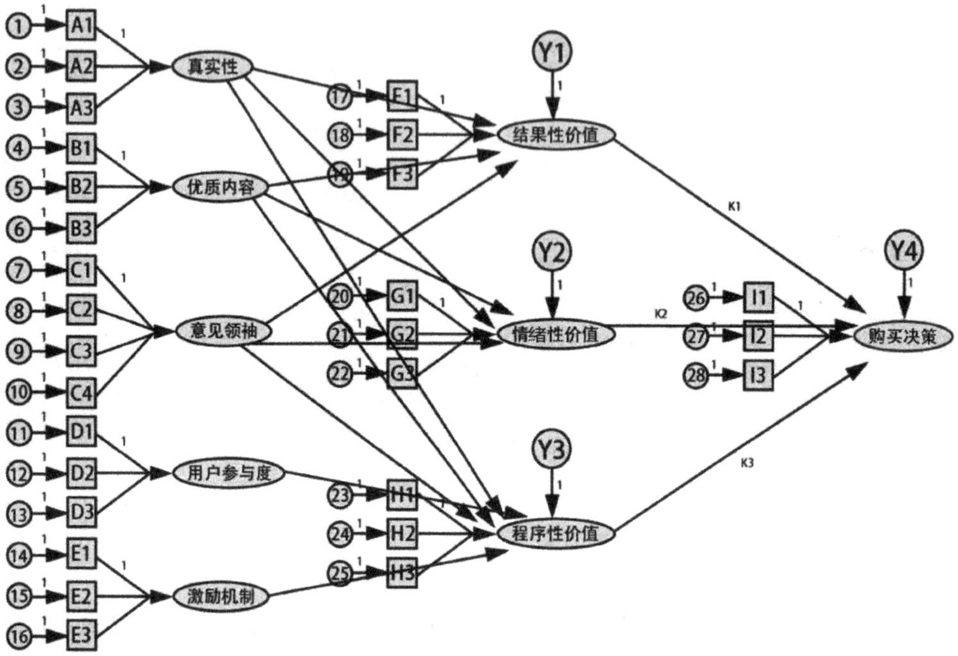

图 1–2　结构方程模型图

通过 AMOS23.0 软件构建结构方程模型，通过最小二乘法、最大似然法、方差和协方差等方法计算，最终得到表三的分析结果，见表 1–3。

表 1–3　　五因子对中介变量回归分析结果

			Estimate	S.E.	C.R.	P
情绪性价值	←	真实性	0.086	0.078	1.097	0.273
情绪性价值	←	优质内容	0.202	0.051	3.951	***
情绪性价值	←	“意见领袖”	0.365	0.057	6.439	***
情绪性价值	←	用户参与度	–0.038	0.055	–0.67	0.498
情绪性价值	←	激励机制	0.653	0.072	9.07	***
结果性价值	←	真实性	0.148	0.068	2.167	0.03

续表

			Estimate	S.E.	C.R.	P
结果性价值	←	优质内容	0.093	0.042	2.201	0.028
结果性价值	←	“意见领袖”	0.299	0.049	6.154	***
结果性价值	←	用户参与度	–0.106	0.049	–2.176	0.03
结果性价值	←	激励机制	0.927	0.081	11.396	***
程序性价值	←	真实性	0.164	0.069	2.39	0.017
程序性价值	←	优质内容	0.153	0.044	3.476	***
程序性价值	←	“意见领袖”	0.425	0.057	7.501	***
程序性价值	←	用户参与度	0.163	0.05	3.241	***
程序性价值	←	激励机制	0.828	0.081	10.272	***

从情绪性价值路径来看，优质内容、“意见领袖”、激励机制分别对情绪性价值产生了显著的正向影响，且系数分别为 0.202、0.365、0.653，均在显著性为 95% 的前提下显著。其中，激励机制对消费者的情绪性价值影响最大，达到了 0.635。激励机制在一定程度上满足了消费者的某种情感需求，这种需求可能是购买到折扣商品的满足或者共同参与短视频活动的乐趣，进而构成了情绪性价值。“意见领袖”对于情绪性价值的影响因素为 0.365 且在 95% 的显著性前提下显著。在短视频营销场景下，明星、专家、网红等“意见领袖”利用自己的影响力为产品背书。“意见领袖”的言行本身可能带来某些情绪性价值，比如某个产品由高人气的明星作为推荐人发出购买推荐，消费者出于对该明星的喜爱和支持产生购买行为，其购买行为能够满足消费者的某种情绪性需求。优质内容的输出同样赋予消费者某种情感上的价值，例如，搞笑类短视频可能引起消费者的愉悦情绪，剧情类和生活类视频可能实现情感上的共鸣等。“意见领袖”、激励机制对结果性价值产生了显著的正向影响，其影响程度分别为 0.299、0.927。结果性价值体现的是消费者在形成购买决策过程中，所预想到的该产品在使用过程中能产生的功能与效用价值。由于“意见领袖”对其所推荐的产品负有道德上乃至法律上的责任，并且部分“意见领袖”自己负责产品供应链与售后服务，一定程度上为消费者的购买提供了保障，降低了结果风险，带来了结果性价值。激励机制则强化了消费者对于结果价值的感知，通过给与价格折扣

或其他奖励，使得消费者的感知成本下降，实现了感知价值提高。从程序性价值路径来看，优质内容、“意见领袖”、用户参与度、激励机制均对程序性价值产生了显著的正向影响，其影响程度分别为 0.153、0.425、0.163、0.828，且这四个维度均在显著性为 95% 的前提下显著。程序性价值主要体现在购买的便捷性，即短视频带货场景能否使消费者在观看短视频过程中便捷地购买。用户参与度是影响程序性价值的重要因素，用户参与程度决定了用户在整个短视频营销购物过程的卷入度。深度参与能够扩充消费者对产品、折扣等信息的认知，并在搜索、观看、购物的过程获得体验的价值。（见表 1–4）

表 1–4　　三类感知价值对购买决策回归分析结果

			Estimate	S.E.	C.R.	P
购买决策	←	结果性价值	2.336	0.722	3.234	***
购买决策	←	情绪性价值	0.599	0.161	3.722	***
购买决策	←	程序性价值	2.69	0.751	3.582	***

结果性价值是三类感知价值中影响消费者购买决策的最主要因素。消费者购买某种商品或服务的出发点，绝大部分情况下是得到某种功能，满足自身的需求。从表 4 可知，结果性价值在消费者购买决策方面的影响程度为 2.336，且在显著性为 99% 的前提下显著，即短视频带货过程中产品的结果性价值是影响消费者购买的核心因素。程序性价值在消费者购买决策中占据了核心位置，其影响程度达到 2.69，且在显著性为 99% 的前提下显著。消费程序的便捷性是消费者最关心的因素，人工智能精准推荐出符合其偏好商品的短视频内容，配合便捷简明的购买流程，能够激发消费者的显性及隐形需求，提升消费意愿。让购买过程更简便、流畅，会大幅提升用户体验，促进购买行为。情绪性价值虽然也会对消费者购买决策产生显著影响，但系数为 0.599，远小于 结果性价值、程序性价值。

（四）模型检验

根据以上回归分析结果，可以对本文提出的研究假设进行检验，参见表 1–5。

表 1–5　　　　假设检验

原始假设	假设是否成立	
H1a：真实性会显著正向影响消费者结果性价值		否
H1b：真实性会显著正向影响消费者情绪性价值		否
H1c：真实性会显著正向影响消费者程序性价值		否
H2a：真实性会显著正向影响消费者结果性价值		否
H2b：真实性会显著正向影响消费者情绪性价值	是	
H2c：真实性会显著正向影响消费者程序性价值	是	
H3a：真实性会显著正向影响消费者结果性价值	是	
H3b：真实性会显著正向影响消费者情绪性价值	是	
H3c：真实性会显著正向影响消费者程序性价值	是	
H4a：真实性会显著正向影响消费者结果性价值		否
H4b：真实性会显著正向影响消费者情绪性价值		否
H4c：真实性会显著正向影响消费者程序性价值	是	
H5a：真实性会显著正向影响消费者结果性价值	是	
H5b：真实性会显著正向影响消费者情绪性价值	是	
H5c：真实性会显著正向影响消费者程序性价值	是	

（五）不同人群特征对于因子作用的影响

在短视频营销场景中，“意见领袖”、优质内容、激励机制三个因子对购买决策的作用显著。然而，不同用户群体具有不同的社交媒体使用习惯、内容偏好、消费习惯和能力，因此用户人群的构成也会影响短视频平台的活跃程度、用户留存与商业转化能力。

那么不同人群，三个因子影响购买决策的程度是否不同？不同人群的人口统计特征对于三个因子促进购买决策的作用有何影响？为了研究上述问题，本文将人群特征和因子对购买决策进行回归分析，并加入交互项。回归公式如下：

$$Purchase=A\times Demographic+B\times Factor+C\times Demographic\_Factor+D$$

（A、B、C、D 为对应系数及常数项）

结果发现，消费水平对“意见领袖”，年龄对激励机制，学历对优质内容分别有不同程度的影响，进而影响购买决策。

本文将消费水平、“意见领袖”及其交互项对购买决策进行回归分析，得出其交互项p值为0.098，在90%的概率下显著。交互项系数为0.156，说明消费水平在“意见领袖”对购买决策的影响中发挥正向作用，即消费水平越高，“意见领袖”对于购买决策的正向影响越大。这背后可能的解释是，消费能力越强的用户，其受价格因素的影响更小，被“意见领袖”说服后更容易完成购买行为。（见表1–6）

表1–6　“意见领袖”与消费水平交互项回归分析结果

	Estimate	T	P
“意见领袖”	0.546	3.234	0.000
消费水平	0.131	3.722	0.004
“意见领袖” * 消费水平	0.156	1.660	0.098

将年龄、激励机制及其交互项对购买决策进行回归分析，得出其交互项p值为0.072，在90%的概率下显著。交互项系数为0.256，说明年龄对于激励机制的影响有正向放大作用，年龄越大，购买行为越有可能受到激励机制的影响。（见表1–7）

表1–7　激励机制与年龄交互项回归分析结果

	Estimate	T	P
激励机制	0.339	1.814	0.071
年龄	0.152	2.971	0.003
年龄 * 激励机制	0.256	1.807	0.072

将学历、优质内容及其交互项对购买意愿回归分析，得到表8结果。学历变量系数为–0.1，且在95%条件下显著。说明学历越高，短视频场景下的购买决策越难达成。优质内容回归系数0.535，交互项系数0.136，在90%条件下显著。说明用户的学历越高，优质内容对于作出购买决定的作用就越明显。（见表1–8）

表 1-8　　优质内容与学历交互项回归结果

	Estimate	T	P
优质内容	0.535	2.704	0.007
学历	−0.100	−2.101	0.037
学历 * 优质内容	0.136	1.690	0.092

四、结　　论

2020 年，突如其来的疫情使人们的生活方式和消费方式更加依赖于互联网。疫情防控期间，社交媒体使用与线上消费也出现了爆发式增长。随着短视频带货的兴起，线上购物平台利用短视频平台上沉积的流量，进一步拓展市场并挖掘消费者的消费潜力。大量短视频制作机构、个人博主及资本等其他产业相关要素的入局助推了短视频带货业务的发展。

在短视频带货营销模式对消费者线上购买决策的诸多影响因素中，用户参与度主要对程序性价值产生了正向影响，说明用户在短视频平台的使用卷入度和互动行为会影响购物的流程体验。在未来优化短视频带货的线上购物体验时，优化短视频和电商平台的用户交互页面设计，以及两者联动的引导方式和顺畅程度，有助于程序性价值的提高。

在短视频营销场景下，“意见领袖”是消费者产生感知价值、做出购买决策的重要参考，对结果性价值、程序性价值、情绪性价值皆有重大影响。“意见领袖”是短视频的生产者，也是带货行为的实施者。平台为“意见领袖”提供流量扶持，可以刺激内容产出和带货绩效，从而进一步吸引流量聚集，形成良性循环。平台对于“意见领袖”的扶持有两种策略：一种是扶持专业生产内容（PGC）或专业用户生产内容（PUGC）的生产者，推动头部“意见领袖”的形成，刺激消费者购买；另一种是将流量分散给广大用户生产内容（UGC）的生产者，扶持更多中小“意见领袖”，实现流量的惠普和下沉。尽管短视频带货行业中“二八效应”明显，头部“意见领袖”的带货能力远超于其他中小“意见领袖”，但是不同“意见领袖”对于不同人群的影响力不同，而不同人群的消费者转化率以及潜在消费能力也不尽相同。因此，短视频与线上平台需要根据自身定位，在两种扶持策略间权衡选择。对于广告投放者而言，同样需要分析自身品牌定位与合作平台目标人群的一致性，以实现广告投放和带货销售效果的最大化。

优质内容对结果性价值和程序性价值产生影响，但对情绪性价值并未产生显著影响。优质内容可以在传播中体现产品特点的同时，引发消费者的某种情感共鸣，但优质短视频内容带来的情绪性价值，并不足以推动消费者的购买决定。

激励机制对情绪性价值、程序性价值、结果性价值均有显著的正向影响。折扣刺激始终是促进销售的有效手段。在短视频营销中，平台可以通过一系列"挑战""裂变"等形态各异的促销活动给予消费者激励，进一步提升消费者的程序性价值。

结果性价值、程序性价值、情绪性价值对消费者的购买决策均产生显著的正向影响。其中，结果性价值和程序性价值是影响消费者购买的绝对性因素，而情绪性价值的影响相对较小。程序性价值受用户参与度、"意见领袖"、优质内容、激励机制等多方面因素影响，应该是短视频带货营销所关注的重点。未来短视频平台还可以综合运用如人工智能、AR（增强现实）、VR（虚拟现实）等新兴技术，探索新商业模式，给消费者提供更好的购物体验，提升其感知的程序性价值。

【参考文献】

[1] 蔡霖，任锦鸾，肖丹. 短视频平台用户从社交转向商务的影响机制 [J]. 企业经济，2020，39（12）.

[2] 陈新跃，杨德礼. 基于顾客价值的消费者购买决策模型 [J]. 管理科学，2003，16（2）.

[3] 戴德宝，顾晓慧. 用户参与行为、感知价值与忠诚度：基于移动短视频社交应用的分析 [J]. 消费经济，2017（02）.

[4] 杜学美，丁璟妤，谢志鸿，等. 在线评论对消费者购买意愿的影响研究 [J]. 管理评论，2016，28（03）.

[5] 高海霞，牛小静，朱冀方. 社交购物分享对用户隐性需求的影响研究 [J]. 生产力研究，2019，11（032）.

[6] 纪曼，卓翔芝. 基于 SOR 模型的电商网络直播环境下消费者购买意愿的影响因素 [J]. 淮北师范大学学报（哲学社会科学版），2020，41（04）.

[7] 李宗伟，张艳辉，栾东庆. 哪些因素影响消费者的在线购买决策？——顾客感知价值的驱动作用 [J]. 管理评论，2017，29（08）.

[8] 刘平胜，石永东. 直播带货营销模式对消费者购买决策的影响机制 [J]. 中国流通经济，2020，34（10）.

[9] 史烽，孟超，李晓锋等. 基于 SOR 模型的网络团购消费者购买意愿研究 [J]. 商业经

济研究，2017（20）.

［10］田鑫鑫，田晶晶 . 电商直播中消费者购买意愿影响因素研究——以淘宝直播为例［J］. 科技与创新，2020（20）.

［11］王崇，吴价宝，王延青 . 移动电子商务下交易成本影响消费者感知价值的实证研究［J］. 中国管理科学，2016（8）.

［12］王崇 . 网络消费者购买意愿影响因素模型研究［D］. 黑龙江：哈尔滨工业大学，2007.

［13］王兴标，谷斌 . 基于信任的移动社交电子商务购买意愿影响因素［J］. 中国流通经济，2020，34（04）.

［14］王影，黄利瑶 . 移动短视频感知价值对消费者购买意愿影响研究——基于用户参与和态度的中介效应［J］. 经济与管理，2019（5）.

［15］吴亮锦，糜仲春 . 珠宝知觉价值与购买意愿的经济学分析［J］. 商场现代化，2005（031）.

［16］肖开红，雷兵 . 意见领袖特质、促销刺激与社交电商消费者购买意愿——基于微信群购物者的调查研究［J］. 管理学刊，2021，34（01）.

［17］徐载娟 . 水平信任与顾客消费决策的互动关系：以感知价值为中介［J］. 商业经济研究，2020（18）.

［18］张明立，樊华，于秋红 . 顾客价值的内涵、特征及类型［J］. 管理科学，2005，18（2）.

［19］Dodds，W B，Monroe，K B，Grewal，D . Effects of price，brand，and store information on buyers' product evaluations［J］. *Journal of Marketing Research*，1991，28（3）.

［20］Ravald，A，& Grönroos，C. The value concept and relationship marketing［J］. *European Journal of Marketing*. 1996，30（2）.

［21］Ulaga W and Chacour S. Measuring customer-perceived value in business markets：a pre-requisite for marketing strategy development and implementation［J］. *Industrial Marketing Management*. 2001，30（6）.

［22］Valarie A，Zeithaml. Consumer perceptions of price，quality，and value：a means-end model and synthesis of evidence［J］. *Journal of Marketing*，1988，52（3）.

［23］Woodruff R B. Customer value：The next source for competitive advantage［J］. *Journal of the Academy of Marketing Science*，1997，25（2）.

国内 UGC 网络视频平台的现状、瓶颈与前景

——以哔哩哔哩弹幕网为例

李　轩[①]　朱　粲[②]

（北京大学艺术学院，北京，100871）

【内容提要】随着互联网快速发展，视频媒介已经成为当下最炙手可热的信息获取渠道之一。各种信息文本“视频化”进程加快，以用户生产内容（User Generated Content，简称“UGC”）为主要传播对象的 UGC 视频网站也开始在我国的互联网市场中扮演着日益重要的角色。本文以近些年备受瞩目的以“Z 世代”为主要用户群体的视频网站——哔哩哔哩弹幕网为例，来试析 UGC 视频网站在我国目前的移动互联网产业市场发展中所取得的成绩与未来可能面临的挑战。

【关键词】互联网；自媒体；视频；哔哩哔哩弹幕网；UGC

The Current Situation, Bottlenecks and Prospects of Domestic UGC Online Video Platforms: The Case of BiliBili Network

Syuan Lee, Can Zhu

Abstract: With the acceleration of the "video" process of all kinds of information, UGC video websites with User Creat Content ("UGC" in short) as the main dissemination object also begin to play an increasingly important role in China's Internet market. By tak-

---

① 李轩，女，汉族，河南信阳人。北京大学艺术学院广播电视方向 20 级硕士研究生，研究方向：数字创意传播。

② 朱粲，女，汉族，浙江杭州人。北京大学艺术学院艺术管理与文化产业方向 19 级博士研究生，研究方向：文化艺术国际传播、艺术管理。

ing Bilibili, the video website which has attracted much attention in recent years and takes "Generation Z" as the main user group as an example, this paper will present the achievements of UGC video websites in the development of China's current mobile Internet industry market and the challenges they may face in the future from the shallower to the deeper.

Key words: Internet, We Media, Video, BiliBili, UGC

引　言

随着移动互联网时代的发展、4G 向 5G 的迈进，网络视频已经成为国民网络生活中不可缺少的重要组成部分。根据中国互联网络信息中心于 2022 年 2 月 25 日发布的第 49 次《中国互联网络发展状况统计报告》显示，截至 2021 年 12 月，我国的网民规模达到 10.32 亿，其中，网络视频、短视频的用户占比分别为 94.5% 和 90.5%，"视频化"正在改变着日益丰富的互联网世界。（图 2–1）

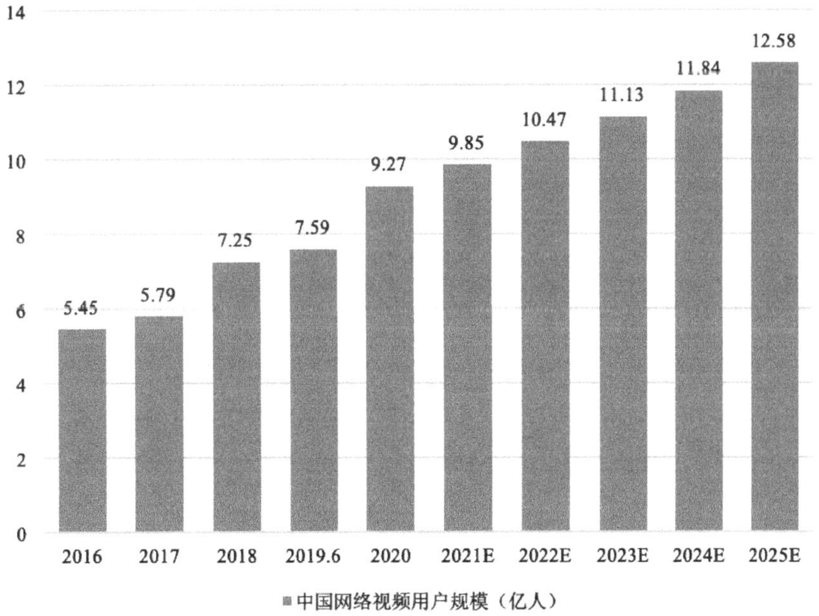

图 2–1　中国互联网视频用户规模增长图

注：E 意思为"预估"。

数据来源：中国互联网络信息中心 . 第 41–47 次 中国互联网络发展状况统计报告［R/OL］.（2021–02–03）［2022–04–01］.http：//www.cac.gov.cn/2021–02/03/c_1613923423079314.htm.

在庞大的互联网视频数据海洋中，有相当程度内容属于用户生产内容（User Generaed Content，简称“UGC”）。UGC 是 Web2.0 时代的产物。UGC 视频网站在我国的发展最早可以追溯到 2006 年成立的“酷 6”视频网站，后来随着移动互联网的发展与智能手机的普及，基于移动端的 UGC 视频平台开始全面兴起。目前，最具代表性的平台包括抖音、快手、哔哩哔哩等。

UGC 视频内容不仅在网民的日常生活中占据着不容小觑的地位，还是互联网经济产业中的重要组成部分。我国的泛视频市场规模自 2016 年以来一直保持着稳步上升的态势。根据艾瑞咨询提供的数据报告显示[①]，2016 年至 2019 年间，全国泛视频市场规模从 2037 亿元增长到了 5829 亿元，年复合增长率为 42.0%。预计 2019 年至 2025 年的复合增长率将保持在 20.7%，在 2025 年预计达到 18 025 亿元的规模。（图 2–2）以移动互联网视频内容为形式与载体而兴起的网红经济、直播经济等多种“带货”形式都成为 UGC 视频网站为互联网经济发展持续赋能的方式。下文将以哔哩哔哩弹幕网为例，对我国目前的 UGC 视频网站的发展现状、瓶颈与问题，以及前景进行分析与探讨。

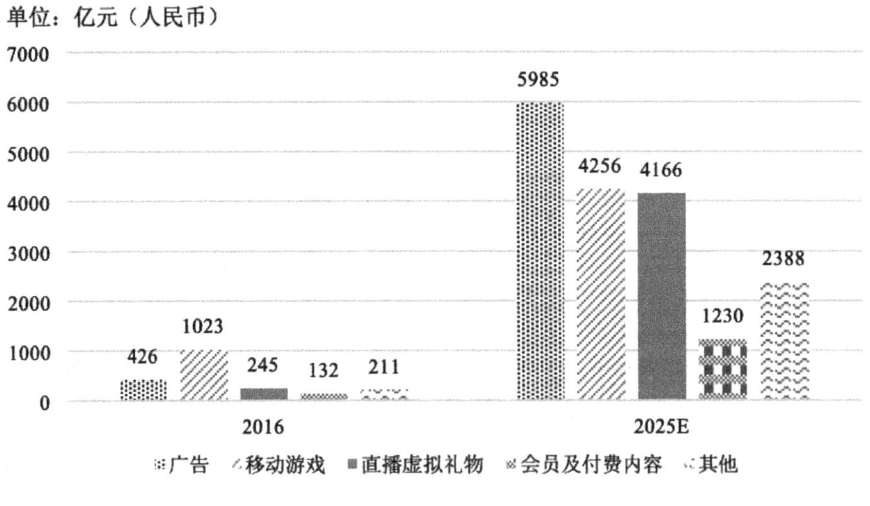

图 2–2　中国泛视频市场商业化渠道分布情况

数据来源：艾瑞咨询 .2020 年中国视频内容全产业链发展研究报告［R/OL］.（2021–01–11）［2022–04–01］.https：//www.iresearch.com.cn/Detail/report ？ id=3721&isfree=0.

① 艾瑞咨询 .2020 年中国视频内容全产业链发展研究报告［R/OL］.（2021–01–11）［2022–04–01］.https://www.iresearch.com.cn/Detail/report?id=3721&isfree=0.

第一节 关于哔哩哔哩弹幕网

一、哔哩哔哩弹幕网的发展沿革

哔哩哔哩弹幕网（以下简称“B 站”）于 2009 年 6 月成立，创立之初是传播动画、漫画与游戏（Animation&Comics&Games，简称“ACG”）为主要内容的视频弹幕网站，此后随着国内 UGC 视频浪潮的发展而成了集知识、生活、游戏、动漫、科技等多方面内容于一体的视频平台。其以专业用户生产内容（Professional User Generated Content，简称“PUGC”）为核心，涵盖了职业生产内容（Occupationally-generated Content，简称“OGC”）、直播、短视频等多种视频类型。

B 站从创立至今总体发展主要可以分为三个阶段：（一）2009 年至 2013 年：作为 ACG 小众内容平台的二次元社区；（二）2014 年至 2017 年：随着董事长陈睿的加入，逐渐走向正版化、多元化，商业化步伐加快；（三）2018 年在纳斯达克挂牌上市，并陆续引入腾讯、阿里、索尼等巨头战略投资，加强多元变现并持续破圈，同时围绕产业链投资完善生态圈布局。

在“视频化”的浪潮下，B 站官方称将继续构建多品类、多场景的内容生态，来满足用户日益多元的内容消费需求，并为用户提供对日常生活有用、有价值的视频内容。“在扩大用户基础，提升商业化能力同时，我们也将关注改善经营效率，收窄亏损，并长期致力于探索对社区有价值、对社会有正向意义的事情。”

表 2-1 哔哩哔哩弹幕网企业融资历程

时间	融资轮次	融资金额	投资方
2011 年	天使轮	500 万人民币	陈睿
2015 年 1 月	A 轮	2420 万美元	掌趣科技、华兴资本、启明创投、CMC 资本、IDG 资本
2015 年 7 月	B 轮	7525 万美元	H Capital、启明创投、腾讯、CMC 资本
2016 年 5 月	C 轮	1.5463 亿美元	正心谷资本、君联资本
2017 年 5 月	D 轮	1.07 亿美元	腾讯、CMC 资本、君联资本
2018 年 3 月	IPO 上市	4.83 亿美元	公开发行
2018 年 10 月	战略融资	3.176 亿美元	腾讯

续表

时间	融资轮次	融资金额	投资方
2019 年 2 月	战略融资	未披露	阿里巴巴
2020 年 2 月	战略融资	未披露	腾讯
2020 年 4 月	战略融资	4 亿美元	索尼
2021 年 3 月	香港二次上市	约 202 亿港元	公开发行

数据来源：天眼查．[EB/OL]．[2022-04-01] .https：//www.tianyancha.com/company/4356203109.

二、内容模式

B 站的平台运营主要围绕用户、创作者与创作内容展开，形成了一个完整的闭环良性生态系统。

在用户基数方面，B 站发布的《2021 年哔哩哔哩第二季度财报》显示[①]，B 站的月活跃用户数量在 2020 年至 2021 年依然保持增速，从 2020 年第三季度的 1.97 亿人到 2021 年第二季度上升到了 2.37 亿人。其中，移动端月活跃用户达到了 2.2 亿人，35 岁及以下月活用户比重达 86%，新增用户的平均年龄在 20.2 岁。其在中国互联网用户的渗透率达 20.4%，其中"Z+ 世代"（出生于 1985 年至 2009 年间的 35 岁以下人群）用户占比超过 86%，985、211 高校的用户渗透率达到了 82%，被认为"每 2 位年轻人就有 1 位是 B 站用户"。不仅如此，天风证券研究所发布的报告显示，B 站 2009 年成立时的用户目前留存率依然高达 65%，用户的十年留存率整体超过 60%，这种超强用户黏性、超长生命周期且年龄段集中的年轻观众群体为 B 站孕育独特的青年社区文化打下了坚实的基础。

除此之外，专业用户所创作视频作为内容生态的主要构成，也为 B 站的社区运营与内容传播提供了核心的驱动力。B 站 2022 年 3 月 5 日公布的 2021 年第四季度财报显示[②]，B 站 2021 年第四季度月均活跃 UP 主（上传者）数量达 304 万人，同比增长 58%，月均投稿量达到 1088 万份，同比增长 83%，万粉以上的创作者数量同

① 搜狐网．哔哩哔哩发布 2021 年第二季度财报，总营收 45 亿元，游戏 12.3 亿元，月活达 2 亿 [EB/OL] .(2021-08-19)[2022-04-01].https://www.sohu.com/a/484428523_211762.

② 爱企查．哔哩哔哩发布 2021 四季度财报，营收同比增长 62% [EB/OL] .(2022-03-04)[2022-04-01].https://aiqicha.baidu.com/yuqing?yuqingId=42a33d2dfd9017ee134f49bd485db657.

比增长 41%。这种平台整体创作能力的持续提升，一方面得益于用户需求量的不断上涨——根据 DT 财经 2020 年发起的调研显示，76% 的受访者都有在视频平台获取日常咨询的习惯，超过 65% 的受访者会通过视频平台来获取专业知识，相应地，与 2019 年同期相比，2020 年以后入驻 B 站的媒体号数量同比大幅增长，仅 2020 年上半年就增长了 270%；另一方面，也得益于 B 站在内容运营与创作者成长模式上的正向引导——根据不同量级内容创作者的创作与发展需求，B 站推出了不同层次的培训和激励计划。按照粉丝数量，B 站的 UP 主可以分为粉丝量在 100 万以上的头部 UP 主、粉丝数在 20 万至 100 万之间的颈部 UP 主、粉丝数在 1 万至 10 万之间的腰部 UP 主、粉丝数少于 1 万的长尾 UP 主。针对头部 UP 主，B 站通过"百大 UP"奖项的设置来激励用户进行持续创作；针对颈部与腰部 UP 主，则设立高能联盟、全勤挑战和悬赏计划；针对长尾 UP 主，除在线上设置专门的"创作学院"用于引导创作者提升创作技术、激发创作灵感外，还在线下创立"UP 主交流日""新星计划"等活动。不管是头部创作者还是尾部创作者，只要加入"创作激励计划"，就能够通过视频的播放、点赞、投币、收藏等形成的综合数据来获得收入。B 站发布的《2021B 站创作者生态报告》显示[①]，2021 年，超过 130 万 UP 主在 B 站通过创作获得了收入。其中已有超过 55.7 万名 UP 主加入了"bilibili 创作激励计划"，通过保底播放收入获得创作激励。通过以上活动，内容创作者拥有了持续创作的动力，为平台与用户贡献了源源不断的灵感与内容。

三、商业模式

B 站的变现模式，目前为止主要包括移动游戏、直播、会员服务、广告和电商等。前面提到，B 站商业化发展历程依照企业变革的三个主要阶段。

与此同时，天风证券公布的调查报告显示[②]，B 站的纯粹的商业化方面也可以分为以下三个主要阶段：（一）2017 年 B 站的收入增长基本由游戏业务驱动，游戏收入占比超过 80%；（二）2018 年至 2019 年上半年，随着大会员订阅服务（2018 年 1 月首部大会员免费观看的番剧《紫罗兰永恒花园》上线）、广告业务（2017 年 12 月推

① 哔哩哔哩弹幕网 .2021 B 站创作者生态报告［R/OL］.(2021-12-09)[2022-04-01].https://www.bilibili.com/read/cv14332832?from=search&spm_id_from=333.337.0.0.

② 天风证券研究所 . 哔哩哔哩 -SW(09626) 首次覆盖报告：乘视频化浪潮，奔赴新十年征程［R/OL］.(2021-04-27)［2022-04-01］.https://baogao.store/73337.html.

出效果广告业务）快速增长，同时游戏业务增长趋于稳健，公司的游戏收入占比持续下降；（三）2019 年下半年至今，B 站发力直播和广告业务，驱动非游戏收入占比首次达到 50% 并持续提升，2020 年全年非游戏收入占比达到 60%，其中直播及会员服务为主的增值服务收入占比达 32.0%，广告收入占比为 15.4%，电商及其他收入占比为 12.6%，变现结构全面多元化。

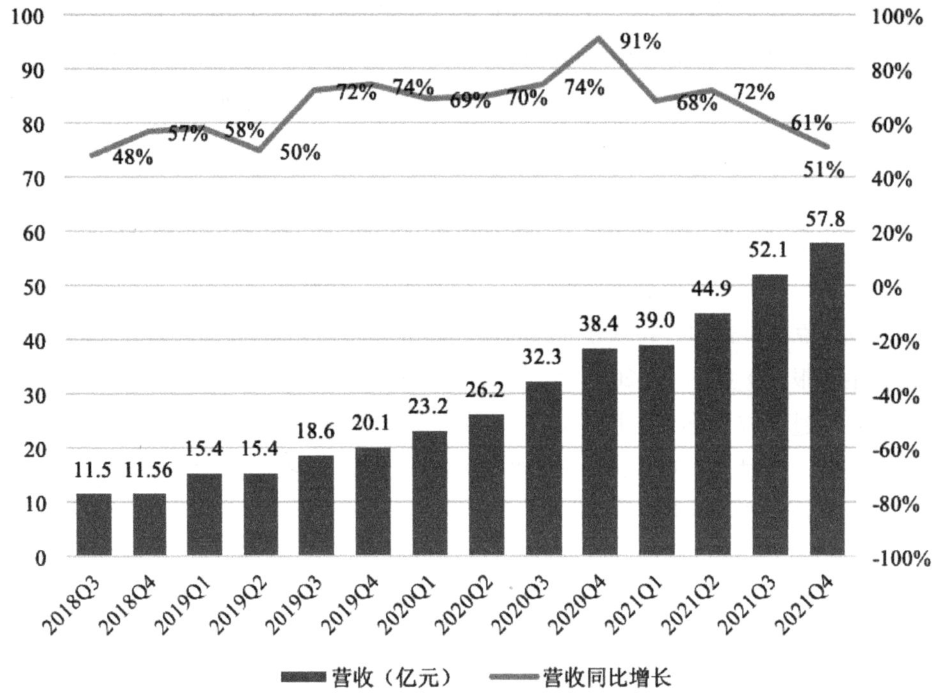

图 2-3　中国互联网视频用户规模增长图

注：Q 意思为“季度”。

数据来源：同花顺网．[EB/OL]．[2022-04-01] .http：//stockpage.10jqka.com.cn/HK9626/finance/.

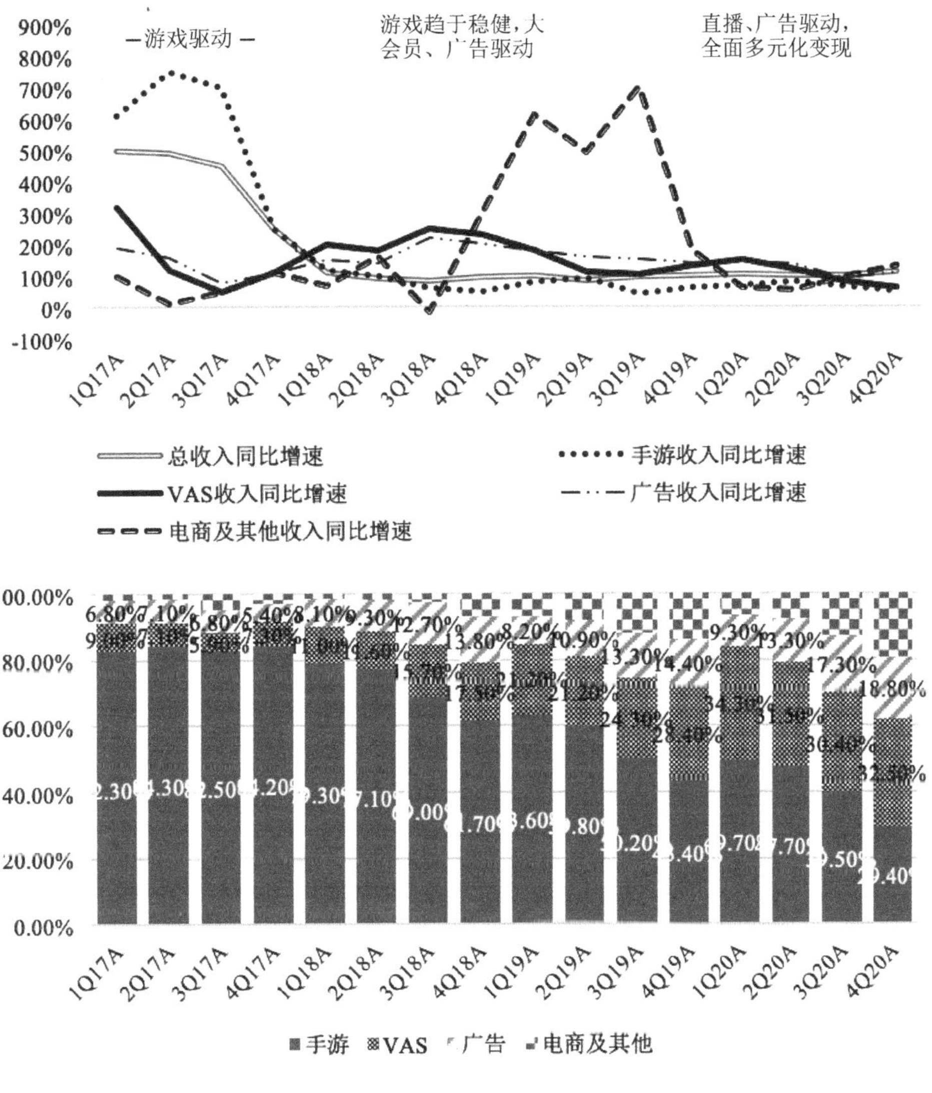

图 2-4　哔哩哔哩弹幕网收入增长引擎

注：① A 意思为“实际收入”

② VAs 意思为“大会员、直播服务和其他增值服务”

数据来源：天风证券研究所 . 哔哩哔哩 -SW（09626）首次覆盖报告：乘视频化浪潮，奔赴新十年征程［R/OL］.（2021-04-27）［2022-04-01］.https：//baogao.store/73337.htmlhttps：//baogao.store/73337.html.

此外，依托于平台的内容生态及商业化能力，B 站在 IP（文创作品）运营上还尝试构建起完整的产业链路，除了 IP 的供应、二次创作内容的拓展以及商业化贩售流程，还涵盖了漫画、广播剧、游戏、衍生品、线下演出等多种形式，进一步扩大闭环生态系统的影响力。

第二节 问题与瓶颈

一、平台商业化之困

尽管各方面呈现上升态势，B 站整体的商业化情况依然不容乐观。在业务扩张的同时，B 站的亏损幅度却在扩大，2021 年 B 站整体净亏损 68.09 亿元人民币，较 2020 年几乎翻了一倍。导致亏损扩大的原因主要在于企业运营成本的上升，而增加的运营成本则主要是向直播者和内容创作者支付的费用，以及为了扩充移动游戏和增值服务向分销渠道支付的款项。（图 2–5）

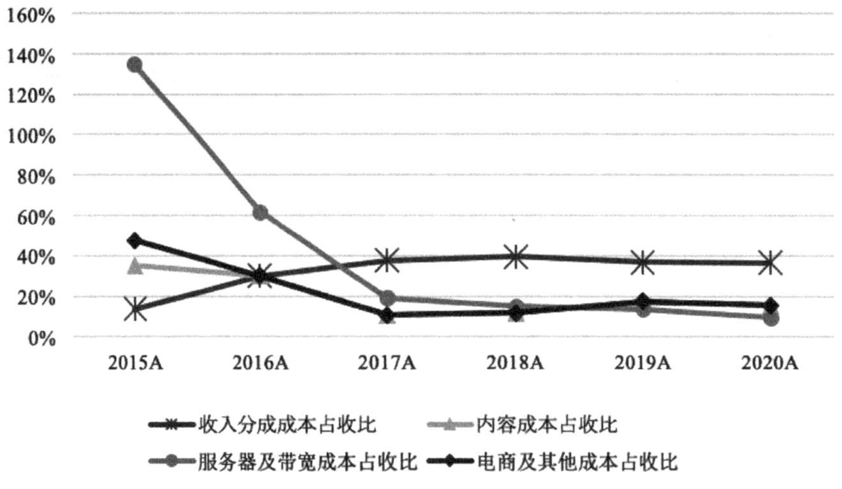

图 2–5 哔哩哔哩弹幕网各项成本占收入比例

数据来源：天风证券研究所 . 哔哩哔哩 –SW（09626）首次覆盖报告：乘视频化浪潮，奔赴新十年征程［R/OL］.（2021–04–27）［2022–04–01］.https：//baogao.store/73337.html.

这种远景上充满希望、现状却问题重重的矛盾，最主要来自 B 站的内容模式与商业模式运行上的冲突。作为一个已经涵盖了长视频、直播、会员、广告和游戏等等业务的视频平台，B 站依然缺乏一个能够持续拉动平台营收增长的核心业务。比如在占营收主要收入的游戏业务中，B 站代理游戏业务的收入远远超过其自研游戏的收入，长期依赖游戏代理来获得收入既不利于平台自有 IP 的培育，也无法为平台提升核心竞争力。在广告方面，对比其他将广告收入作为重要收入来源的专业视频制作与播放平台，B 站至今依然坚持不在长视频、剧集的开始及结束部分投放广告，这种坚持虽然带来了高黏度的庞大年轻用户群体，平台的社区氛围也得以被较好地维护，但平台也损失了大量的广告营收。整体营收上的匮乏所带来的不仅是商业运营上的困境，还有因此而导致的创作者体系的金字塔化、流动性不足及商业激励不足的问题。

二、创作者内容生产之困

B 站 2021 年发布的《2021B 站创作者生态报告》数据调查显示，B 站 2020 年 9 月至 2021 年 8 月，UP 主投稿视频播放总量已经超过 4500 亿，其中 71% 的创作者年龄在 24—30 岁之间，16% 的创作者在 18—24 岁之间。这也意味着，在 B 站有高达 87% 的创作者需要同时兼顾工作、学习与视频创作，收益就成为广大青年创作者不可避免需要考虑的问题。

目前，B 站内容创作者的收入主要由三部分构成："创作激励计划"收益、观众的"充电"打赏、商业合作收入。首先，"激励计划"是由 B 站官方发起的用于激励 UP 主进行创作的活动，参加"激励计划"后，UP 主将根据每支视频的播放量、点赞量、投币量、弹幕、评论、收藏、转发等诸多指标综合计算生成收益。以在 B 站拥有千万粉丝的账号"罗翔说刑法"为例，2020 年 3 月 27 日，该账号发消息称将把日后"创作激励计划"的所有收益都捐赠给儿童希望救助基金会，截至 2020 年 12 月 25 日，"罗翔说刑法"公布自己的贝壳提现税后收入为 256 534.79 元，而在这期间他的视频累计播放量约为 3.36 亿次，这是 99.9% 以上的 UP 主可望而不可即的数据。然而，即便如此，"创作激励计划"的收益依然不高。其次，"充电"是指观众通过打赏的方式向创作者表示支持，在一般创作者的整体收入中占最小比例。因此，最终视频内容创作者们大部分收入还是要依靠商业合作，即通过"植入"或"定制"的方式在视频内容中置入广告。

根据新榜媒介在 2021 年 10 月发布的数据调查显示，B 站目前 UP 主的单次植入视频合作报价平均值为 4721.8 元，在粉丝数超过 200 万的 UP 主中，植入视频合作的平均报价为 19.6 万元，在花火平台上暂无超过百万元的单支视频报价。不同创作分区的数据中所体现的商业合作平均价格也是相差甚远的，其中最高的为游戏区，平均报价为 7 万元以上，最低的为“鬼畜区”，仅仅不到 2 万元。

三、社区运营之困

作为一家主要依托用户生产内容、持续发展的视频网站，无论从平台的运营发展，还是社区氛围的维护上，B 站都离不开一个关键的角色，那就是既作为用户也作为创作主体而存在的 UP 主。如前所述，为了最大程度上激励创作者进行内容创作，按照粉丝数量，B 站的 UP 主被分为了头部 UP 主、颈部 UP 主、腰部 UP 主和长尾 UP 主。其中，针对头部 UP 主更是设立了“百大 UP 主”奖项，每年遴选 100 位 UP 主获此荣誉。平台与 UP 主进行深度绑定，一方面使 UP 主得以借此获得更加广阔的职业发展空间，另一方面也有助于平台进一步“破圈”，从小众走向大众。然而，不同于专业用户生产内容与职业生产内容的创作者，半专业与半用户性质的内容创作者们多半并未受过专业的创作训练，并且有相当多的创作者的创作内容与自身的日常生活有着较强的关联性。与此同时，平台声誉也与 UP 主，尤其是头部 UP 主之间有着紧密的联系，这也就意味着如果创作者自身出现了不良社会影响，不仅关系是某个创作者的职业生涯，更关系到平台的运营与发展。例如，此前 B 站知名 UP 主“LexBurner”在直播中发表关于动漫《无职转生》的言论引起剧烈争议，不仅产生了大量负面舆论，更直接导致了整个平台在春节开展了为期一个月的自我整改行动。

第三节　互动仪式链视角下的 B 站运营模式启示

美国社会学家兰德尔·柯林斯以欧文·戈夫曼为代表的符号互动论与爱弥儿·涂尔干的宗教仪式研究为基础，提出了“互动仪式链”这一理论，将在宗教中具有情感能量凝聚功能的仪式扩展到了日常生活中。该理论指出“互动仪式链”有四个要素：两个或两个以上的人“身体共在”同一场所；有边界，对局外人设定界限；关注共同的对象或活动；有着共同的情绪或情感体验。这四个要素形成了“互动仪式链”的节奏性反馈循环过程，并且以相互关注和情感连带为核心，在互动仪式场中交换资本符号和情感能量。同时将收获群体团结与身份认同感受、个体的情感能量、具有神圣性的集体符号，以及群体道德感和罪恶感，四种“互动仪式链”产生的结果。该理论将人和人之间的每次互动都看作一种仪式，个体在仪式中投入成本，追求情感能量。

B 站作为一个典型的 UGC 视频网站，各个 UP 主根据自己的专长或喜好制作、上传视频，用户也依据自己的喜好选择性地观看视频，以时间和内容为关注焦点，通过弹幕、转发等发表自己的观点想法，不断进行沟通和分享。在 B 站内部，UP 主与用户的互动及 UP 主与用户身份的切换形成了自发自主的互动，这与“互动仪式链”相契合。用户点击进入 UP 主主页观看视频后，视频所在的网络空间自然形成了一个虚拟场域，让人们汇集在此，将没有关注或进入视频的用户排除在外。进入视频后，成员的注意力被视频的内容所吸引，并通过发送弹幕评论或留言，向 UP 主与其他用户表达自己的感想或疑问，UP 主也会在视频中或评论中与大家交流，共享情感与情绪体验。用户之间的互动传播行为在 B 站内部形成了具有延续性的循环“互动仪式链”。

B 站特有的内容生产模式造就了其“互动仪式链”的独特性。UP 主作为 B 站内容生产的主要人群，制作的原创视频为 B 站提供了 90% 的专业用户制作的视频（Professional User Gemerated Video，简称“PUGV”）。B 站形成的“互动仪式链”呈现出互动身份的匹配程度高、个体传递的情感能量强、互动仪式的延续性与用户黏性高的特点。B 站将视频作为互动的主要情境，用弹幕式、留言式的互动方式营造多人虚拟身份在线的在场感，以事件、内容类别、UP主作为关注焦点形成虚拟界限，以群体认同感、团结感、责任感和集体符号作为互动仪式的产出结果，形成了具有互动身份匹配程度高、个体情感能量较强和整个链条的延续性与用户黏度高等多个特征的闭环“互动仪式链”。

第四节　从 B 站向 UGC 视频网站的未来看去

一、经济效益与社会效益

在“视频化”浪潮席卷当下的今天，各视频网站都正致力于针对自己的主流用户群体推出相应的商业盈利模式。相对其他 UGC 视频平台，B 站有着更加明显的“Z 世代”用户集中的特征。“Z 世代”，普遍用于指代 1995 年至 2009 年期间出生的年轻群体。目前，我国的“Z 世代”移动网民的规模比例正在不断攀升，从 2016 年至今已由 1.7 亿人上升至 3.2 亿人。其对于移动互联网的使用深度也高于全网平均数据水平，达到了每月 174.9 小时左右。QuestMobile（北京贵士信息科技有限公司）2020 年 11 月公布的用户画像标签数据库显示，“Z 世代”在移动视频细分行业中使用时间最长的分别为短视频、在线视频与游戏直播。（图 2–6）

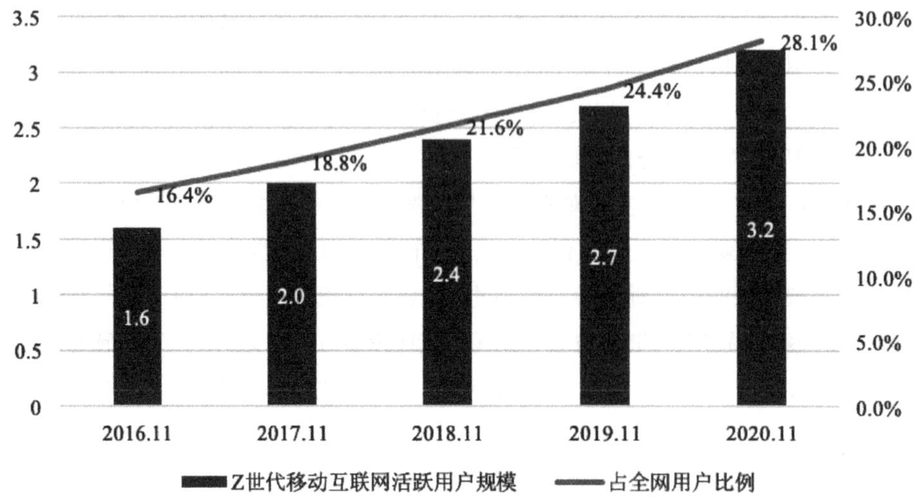

图 2-6　近年来“Z 世代”用户在我国互联网整体用户中的比例

数据来源：QuestMobile 网 .QuestMobile2020 “Z 世代”洞察报告［R/OL］.（2021-01-12）［2022-04-01］.https：//www.questmobile.com.cn/research/report-new/140.

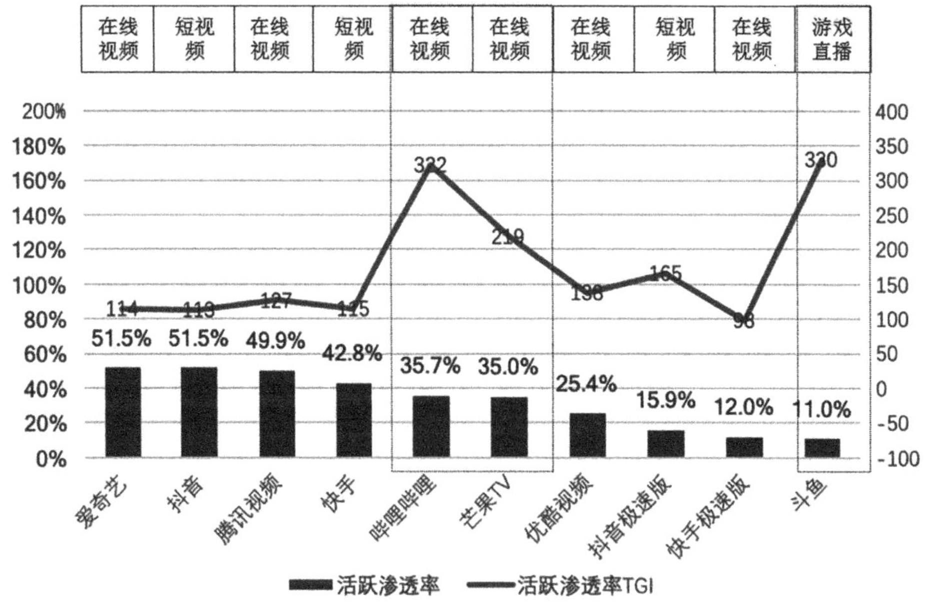

图 2-7　“Z 世代”在移动视频行业 App 渗透率前 10 名

注：TGI 意思为“目标群体指数”

数据来源：QuestMobile 网 .QuestMobile2020 “Z 世代”洞察报告［EB/OL］.（2021-01-12）［2022-04-01］.https：//www.questmobile.com.cn/research/report-new/140https：//www.questmobile.com.cn/research/report-new/140.

"Z 世代"作为日渐壮大的移动网络视频用户群体，其价值不仅在于其作为观看者与消费者的价值，更多的还在于其作为年轻群体接纳文化、创造文化的可能，而在这一点上，B 站已经开始有意借力年轻群体的创造力来寻求更长远的社会效益。例如，在传播国风文化方面，截至 2021 年 10 月，B 站全站国风类视频投稿总量已经超过 200 万，传统文化爱好者总数量超过 1.77 亿。除此之外，B 站联合湖北卫视打造的"非正式会谈"系列节目，作为一档主要由外国青年参与其中的综艺节目，获得了"金塔奖最受大学生喜爱的节目"。在碰撞交流中寻求更多的文化创造灵感，是视频平台可以持续探索的发展之路。

在发挥年轻群体的创造力上，下至小学生，上至资深教授，他们都成为在 B 站传播知识文化的主力军。科技区 UP 主"小学生 Vita 君"作为一名正在就读五年级的学生，他的"小学生教你学编程"系列视频的总播放量已经超过 500 万。2019 年至 2021 年，有超过 300 位名师学者入驻 B 站，覆盖了近百个学科专业。2021 年，在 B 站学习的用户数量超了 1.83 亿，是中国在校大学生的近 4.5 倍，泛知识内容占 PUGV 视频播放量的 49%。2021 年，科学科普内容视频同比增长 1994%，是 2021 年全站上升最快的品类。同时，2021 年 11 月 B 站正式开启了"知识光年 · 青少年科普计划"，邀请不同领域的专家学者入驻平台，为青少年创作专业的科普视频，内容涵盖地球起源、生命演化、人类文明与宇宙等多方面的科普知识。利用平台优势传播优秀文化与正向价值，也正是 UGC 平台的责任之所在。

二、创作主体与运营平台

在以 UGC 内容为主的视频平台中，创作条件、社区氛围，以及是否能最大程度地获得优质的正向反馈往往是一名创作者选择发展平台的主要参考依据。因此，从平台侧考量，如何在激励用户创造有价值、有传播意义的视频同时，形成独具一格、健康良好的社区氛围，也是需要重点考虑的方向。

B 站官方在 2021 年公布的《2021B 站创作者生态报告》显示，B 站目前共有 2408 名工作人员专门为 UP 主提供服务，相比 2020 年同比增长 42%。在流量扶持层面，分配给中小 UP 主及新人 UP 主的总计达到了 70%。在官方花火平台的商业化层面，自平台成立以来，入驻品牌同比增长了 2050%，品牌复投率达到了 75%，其中腰部 UP 主的接单率达到了 200%。在创作层面，B 站相对其他内容平台更是提供了从生产工具（必剪 App、bilibili 云剪辑、直播姬）、创作指导（bilibili 创作学院、官方公开课、定制课程、分类课程、实践基地）到激励措施（扶持计划、新星计划、激励计划、荣誉认证、成就勋章、百大 UP 主）等一套闭环扶持办法。

在创作与传播层面，平台需要持续鼓励创作者进行优质内容输出。这既是创作者个人的职业发展道路实现商业化的前提，也是平台在未来能够持续获得营收与口碑的关键。B 站官方公布的数据显示，全站共有 7000 多个文化圈层、15 个分区，且每个圈层都有自己的头部 UP 主[①]。每一位 UP 主最初能够成长起来一定是因为其原本的创作内容能够吸引一部分感兴趣的观众，这部分观众是 UP 主持续创作的动力，也是保证内容能够商业化变现的基础。因此，如何在追求“破圈”的同时维持住原有圈层观众对于核心文化的喜爱，也是平台运营、内容传播需要重点考量的方向。商业化对于平台与创作者而言都是一条充满着挑战与机遇的道路。如何在这条道路上突破困境、协调矛盾是每一位以内容为生的创作者与协调者所必须面对的问题；而如何走好这条道路上的每一步，既是一个商业问题，更是一个充满着艺术性的哲学问题。

三、视频媒介与现实社会

在移动互联网视频网站中，UGC 视频网站用户生产的内容往往带有更贴近于生活、更贴近于社会的本质特点。因此，借助视频媒介，创作者能够更方便快捷地进行表达，观看者也能够通过移动互联网感受到不同于自己身边的社会。在这种意义上，UGC 视频网站可以尝试跳出既有的创作与传播框架，进行更广阔视野下的社会化叙事，纪录片就是其中的方向之一。2021 年 11 月 13 日，B 站在“记录即有光”的纪录片发布会上，发布了 21 部新片，包括《人间一串》《决胜荒野》《人生第一次》等，也有 B 站与 BBC 联合制作、刘慈欣亲自参与讲述的《未来奥德赛》、国内原创自然纪录片《众神之地》等。

作为专业团队生产的纪录影像，UGC 视频平台上的优质纪录片不仅是可供播放的剧集，更是可供那些介于创作者与用户之间的、具有着相当程度创作热情的青年创作群体学习与参考的对象。2021 年 11 月 13 日，B 站在“记录即有光”的发布会上宣布将推出专门用于扶持纪录片创作的“暗室灯计划”，目的是“让所有拥有创作能力的青年导演都能拍得起纪录片，让所有喜欢看纪录片的年轻人都能够找到好看

① 张小满，王慧灵．“恰饭”现象关注下 B 站的内容营销［J］．经营与管理，2021（08）：59-62.

的纪录片”。这种项目在本质上其实与 UGC 视频网站的创立初衷是一致的。创作无论专业与否，一旦拥有表达的渠道就都有可能释放无穷的价值。而当严肃与轻松的内容同时存在于视频网站的信息瀑布里，人们才能更加深刻地意识到娱乐的意义与生活的价值。

【参考文献】

[1] 中国互联网络信息中心 . 第 41–47 次 中国互联网络发展状况统计报告 [R/OL] .（2021–02–03）[2022–04–01] .http：//www.cac.gov.cn/2021–02/03/c_1613923423079314.htm.

[2] 艾瑞咨询 .2020 年中国视频内容全产业链发展研究报告 [R/OL] .（2021–01–11）[2022–04–01] .https：//www.iresearch.com.cn/Detail/report?id=3721&isfree=0.

[3] 天眼查 . [EB/OL] . [2022–04–01] .https：//www.tianyancha.com/company/4356203109.

[4] 搜狐网 . 哔哩哔哩发布 2021 年第二季度财报，总营收 45 亿元，游戏 12.3 亿元，月活达 2 亿 [EB/OL] .（2021–08–19）[2022–04–01] .https：//www.sohu.com/a/484428523_211762.

[5] 爱企查 . 哔哩哔哩发布 2021 四季度财报，营收同比增长 62% [EB/OL] .（2022–03–04）[2022–04–01] .https：//aiqicha.baidu.com/yuqing?yuqingId=42a33d2dfd9017ee134f49bd485db657.

[6] 哔哩哔哩弹幕网 .2021 B 站创作者生态报告 [EB/OL] .（2021–12–09）[2022–04–01] .https：//www.bilibili.com/read/cv14332832?from=search&spm_id_from=333.337.0.0.

[7] 同花顺网 . [EB/OL] . [2022–04–01] .http：//stockpage.10jqka.com.cn/HK9626/finance/.

[8] 天风证券研究所 . 哔哩哔哩 –SW（09626）首次覆盖报告：乘视频化浪潮，奔赴新十年征程 [R/OL] .（2021–04–27）[2022–04–01] .https：//baogao.store/73337.html.

[9] QuestMobile 网 .QuestMobile2020“Z 世代”洞察报告 [R/OL] .（2021–01–12）[2022–04–01] .https：//www.questmobile.com.cn/research/report–new/140.

[10] 张小满，王慧灵 .“恰饭”现象关注下 B 站的内容营销 [J] . 经营与管理，2021（08）：59–62.

基于价值感知的音乐节消费者满意度探究
——以草莓音乐节为例

田思成[①] 刘宇辰[②] 覃 思[③] 张玉瀚[④] 王政纲[⑤]
（中央财经大学，北京，102206）

【内容提要】 户外音乐节作为一种新兴的文化消费形式，逐渐成为国内消费者，尤其是新时代年轻人，最普遍的兴趣爱好。许多城市也积极引进举办各类户外音乐节，以求拉动当地经济发展。随着户外音乐节热度的逐渐上升，一些问题也逐渐暴露出来。本文以国内商业化运营最为成功的草莓音乐节为案例，从音乐节参与者价值感知视角出发，使用结构方程模型和最小二乘法对参与者价值感知数据进行定量分析，构建主效应模型、中介效应模型和调节效应模型，探究参与者满意度、忠诚度、重游度的影响因素及价值感知影响机制。价值感知对消费者的满意度有积极的促进作用。满意度对忠诚度的中介效应，表明音乐节的价值感知对忠诚度具有长期影响。城市的发达程度对音乐节观众的价值感知有显著影响。最后，根据研究结果，本文对提升音乐节举办水平提出建议。

【关键词】 草莓音乐节；价值感知；满意度；忠诚度；中介效应

① 田思成，男，中央财经大学文化产业管理专业与金融专业（双学位），研究方向为文化产业投融资、公司金融。
② 刘宇辰，男，中央财经大学文化产业管理专业，研究方向为文化产业经济、财经传媒。
③ 覃思，女，中央财经大学文化产业管理专业，研究方向为文化政策、公共管理。
④ 张玉瀚，男，中央财经大学文化产业管理专业，研究方向为文旅产业经济管理。
⑤ 王政纲，男，中央财经大学财政学专业，研究方向为财政理论与实践。

Analysis on Participants' Statisfaction of the Value Perception of Music Festivals

Abstract: As an emerging form of cultural consumption, outdoor music festivals have gradually become the most common interest of domestic consumers, especially young people in the new era. Many cities have also actively introduced and held various outdoor music festivals in order to promote the development of local economy. As the popularity of outdoor music festivals gradually increases, some problems are also gradually exposed. In this paper, strawberry Music Festival, the most successful commercial operation in China, is taken as an example. The perspective of participants' value perception, structural equation model and least square method are used to conduct quantitative analysis on participants' value perception data, and the main effect model, mediating effect model and moderating effect model are constructed to explore the influencing factors of participants' satisfaction, loyalty, re-visit and the influencing mechanism of perceived value. Value perception plays a positive role in promoting consumer satisfaction. The mediating effect of satisfaction on loyalty shows that music festival value perception has long-term influence on loyalty. The degree of urban development has a significant impact on the value perception of music festival audience. Finally, according to the research results, this paper puts forward suggestions for improving the level of music festival.

Key words: Strawberry Music Festival, Value perception, degree of satisfaction, loyalty index, the mediation effect

引　言

随着人民生活水平的显著改善，消费者购买力的提升与跃迁，人们不再单单满足于物质生活，对精神文化生活也产生了越发强烈的消费需求。文化对城市经济的发展和城市形象的树立发挥着重要作用，音乐等文化产业逐渐成为旅游领域的关注焦点。在传统唱片业快速衰退的背景下，户外音乐节为音乐产业的发展提供了新的动力。以“草莓音乐节”为代表的户外音乐节蓬勃发展，已经成为年轻人的新型休闲生活方式和社交方式。

在音乐节数量和规模均呈现爆发式增长的同时，运营专业性不强、质量参差不齐、管理和保障机制缺乏、忽略品牌塑造等问题也暴露出来，极大损害了参与者的满意度和重游意愿，影响音乐节的长期发展。影响音乐节参与者满意度的因素是什么？这些因素的作用机制是怎样的？如何提高音乐节质量以带动举办地经济？我们希望以草莓音乐节这一成功的户外音乐节商业化运营为例，从消费者价值感知出发，通过测度参与者对音乐节的价值感知，构建音乐节游客价值感知与游客忠诚度、满意度、重游意愿之间的关系模型，探究音乐节对当地旅游发展的促进效应，从而为提升音乐节质量提供启示和参考。

一、研究概述

（一）研究意义

1. 理论意义

通过对收集到的具体案例数据进行分析，构建针对音乐节的游客价值感知维度，研究影响音乐节受众重游度、忠诚度和满意度的因素，探究价值感知维度要素对音乐节消费者满意度的作用机制。

2. 实践意义

探究现实层面当下户外音乐节生存现状，挖掘提炼音乐节具体案例的成功经验，为其他户外音乐节的举办和运营提供理论和数据参考，在经济价值层次对当地旅游发展进行现实性延伸升华。

（二）研究方法

1. 文献研究法

本小组充分利用中央财经大学的可用资源，在中国知网、万方、人大复印报刊等中文数据库，Web of Science、Springer、InCites journal 等外文数据库，收集梳理了国内外与音乐节、价值感知、游客满意度相关的文献和研究成果；通过草莓音乐节官方公众号、草莓音乐节乐迷社群、微博、知乎、豆瓣等互联网平台，收集草莓音乐节基本信息和发展情况，掌握其运营方式和盈利模式，了解音乐节受众心理，学习、掌握价值感知相关知识，研究总结前人游客价值感知维度构建逻辑，为小组构建音乐节价值感知维度做理论准备，了解掌握前人研究中选取的游客满意度指标，为本次研究的指标选取提供文献依据。

2. 调查问卷法

本小组基于文献和深度访谈总结归纳的价值感知维度设计问卷，收集消费者对音乐节的价值感知基本信息，为后续的定量分析提供数据支持。问卷主要包含以下三个部分:（1）受众满意度测量表——题项采用李克特五点量表，从重游度、满意度、忠诚度三个方面测量消费者对参与音乐节的满意度；（2）受众价值感知测量表——题项采用李克特五点量表，从情景感、享乐性、社交性、优质性、便利性、成本六个维度，测量消费者对音乐节的价值感知；（3）受众的人口统计学特征——问卷主要采用线上发放的方式，小组成员将在网络音乐节兴趣小组进行大规模调查，获取音乐爱好者的观点。

3. 定量分析法

对采用调查问卷法收集整理得到的受众音乐节价值感知数据进行分析。对价值感知和游客满意度进行回归分析，检验各感知要素对受众的影响。检测忠诚度对满意度的中介效应，检验各感知价值维度对受众的忠诚度和满意度的影响机制。运用结构方程模型建立价值感知维度对受众满意度的关系模型。

（三）创新点

1. 实践创新

此前，价值感知维度节庆相关的研究以旅游节庆为主，较少关注到户外音乐节。随着户外音乐节在国内逐渐升温，越来越多的城市将举办户外音乐节作为拉动消费、吸引游客的重要活动。我们小组选取草莓音乐节这一成功的户外音乐节商业化运营案例，从其成功实践中提炼归纳户外音乐节的成功经验，为其他音乐节的举办提供启示。

2. 理论创新

此前，音乐节相关研究以定性分析为主，进行定量分析的较少。我们小组通过发放调查问卷，收集到一定规模的音乐节受众数据进行量化分析，通过回归模型、结构方程模型等定量分析方法，研究音乐节价值感知维度对受众忠诚度和满意度的具体影响机制。

此前，音乐节相关研究主要关注内容选择、社群关系等方面，较少从商业价值和活动运营的角度进行研究。我们小组聚焦户外音乐节的商业属性，探究影响受众对音乐节满意度的突出因素，从而为各省（自治区、直辖市）成功举办户外音乐节、实现音乐节经济价值最大化提供理论、数据支撑。

二、文献综述

（一）节事旅游

“节事”是节日、特殊事件和盛事的统称，包括文化庆典、文娱活动、体育赛事、产品展销、会议交流等类型，是在特定时空范围内举行的活动。随着现代社会的发展，节事逐渐成为城市生活的一部分，并发展出“节事旅游”这一以特定的节事活动为核心游览目的的旅游类型。

节事旅游研究最早可追溯到20世纪60年代，主要关注节事本身。近年来，国外研究热点转移到节事旅游体验上，Prentice等（2003）对节事旅游者的意图和行为进行了细分，Nicholson等（2001）研究发现顾客满意是节事成功的关键因素。国内研究成果则集中于与节事旅游产品相关的开发管理、经济效益、运作模式等市场供给视角，对节事旅游体验研究较为缺乏，定量研究较少。

（二）价值感知

1. 消费者感知价值理论

价值感知理论来自营销学领域。最早可追溯到管理学家迈克尔·波特1985年提出的“顾客价值”概念。随后，Zeithaml、Monroe等学者在此基础上引入经济学的公平理论，提出“顾客感知价值”，将其拓展为消费者对其所消费的产品或服务感知到的价值。学者对消费者价值感知的阐释可大致分为“权衡得失说”“要素构成说”和“偏好认知说”三类。（见表3–1）

表3–1　　感知价值阐释分类表

权衡得失说	感知价值是消费者在对消费产品或服务中自己的“所得”和“所失”进行比较权衡后形成的
要素构成说	感知价值主要由功能性、社会性、情感性等多个“所得”要素组成，“所失”在消费者感知过程中被相对忽略
偏好认知说	感知价值是一个立体的层级结构，顾客对产品属性、产品功效和使用结果三个层面进行感知，分别形成相应的满意度

除了对概念本身进行探讨外，更多的学者是将“消费者感知价值”作为一种研究工具，用以评价具体的产品或服务对消费者需求的满足情况。例如，程圩（2009）借助消费者感知价值理论，研究作为价值主体的游客对文化遗产的认知；赵现红（2014）从游客感知价值视角出发，分析开封菊花节参与者的体验过程。

本文的研究对象草莓音乐节可以被视为一种旅游产品，音乐节参与者即为这一旅游产品的消费者，通过测量音乐节消费者的感知价值，可以获知草莓音乐节对消费者需求的满足程度，进而推广到一般音乐节，从而为音乐节的举办、完善和推广提供参考。

2. 消费者—游客感知价值维度

消费者感知价值维度是基于“要素构成说”形成的感知价值测量方法，游客是旅游产品的消费者，其对旅游产品的感知价值测度同样适用。李如友（2018）强调，旅游产品相较一般商品而言，具有高度主观、相对封闭的特性，因此其感知价值结构具有特殊性。因此，建立游客感知价值测量维度时，既要考虑其作为消费者感知价值的一般性，又要考虑旅游体验所具有的特殊性。目前，众多学者对游客感知价值测量表进行开发，在一般感知价值维度的基础上，依据不同情境对测度指标进行调整，形成相应的感知价值模型。其中，黄颖华等（2007）开发的旅游者感知价值模型，即经典的 TOUR-PERVAL 五维量表，是国内游客感知价值研究的基础。

（三）忠诚度和满意度

1. 忠诚度

在市场营销领域，消费者的忠诚度往往被概括为一种重复购买或向其他人推荐的非理性行为。忠诚度的测量需要同时考虑动机和满意度。D. Chaney 等（2017）在对音乐节的研究中，首次利用社会学的新制度理论，突出组织的社会和文化嵌入性，实证分析了消费者和管理者的共享价值观的先行因素对消费者忠诚度的影响，并结合前者关于忠诚度的研究，因地制宜地将节日忠诚度划分为态度忠诚、推荐意愿和重游意愿。综合上述研究，本文将从态度忠诚、推荐意愿和重游意愿三个维度描述顾客的忠诚度。

2. 满意度

满意度是参与者对产品主观的概念和评价，受顾客购买产品所付出的成本和产品质量预期的影响。Oliver（1997）认为消费者满意度是消费者心理需求得到满足的状态，是对产品和服务满足自身需求的主观期望。满意度与前文所研究的价值感知的概念有所重合，但二者并不相同。

国外学者以塞浦路斯的国际旅游者为案例，通过结构方程模型发现了满意度高的旅游者往往具备较高的推荐意愿和重游意愿。汪侠等（2006）通过构建 TDTS（旅游地游客满意度）模型，选取桂林游览者为研究对象，发现了游客满意度与忠诚度之间的正相关关系，并且当游客体验大大超出游客期望时，会产生游客忠诚。

满意度度量了顾客对产品质量的期望，具有极强的主观性和个体差异性。我们将会利用总体满意度来衡量消费者对品牌音乐节的消费情感。

3. 满意度的中介效应

满意度和忠诚度之间的正向关系，已经得到学术界的公认。Claes Cassel 等（2001）利用欧洲客户满意度指数（ECSI）模型验证了满意度和忠诚度正相关，用户满意度对忠诚度变化有较高解释力。具体到旅游领域，汪侠等（2006）发现满意度通过体验感受对忠诚度产生间接的正向影响。徐宁宁等（2019）在研究江苏灵山小镇拈花湾时，发现了游客满意度对忠诚度的中介效应，积极情绪所带来的高满意度，能够促进推动游客行为，进而提高忠诚度。因此，满意度具有中介传导作用，能够将价值感知因素与忠诚度联系起来。

三、数据分析

（一）假设与数据说明

根据我们所收集的文献资料和自身的理论基础，为了深入了解价值感知、忠诚度与满意度三者之间的关系，本组在音乐节调查的基础上提出假设。

首先，价值感知对满意度有积极作用，由于游客价值感知所包含的情境感、享乐性、社交性等特性，这意味着良好的价值感知将有助于提升音乐节参与者的满意度。游客的主观印象和认识程度能够直接作用于对音乐节的偏好程度，从而提高其对音乐节满意度。本组提出第一个假设：

H1：价值感知对游客满意度有积极的正向影响。

同样，良好的感受和认知也会以同样的方式作用于游客的忠诚度。价值感知越好，游客的重游意愿就越高、态度就越忠诚，也更加愿意将音乐节推荐给他人。本组提出第二个假设：

H2：价值感知对忠诚度同样有积极的正面作用。

根据第二个假设，本组认为忠诚度受到价值感知积极的影响，忠诚度也会作用于游客的满意度。游客的忠诚度越高，就越倾向于为音乐节打高分，更加注重参与体验，忽视其可能存在的不足或者问题，从音乐节中所获得的感受就越好，游客的满意度就越高。本组提出第三个假设：

H3：忠诚度具有中介效应，一方面受到价值感知的作用，另一方面对满意度的提升有促进作用。

草莓音乐节的举办地点不仅仅局限于一线城市，在二三线城市同样也有涉及。

但是，不同层级的城市，所具备的条件也有所不同。经济条件、文化氛围、交通等各方面因素将会影响游客参与音乐节的选择。层级越高的城市，价值感知的作用就愈明显，对满意度的影响就越大。本组提出第四个假设：

H4：城市维度对于游客的满意度产生了重要的作用，城市级别越高，价值感知的影响力就越大。

为了进行数据和参与者特征分析，本组根据理论基础，设计了关于游客基本信息、价值感知、忠诚度、满意度的调查问卷。调查的主要方式是在互联网大规模发放线上问卷，对草莓音乐节的参与者进行访问。最终本组共获得有效问卷 372 份。问卷测量题项和数据样本情况见表 3–2 和表 3–3。

表 3–2　问卷测量题项

感知价值维度	测量项目
情景	我在现场能够体验到当年的草莓音乐节主题
	草莓音乐节举办地点的风景很好，让我流连忘返
享乐	参加草莓音乐节让我忘却日常生活的烦恼和压力
	参加草莓音乐节让我感到放松、愉悦、无拘无束
	参加草莓音乐节对我来说是一份新奇的体验
社交	参加草莓音乐节让我在别人心目中增加好印象
	和朋友一起参加草莓音乐节加深了我们之间的关系和感情
	参加草莓音乐节可以结识其他参加音乐节的新朋友
优质	草莓音乐节有高质量的音乐表演
	草莓音乐节有丰富多彩的周边活动
	草莓音乐节主办方管理有序，服务周到
便利	获取草莓音乐节的活动、售票信息很方便
	前往草莓音乐节的交通很方便
	草莓音乐节的饮食、住宿很方便
成本	参加草莓音乐节在金钱上十分划算
	参加草莓音乐节值得我时间上的付出

续表

感知价值维度	测量项目
重游度	我在 1 年内再次参加的可能性有多大
	我在 1—3 年内再次参加的可能性有多大
	我在 3 年后再次参加的可能性有多大
	参加完草莓音乐节，我还愿意再次游览此次音乐节所在的城市
忠诚度	我愿意向朋友推荐草莓音乐节
	我愿意向家人推荐草莓音乐节
	与其他音乐节比起来，我会优先选择草莓音乐节
满意度	整体来说，我对草莓音乐节很满意
	只要有机会，我还会参加草莓音乐节

表 3–3　调查对象身份特征描述性统计

项目		比例（%）
性别	女	61.29
	男	38.71
年龄	18 以下	2.69
	18—25	36.83
	26—30	29.84
	31—40	22.85
	41—50	5.91
	51—60	0.51
受教育年限	初中及以下	10.75
	高中	18.55
	本科	56.18
	硕士及以上	14.52
是否接受过音乐培训	否	50.27
	是	49.73

续表

项目		比例（%）
月收入	2000 元以下	12.90
	2000—4000 元	18.28
	4000—6000 元	29.57
	6000—8000 元	20.70
	8000—10 000 元	7.53
	10 000 元以上	11.02
文化消费收入占比	10% 以下	13.98
	10—30%	43.55
	30—50%	28.49
	50—70%	10.22
	70—90%	3.23
	90—100%	0.54
是否有朋友同行	独自欣赏	15.05
	两人同行	57.26
	三人及以上	27.69
票类	通票	45.43
	单日票	54.57
是否参加过其他音乐节	是	29.57
	否	70.43

（二）结构方程分析

首先，我们需要知道价值感知、忠诚度与满意度是否存在联系，即观测变量是否对潜变量有着正面或负面的影响。为此，我们利用结构方程模型（SEM）帮助验证猜想。

我们对变量之间的关系进行了结构方程模型框架下的分析。其中，我们将音乐节环境的主题、风景，和音乐节中人的解压、放松、体验等变量作为隐变量价值感知的观测变量；将重游时间作为重游度的观测变量；将向其他人推荐作为忠诚度的观测变量；将是否继续参加和满意程度作为满意度的观测变量。通过将价值感知对重游度，忠诚度、满意度进行回归分析，我们得到它们对观众价值感知的影响。本模型的具体结构见图 3–1。

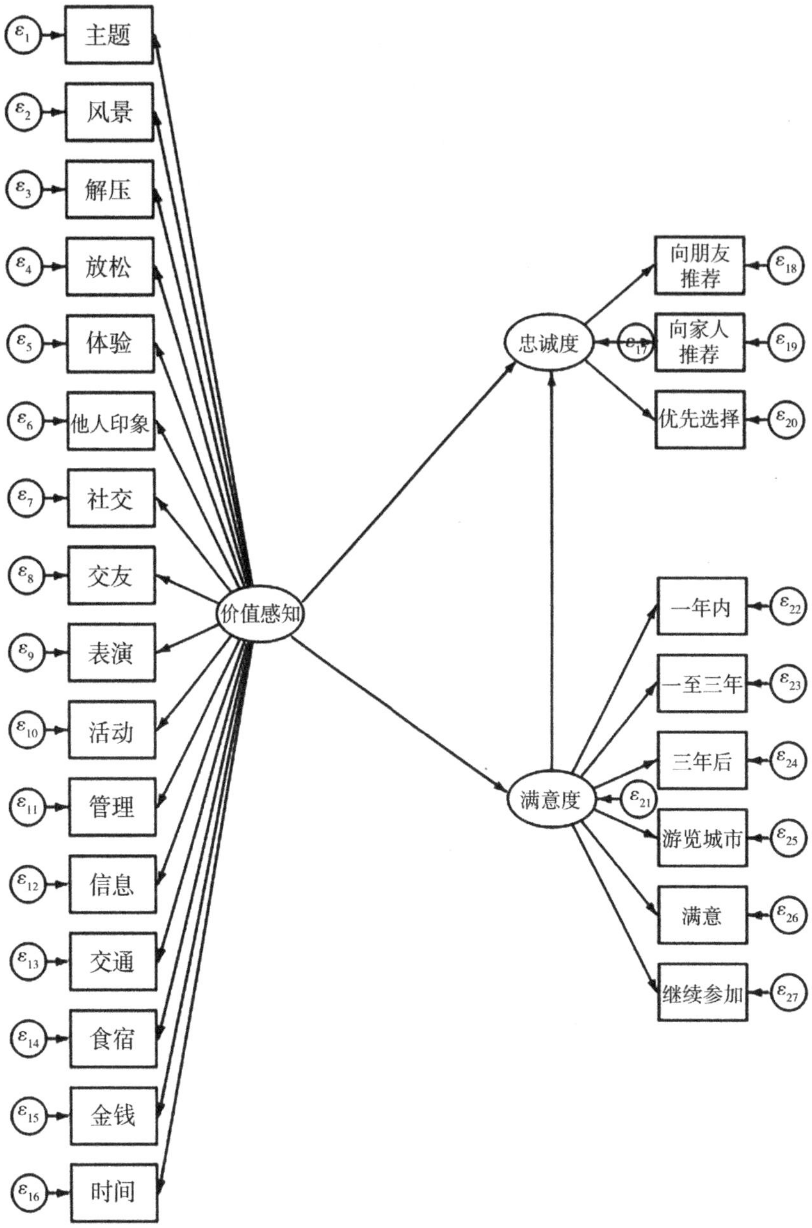

图 3–1　本模型具体结构

表 3-4　　SEM 模型统计结果

		Coef.	Std. Err	P>z			Coef.	Std. Err	P>z
Structural satisfaction Scene（主题内景满意度）	Value_perception	0.956	0.096	0.000	manage（管理）	Value_perception	1.067	0.102	0.000
	_cons Value_perception	4.383 1.085	0.421 0.109	0.000 0.000	infor-mation（信息）	_cons Value_perception	4.371 0.813	0.449 0.088	0.000 0.000
	_cons	4.328	0.457	0.000		_cons	4.316	0.343	0.000
pressure（解压）	Value_perception	0.983	0.094	0.000	traffic（交通）	Value_perception	1.159	0.108	0.000
	_cons	4.466	0.414	0.000		_cons	4.312	0.487	0.000
relief（放松）	Value_perception	0.922	0.095	0.000	Board（食宿）	Value_perception	0.991	0.101	0.000
experience（体验）	_cons Value_perception	4.380 0.949 4.459	0.389 0.095 0.400	0.000 0.000 0.000	money（金钱）	_cons Value_perception	4.297 0.890 4.071	0.418 0.101 0.377	0.000 0.000 0.000
impression（他人印象）	Value_perception	0.980	0.101	0.000	time（时间）	Value_perception	1.034	0.099	0.000
social（社交）	_cons Value_perception	4.267 0.921	0.413 0.095	0.000 0.000	less1（一年内）	_cons satisfaction	4.379 0.803	0.435 0.100	0.000 0.000
	_cons	4.393	0.388	0.000		_cons	4.330	0.326	0.000
friend（交友）	Value_perception	0.950	0.096	0.000	betlto3（1—3年）	satisfaction	0.901	0.101	0.000
perform（表演）	_cons Value_perception	4.406 2.351	0.400 0.239	0.000 0.000	more3（3年后）	_cons satisfaction	4.350 0.935	0.364 0.099	0.000 0.000
	_cons	5.014	0.982	0.000		_cons	4.314	0.377	0.000
activity（活动）	Value_perception	0.981	0.095	0.000	visit（游览城市）	satisfaction	0.725	0.091	0.000
	_cons	4.440	0.413	0.000		_cons	4.273	0.294	0.000

注：Coef. 意思为“系数”；Std.Err 意思为“标准误差”。

根据回归分析结果可知，该模型中各个观测变量对潜变量的拟合效果均为正相关，说明各个观测变量均可以较好地拟合潜变量。而潜变量价值感知对重游度和满意度的回归结果也在显著性水平上显著，系数分别为 0.97 和 1.00，说明价值感知对音乐节观众的重游度和满意度有着较为可信的积极影响。

综上，在 SEM 框架下，价值感知对音乐节观众的重游度、满意度和忠诚度有着正面影响的假设成立。

（三）回归分析

1. 变量设定与模型构建

我们的回归分析，主要是为了研究价值感知、忠诚度、满意度三者之间的关系，根据前文 SEM 模型的验证，我们明确这三者确实具有联系，所以本组按照理论假设，通过最小二乘法来分析价值感知对忠诚度和满意度的影响。

关键变量为价值感知、忠诚度和满意度，而因为它们是主观性很强的概念，所以没有很准确的方式直接衡量其大小。因此，我们构建了关于价值感知、忠诚度、满意度的测量量表，帮助我们计算价值感知、忠诚度和满意度得分。

由于指标本身的属性导致各指标的量纲、变异大小、取值范围不同，为了消除其影响，我们对指标进行标准化处理，并对处理后的规范值进行 KMO 检验（抽样适合性检验），最后采用主成分分析法计算得出信息的主成分及其贡献率的大小，根据其特征值和数据变异程度，构建价值感知、忠诚度和满意度的综合评价模型。表达式如下：

$$\text{价值感知}=0.2524x_1+0.2483x_2+0.2535x_3+0.2549x_4+0.2573x_5+0.2483x_6+0.2469x_7+0.2528x_8+0.2625x_9+0.2583x_{10}+0.2590x_{11}+0.2403x_{12}+0.2559x_{13}+0.2306x_{14}+0.2227x_{15}+0.2531x_{16}$$

$$\text{忠诚度}=0.3536y_1+0.3627y_2+0.3921y_3+0.3733y_4+0.3987y_5+0.3754y_6+0.3885y_7$$

$$\text{满意度}=0.7071z_1+0.7071z_2$$

上述综合评价的系数为我们所设立指标的权重，通过将各指标加权相加，我们能分别得到价值感知、忠诚度和满意度的综合评价得分。

关于控制变量，本文根据音乐节参与者的特点，再依据本文所研究的主要内容，主要选取以下变量作为我们的控制变量：受访者的性别、年龄、受教育年限、工作、是否受过音乐培训、收入水平、文化消费支出占比、是否有同伴同行、音乐票种类，以及是否参与过其他类音乐节等。其中，性别、是否受过音乐培训、是否有同伴同行、音乐票种类，以及是否参与过其他类音乐节等皆为虚拟变量。

关于价值感知、忠诚度和满意度三者之间的关系，根据我们的假设，价值感知对满意度有正向的积极作用，而忠诚度又具有中介效应，即忠诚度对满意度有积极的影响，同时又受到价值感知的影响。因此，本文借鉴温忠麟的方法，构建中介效应检验模型，检验价值感知对满意度正向的积极影响，以及忠诚度在二者之间所起的中介作用。模型如下所示：

$$满意度_i=\alpha_1 价值感知_i+\alpha_2 control_i+\varepsilon_i \quad (1)$$

$$忠诚度_i=\beta_1 价值感知_i+\beta_2 control_i+\varepsilon_i \quad (2)$$

$$满意度_i=\gamma_1 价值感知_i+\gamma_2 忠诚度_i+\gamma_3 control_i+\varepsilon_i \quad (3)$$

其中，下标 i 指 i 消费者的对应变量，*control* 代表回归中我们所设立的控制变量，ε_i 为随机扰动项。

首先对模型（1）进行回归，检验价值感知对满意度的影响，若系数 α_1 显著为正，则说明价值感知对满意度有积极的促进作用；若系数不显著，则需要对模型（2）和（3）进行回归。接着，对模型（2）进行回归，检验价值感知对忠诚度的作用，若系数 β_1 显著为正，则说明价值感知越好，那么消费者对音乐节的忠诚度就越强；若系数不显著，则需要对模型（3）进行回归。最后，对模型（3）进行回归，若系数显著为正，且 SobelZ 检验同样显著，则说明忠诚度起到中介作用。

表 3–5 为价值感知、忠诚度、满意度得分的描述性统计结果。

表 3–5　　价值感知、忠诚度、满意度得分的描述性统计结果

Variables	Obs	Mean	Std.Dev.	Min	Max
价值感知得分	372	0	2.888	–8.891	4.36
忠诚度得分	372	0	1.975	–5.998	2.914
满意度	372	0	1.242	–3.209	1.442

**Variables 意思为“变量”；Obs 意思为“观测值”；Mean 意思为“平均值”；Std.dev. 意思为“标准差”；Min 意思为“最小值”；Max 意思为“最大值”。

2. 基准回归分析

基于所建立的中介效应模型，我们利用 STATA 软件进行 OLS（普通最小二乘法）回归分析，得出的结果如表 3–6 所示：

表 3-6　　　　OLS 回归分析结果

Variables	（1）满意度	（2）忠诚度	（3）满意度
忠诚度			0.391***（0.0437）
价值感知	0.314***（0.0163）	0.579***（0.0178）	0.0876***（0.0293）
Sex（性格）	-0.0146（0.0810）	0.0366（0.0883）	-0.0289（0.0734）
Age（年龄）	-0.0150（0.0396）	0.0259（0.0432）	-0.0251（0.0359）
Edu（受教育程度）	0.105*（0.0558）	0.171***（0.0608）	0.0378（0.0511）
training（职业）	0.117（0.0806）	0.171*（0.0878）	0.0504（0.0733）
income（收入）	0.0431（0.0302）	0.0339（0.0326）	0.0299（0.0274）
culture（文化）	-0.0708（0.0445）	-0.109**（0.0485）	-0.0281（0.0406）
friend（同伴）	0.0207（0.0628）	-0.0483（0.0685）	0.0396（0.0569）
ticket（票价）	0.0322（0.0800）	0.00362（0.0872）	0.0308（0.0725）
otherfestival（其他音乐节）	0.0115（0.0882）	-0.0830（0.0961）	0.0440（0.0800）
Constant（常数）	-0.331（0.289）	-0.328（0.315）	-0.202（0.262）
Observations（观测值）	372	372	372
R-squared（确定系数）	0.643	0.832	0.708

括号中的标准误差（Standard errors in parentheses）如下：
** p<0.01，**p<0.05，*p<0.1

对模型（1）中价值感知与满意度的正向促进作用进行验证。结果证明，价值感知的系数为 0.314，且在 1% 的水平上显著，说明价值感知的提升能够有效地促进消费者对音乐节的满意度的提高。价值感知与忠诚度的关系在 1% 的水平上显著为正，系数为 0.579，证实了音乐节消费者对音乐节价值感知越好，音乐节对他们的吸引力越大，品牌效应就越强，他们的忠诚度也就越高。将忠诚度综合评分加入模型中，发现价值感知和忠诚度的系数都在 1% 的水平上显著为正，说明忠诚度确实在价值感知和满意度之间发挥了部分的中介效应。

（四）机制检验

为了进一步分析价值感知对游客忠诚度和满意度的影响，本文假设了三种可能的作用机制进行检验。第一，价值感知是否影响了游客的重游意愿，使他们再次愿意参加音乐节。第二，价值感知是否作用于游客的态度忠诚，让游客更加忠于自身的文化 IP。第三，足够好的价值感知是否可以促使音乐节参与者将音乐节推荐给他人，从而起到宣传推广的作用。

根据我们的假设，我们同样利用最小二乘法进行回归，依据价值感知的三种形式进行检验。得出的结果如表 3–7 所示：

表 3–7　　最小二乘法回归结果

变量	（1）重游意愿	（2）态度忠诚	（3）口碑推荐
价值感知	.4221525*** （.0162811）	.230484*** （.015584）	.3216124*** （.0141719）
控制变量	是	是	是
样本数	372	372	372
R–squared	0.7637	0.7066	0.4968

表 3–7 中，（1）列考察了价值感知对重游意愿的影响。回归结果显示，价值感知对于游客的再次参与音乐节活动有显著的正效应。（2）列显示了价值感知对于游客忠诚度的影响。数据显示，价值感知同样对游客的态度忠诚有一定的正面影响，良好的体验将有助于提高参与者的忠诚度。（3）列表达了价值感知对游客口碑推荐的作用。结果显示，游客有非常好的感受，将有利于游客将音乐节推荐给身边的其他人，包括家人和朋友，可以将音乐节 IP 更好地宣传给更广泛的用户群体。

（五）不同类型城市背景下价值感知对满意度的影响差异

为了进一步研究价值感知对于用户满意度在不同层次的影响，本文将草莓音乐节参与群体所属城市分为三类，通过对草莓音乐节用户进行分组回归，试图发现不同城市是否会对音乐节爱好者的价值感知产生影响。（见表 3–8）

表 3-8　　不同类型城市对音乐节爱好者价值感知的作用

	一线城市	二线城市	三线及以下城市
价值感知	.1244573*** (.041651)	.0952598*** (.0462061)	.0077044*** (.0708738)
控制变量	是	是	是
样本数	105	149	118
R-squared	0.7081	0.7089	0.6567

本文对不同类型城市进行分析检验，在未考虑内生性影响下，发现在不同层次的城市，价值感知对消费者满意度的影响有所差异。我们通过表 8 中所列出的回归结果，发现在一线城市中价值感知的影响力最大，也最为显著。可知在发达地区，音乐节消费者的价值感知对于音乐节的总体满意度有较大的影响，会极大地改变对音乐节的评价。二线城市相比一线城市而言，价值感知的作用就相对较弱，显著性也相对较弱。这说明消费者们对价值感知的重视程度在下降。在三线城市，价值感知的系数极小，且并不显著。这说明，在三线城市中，价值感知对满意度实质上没有影响。

四、结论与启示

（一）研究结论

在已有相关研究的基础上，本文构建了户外音乐节参与者感知价值对重游度、忠诚度、满意度的主效应模型、中介效应模型和调节效应模型，具体结论如下：

1. 价值感知对消费者的满意度有积极的促进作用，其中的部分效应以忠诚度的中介作用方式体现出来

我们认为，本次研究中的价值感知可以被视为观众在音乐节全过程获得的体验，包括音乐节举行前的信息及物理准备，音乐节举行过程中的表演及社交作用，观看音乐节后对心理的影响等。而价值感知越高，说明音乐节能够越好地满足观众的需求，同时较大程度地减少在此过程中因排队、节目意外等情况为观众带来的不满，使观众产生较高的满意度。较高水平的价值感知表示观众在音乐节全过程体验较好，得到了较高的正向反馈，进而提高对下一次参与获得体验的预期，提高音乐节消费者的忠诚度。

2. 满意度对忠诚度的中介效应，证明了音乐节的价值感知对忠诚度具有长期影响

价值感知是观众在音乐节过程中得到的，对于观众而言是即时的和短期的，在音乐节结束后即不再从音乐节中获得价值感知。但是即使音乐节结束后，观众的忠诚度仍然能够保持较长时间，这一现象就是通过满意度实现的。满意度是观众在经历音乐节全过程后，通过从中得到的体验与自身的需求相对比而得到的情感态度。满意度相对于价值感知，更大程度上是由观众自身所形成的，因而在音乐节结束后也能够产生持续影响。从回归结果看，满意度对忠诚度的系数相对较大，这说明在观众对音乐节忠诚度的产生和保持中，长期的满意度效应可能产生了较大的影响。同时也说明，观众的忠诚度在一定程度上不只因为音乐节本身，音乐节举行前后的信息、交通服务、城市的设施服务都会影响观众的忠诚度。

3. 城市的发达程度对音乐节消费者的价值感知有显著影响

从城市层面来看，一、二线城市有着较好的基础设施服务，在交通、信息等方面具有明显优势，改善了观众在参加音乐节过程中的体验。从音乐节层面上看，音乐节举办方将大部分音乐节举办地定于一、二线城市，在音乐节为个人带来的效用水平不变的前提下，就是因为一、二线城市观众能从音乐节中获得更好的体验。而从观众自身来看，一、二线城市的经济水平相对较好，更愿意将金钱用于参与音乐节等文化活动。同时，由于文化消费存在“偏好累积”的现象，观众越多进行文化消费，越能够较高效率从文化消费中获得效用。一、二线城市观众由于有着较多的文化消费，其中又以一线城市尤甚，因而能够从音乐节获得较好的体验。而在三线城市中，价值感知对满意度实质上没有影响。

（二）研究启示

上述结论对举办户外音乐节有如下启示：

一是提高表演质量，丰富活动内容。从研究假设、数据、结论来看，对草莓音乐节游客满意度、忠诚度等影响最大的价值感知因素是新奇体验、高质量表演和周边活动，这三个因素作为音乐节的核心要素对户外音乐节的整体质量作用关键。消费者参与音乐节大多是为了获得不同于日常生活的新奇体验，音乐节举办方可以抓住受众心理，精准设置音乐节主题，营造沉浸式的新奇氛围，满足消费者心理。同时，围绕音乐节主题设计节目流程和表演名单，提高音乐节节目水平和表演质量。由于音乐节通常在远离市区的城郊举办，消费者要花费较多时间成本，因此，还可以通过丰富音乐节活动内容，除常规的乐队表演外，增加乐迷交流、乐队见面、音乐论坛、乐史展览、游园等活动，增强音乐节消费者的获得感，丰富参与体验。

二是加强基础设施建设，完善食宿等服务设施。城市食宿是草莓音乐节消费者关注度较高的价值感知因素。音乐节往往在城市郊区举办，这些地区通常缺乏足够的饮食、住宿、交通等基础设施，对音乐节消费者体验感影响较大。一方面，希望借助音乐节的举办带动地方经济发展的政府可以加强音乐节举办地区的基础设施建设，引导酒店、餐厅等落户城郊地区；另一方面，音乐节主办方可以在音乐节现场周边增设美食集市，制作发放周边食宿引导指南等，为音乐节参与者解决食宿问题提供便利。

三是搭建兴趣空间，强化社交属性作用于忠诚度、满意度的效果。当下草莓音乐节的主要参与者仍然是年轻人群体，相对其他年龄段，他们的社交需求与社群框架正处于蓬勃发展与扩张阶段。面对目前网络高度发展造成的现实社交困局，户外音乐节搭建了一个共同的话题空间，使社交双方可以在同一时空根据共同兴趣产生互动，促使人们积极地参与其中。而围绕着兴趣话题与情感交流建立的音乐节社群成员又反哺户外音乐节的发展，共同培育音乐节及其社群的壮大。在此过程中，满足年轻人内心社交需求与自我形象构建的运行机制也逐渐获得承认。这有利于在一次一次社交沟通与互动中提高忠诚度与满意度，从而发挥忠诚度、满意度长期影响的效应。因此，充分发挥社交作用以强化游客忠诚度、提升满意度，对促进游客二次重游具有显著的积极作用。近年也开始出现“音乐节 + 社交”的概念组合，其中影响力较大的即有爆款社交软件 soul 与草莓音乐节的联合等，这对于游客的重游度有着较为显著的提升。

五、不足与展望

（一）不足

1. 本研究未能在音乐节现场进行访问，由于网上发布问卷的局限性，收集到的用户群体可能集中于学生群体，最终导致问卷数据不具有代表性和典型性。

2. 本组主要收集和分析一年中音乐节消费者的数据，这可能致使我们忽略随时间变化而变化的影响因素。

3. 由于数据的局限性，未能充分考虑到回归中可能存在的内生性问题，这可能会导致回归分析中回归系数的偏差。

4. 本文未能细致分析出价值感知维度下次级维度的影响大小，本研究只是初步分析各影响因素对满意度的作用，存在一定的多重共线性的问题，仍有完善和深入研究的空间。

（二）展望

1. 在现有的问卷调查范围的基础上，通过扩大问卷发放范围，如更多地在音乐节观众群中发放问卷，获取更有代表性的调查样本。

2. 在问卷中设置观众参与音乐节次数，距离上次参与音乐节时间等具有时间区分度的问题。

3. 改善问卷指标，如将具有相似含义的指标合并等方式，尽量减少不同指标之间的影响。

4. 进一步分析问卷各指标之间的相互关系，通过进一步分析指标变量之间的关系，减小多重共线性。

【参考文献】

[1] 黄颖华，黄福才. 旅游者感知价值模型、测度与实证研究 [J]. 旅游学刊，2007（08）：42-47.

[2] 李如友. 游客参与旅游体验价值共创机理研究 [D]. 浙江：浙江工商大学，2018.

[3] 邵景波，李泽昀，高子强. 奢侈品母品牌价值感知对延伸品购买意愿的影响——顾客满意和品牌信任的链式中介作用 [J]. 预测，2019，38（03）：38-44.

[4] 苏淞，孙川，陈荣. 文化价值观、消费者感知价值和购买决策风格：基于中国城市化差异的比较研究 [J]. 南开管理评论，2013，16（01）：102-109.

[5] 隋丽娜，李颖科，程圩. 中西方文化遗产旅游者感知价值差异研究 [J]. 旅游科学，2009，23（06）：14-20.

[6] 汪侠，梅虎. 旅游地游客满意度：模型及实证研究 [J]. 北京第二外国语学院学报，2006（07）：1-6.

[7] 徐宁宁，董雪旺，张书元，等. 游客积极情绪对游客满意和游客忠诚的影响研究——以江苏省无锡市灵山小镇拈花湾为例 [J]. 地域研究与开发，2019，38（04）：98-103.

[8] 赵现红. 基于游客体验视角的现代节事旅游开发研究——以开封菊花文化节为例 [J]. 地域研究与开发，2014，33（03）：117-121+126.

[9] 朱鹏亮，李昭阳，邵秀英. 传统村落游客感知价值代际差异研究——以碛口为例 [J]. 干旱区资源与环境，2021，35（01）：203-208.

[10] 朱媛媛，甘依霖，李星明，等. 中国文化消费水平的地域分异及影响因素 [J]. 经济地理，2020，40（03）：110-118.

[11] Anderson E W，Sullivan M W. The antecedents and consequences of customer satisfaction for firms [J]. *Marketing Science*，1993，12（2）：125-143.

[12] Cardozo R N. An experimental study of customer effort，expectation，and satisfaction [J]. *Journal of Marketing Research*，1965，2（3）：244-249.

[13] Cassel, C. and Eklof, J A. Modelling customer satisfaction and loyalty on aggregate levels: experience from the ECSI pilot study [J]. *Total Quality Management*, 2001, 12 (7-8): 834-41.

[14] Chaney D, Martind. The role of shared values in understanding loyalty over time: a longitudinal study on music festivals [J]. *Journal of Travel Research*, 2017, 56 (4): 507-520

[15] Nicholson R E, Pearce D G. Why do people attend events: A comparative analysis of visitor motivations at four South Island events [J]. *Journal of Travel Research*, 2001, 39 (4): 449-460.

[16] Oliver, R L. *Satisfaction: a behavioral perspective on the consumer* [M]. Boston: Mc-Graw-Hill, 1997: 285-286.

[17] Prentice R, Andersen V. Festival as creative destination [J]. *Annals of tourism research*, 2003, 30 (1): 7-30.

价值链视角下非职业交响乐团发展路径探析

——以西区爱乐为例

韩聿琳[①]
（北京大学艺术学院，北京，100871）

【内容提要】 当前，国内交响乐团的职业化路径是从业者和学者关注的焦点，对于乐团特别是交响乐团管理的研究还处于梳理国内概况和中西比较的层面，缺乏从理论出发的学理性分析和将乐团发展与音乐产业宏观动态相关联的深入思考。无论从经费筹集，还是从古典音乐的社会环境的视角出发，交响乐团的职业化既需要政府的扶持，也离不开企业与大众的支持，更需要建立交响乐团创造价值、增强自身生存能力的机制。本文从价值链理论的视角出发，通过文献梳理、行业报告和案例分析，期冀为我国非职业交响乐团的发展路径做进一步探索。

【关键词】 价值链；表演艺术组织；交响乐团；西区爱乐

Abstract: At present, both practitioners and scholars focus on the professionalization of symphony orchestras in China. The research of the management of orchestras, especially symphony orchestras, is still at the level of summary of the basic situation and the comparison between China and the West, which lacks theoretical analysis and in-depth thinking on the development of orchestras and the macro dynamics of the music industry. Either from the perspective of fund-raising or the social environment of classical music, the professionalization of symphony orchestras requires support from not only governments but also enterprises and the public. Besides, it is necessary to develop a mechanism to create value and enhance their own

---

① 韩聿琳，女，北京大学艺术学院博士研究生，研究方向文化创意产业、创意劳动。

viability. Base on the Value Chain theory, this paper hopes to further explore the development of non-professional symphony orchestra in China, via literature review, industry reports analysis and case study.

Keywords: Value Chain, Performing Arts Organization, Symphony Orchestra, XiquAiyue

一、我国交响乐团的概况

交响乐始于欧洲，清末被引入中国。中华人民共和国成立后，作为提升国民音乐素养的重要手段，我国先后成立了中央广播交响乐团、广州交响乐团、北京交响乐团、北京中国爱乐乐团等代表性交响乐团。近 20 年，交响乐团如雨后春笋纷纷涌现，据不完全统计，目前国内有 70 家职业交响乐团，[①] 不仅各省拥有自己的省级交响乐团，不少经济较发达的城市，如宁波、杭州、苏州、西安等，也建立了自己的交响乐团。而非职业交响乐团更是达到了几百家。[②]

国内的交响乐团根据资金来源和生存状态可以分为三个类型：第一类是由政府扶植的职业乐团，经费全部来自政府拨款，无论艺术管理，还是市场开发都较为规范和成熟，包括中国交响乐团、中国爱乐乐团、北京交响乐团、上海交响乐团、广州交响乐团等，这类乐团仅是少数；第二类是文化公司等企业所属的地方乐团和部分经费依靠政府资助的乐团，如厦门爱乐乐团、沈阳交响乐团，有的还面临着转企改制后生存的压力和挑战；第三类是经费来自私人部门的乐团，主要通过演出自筹经费运行，或依靠有志于交响乐事业的企业提供资金来运行，以贵阳爱乐乐团、北京箭丽打击乐团、黄石新爱乐交响乐团等较为典型。[③] 本文所指的非职业交响乐团，属于乐团分类中的第三类，即经费主要来源于私人部门，以演出自筹和企业捐赠为主，且尚未建立成熟的演出季的运作模式，仍处于寻找艺术定位和市场方向的发展阶段的交响乐团。西区爱乐即属于这一类。

这些体制不一的交响乐团丰富了我国的交响乐市场，但同时也面临着一个共同问题——如何实现职业化？交响乐的“根”在西方，国内乐团在本土化的同时，必须向国际标准看齐，努力实现职业化。拥有成熟而稳定的乐季演出是衡量一个职业

---

① 中国交响乐发展基金会 .［EB/OL］.http：//www.chinasdf.com/member-orchestra.html.

② 李长缨 . 中国交响乐之梦——2015 年中国交响乐峰会［J］. 音乐爱好者，2015（7）.

③ 伦兵 . 交响乐团面临生存发展问题——需要体面活着［EB/OL］.（2013-05-06）.https：//yue.ifeng.com/yp/detail_2013_05/06/24967257_0.shtml.

交响乐团的重要尺度，是乐团保持专业竞技状态的方式，也是与国际接轨的重要标志。这有赖于乐团保持较高的艺术水准和标准的建制，即成员都为正规军，还应建立规范的艺术管理体制。目前，国内乐团中能够坚持职业化运作的中国国家交响乐团、中国爱乐乐团、北京交响乐团、上海交响乐团、广州交响乐团等相对成熟的职业乐团，还只是少数。多数交响乐团处于发展阶段。2020 年突如其来的新冠肺炎疫情引发公共卫生危机，演艺产业整体陷入了寒冬，面临着更为严峻的生存危机。演艺行业纷纷寻求新的演出方式和专项，交响乐团也不例外。在线演出和技术赋能成为交响乐团破冰的转向，线上线下融合、演出演播并举的演出新业态，正在逐步成为交响乐发展的大趋势和新常态。

二、表演艺术组织价值链分析

哈佛商学院的迈克尔·波特最早提出了关于企业的“价值链分析法”（Michael Porter，1985）。他把企业内外价值增加的活动分为基本活动和支持性活动，基本活动涉及企业生产、销售、进向物流、去向物流、售后服务，支持性活动涉及人事、财务、计划、研究与开发、采购等，基本活动和支持性活动共同构成了企业的价值链。在此基础上，加拿大表演艺术战略管理研究学者史蒂芬·普里斯提出了表演艺术组织的价值链（the performing arts value chain，PAVC）。普里斯认为，与波特价值链一样，表演艺术组织的价值链包括基本活动和辅助活动两个部分，所有活动形成一个相互依存的链条，并对整个组织的生存能力贡献价值（见图 4-1）。表演艺术组织的价值链可以被视为表演艺术组织的决策工具。[①]

表演艺术组织的基本活动由策划、核心人物（艺术家）、宣传和生产四部分构成。策划指的是艺术作品的选题和解读。核心人物是表演的重要参与者，在这里指的就是艺术家。宣传是将表演艺术活动传达给潜在观众，并将观众带入到演示空间中。生产指的是表演艺术的排练与表演活动。需要注意的是：（1）这四个部分是相互影响的，因此要有整体观，如聘请一位乐团的新艺术总监将会影响节目制作，同时也可能以某种方式影响票务销售；（2）基本活动不是依次进行的，大部分时候它们是并行状态。

表演艺术组织的辅助活动包括治理、行政管理、筹款和推广。治理指的是对组

① Stephen Preece. The performing arts value chain [J]. *International Journal of Arts Management*, 2005, 8 (1): 21-32.

织的监督，通常是董事会来发挥作用。行政管理则是包括人力资源、会计、金融和技术等在内的组织内部的职能。筹款指从政府、基金会、企业或个人获取的捐赠、补贴，以及实物支持等，票房收入除外。推广则需要艺术组织与所在社区或外部环境努力建立联结。辅助活动也可能与特定的基本活动或整个组织有关。例如，人力资源可能与表演者（核心人物）相关，也可能与整个组织有关。

图 4–1　表演艺术组织价值链（PAVC）

无论是基本活动，还是辅助活动，每个活动的进行方式因组织不同而不同。例如，在较小的艺术团体中个人经常承担多重责任。表演艺术组织可以从三个方面选择执行主要或辅助功能：(1) 在组织范围内（层级）；(2) 通过合作关系（合作伙伴）；(3) 通过合理交易。例如，在考虑演出空间时，交响乐团可以在层级方面，拥有自己的舞台或剧院；在合作伙伴方面，与特定剧院保持合作关系；在市场方面，每次表演都找不同的剧院。除治理之外，表演艺术组织中的每项活动都可以用这三种形式中的任何一种展开。

不同于波特价值链中的企业创造利润或价值的动态过程，表演艺术组织价值链中用来界定绩效的术语是“生存能力”，即成功或者持续有效的能力。何为成功？如何更好地衡量表演艺术组织的成功？学者们认为，在票房收入或观众数量之外，表演艺术组织的使命也应该是重要的考量因素。表演艺术组织价值链模型表明，每一个价值链活动都应该评估其对生存能力的整体影响——无论是积极的，还是消极的。加拿大艺术委员会制定的艺术组织整体评估标准包含了三个维度：艺术价值、对社区的贡献、组织的效能。

价值链中的每项活动都应该评估其对生存能力的总体影响。根据波特的理论，价值链并不是各个独立活动的集合，而是由全部活动构成的一个系统，且“价值活动通过价值链内部的关联（linkage）连接起来”。[①] 但这些关联因为比较微妙，常常遭到忽视。不仅如此，企业的价值链与产业上下游企业的价值链之间也存在着关联，这种关联可以为企业提升自己的竞争优势提供有利条件。在表演艺术组织中，这种有利条件就代表了生存能力的极大提升。

三、西区爱乐的价值链活动分析

西区爱乐是一个由职业演奏家组成的非职业室内交响乐团，致力于古典音乐的推广与普及。2014 年正式成立，有常驻演奏家 6 位，签约演奏家 20 余人。2020 年疫情之前保持每年 100 场演出的频率，主推多媒体视听音乐会，并自认是行业的“古典新势力”。

（一）基本活动

表演艺术的基本活动是一场演出的充分必要条件。

在策划演出活动方面。从 2012 年酝酿阶段至今，西区爱乐始终将“如何把古典音乐做有趣”放在乐团使命的首位，这既是其出发点也是归宿（见图 4–2）。他们希望做平易近人的演出——主题亲切，呈现形式多样，包括视频、剧目等能够引起普通人的兴趣。视频是个很好的拉近与观众距离的手段，于是西区爱乐推出了各类型的视听音乐会，有针对各年龄段成年人的《经典电影金曲》铜管五重奏视听音乐会，有契合宫崎骏动漫迷的《“天空之城”宫崎骏经典动漫作品视听音乐会》，有适合爸爸妈妈带着小朋友一起的《音乐魔法屋动漫经典音乐多媒体视听音乐会》，等等。他们也发现，当前文化消费及儿童教育观念的导向，使得孩子们对古典音乐有着非常旺盛的需求，家长们也非常期望孩子能够接触到古典音乐。于是，西区爱乐在儿童这个选题上投入了较多的精力。

---

① ［美］迈克尔·波特 . 竞争优势［M］. 陈丽芳，译 . 北京：中信出版社，2014：40.

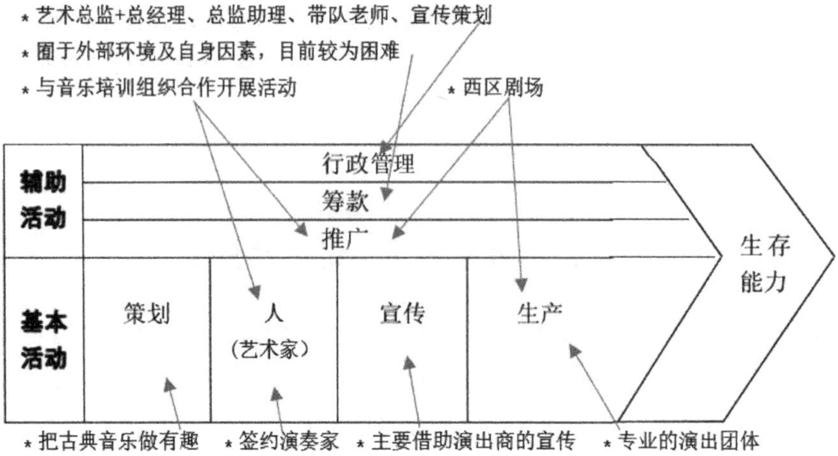

图 4–2　西区爱乐的价值链分析

在选艺术家（即演奏家）方面。西区爱乐的 20 余位签约演奏家中，常驻的 6 位演奏家是乐团的核心成员。这些演奏家可以根据个人的时间和安排来决定演出时间及是否续约，这就极大地节省了乐团的运营成本，也赋予了乐团更为灵活的组织形式。这些演奏家的组织主要进行两种演出：一是西区名家重奏组的长期演出，由几位在国际顶级赛事获得大奖的优秀演奏家负责，尝试和发展各类不同乐器编制和编曲，具有古典、探戈、爵士、拉丁等多元音乐风格；二是以小交响乐团和室内乐团两种身份出现的演出。

宣传工作的核心在于及时收集观众的反馈意见，通过分析观众的需求制订合理的宣传方案，为乐团生产的交响乐产品进行推广促销，扩大市场占有率和影响力。西区爱乐没有建设官方网站，主要通过微博、微信等自媒体渠道对演出进行宣传与事后的报道，同时借助合作的演出场所或主办方的售票宣传活动进行宣传。

生产在这里指的就是排练和演出活动，包括演奏家的筛选和音乐曲目排练。在策划确定了演出题材后，就要根据相应的曲目内容和演奏家的时间，来选择演出人员。排练工作将直接决定演出的风格和观赏效果，是交响乐团价值链中的生产环节。这部分主要由艺术总监和总监助理来带领完成。对于在演出市场上的角色定位，西区爱乐更愿意做一个专业的演出团体而非演出商。因为主办一场演出，需要自己去做宣传、销售，对于现阶段的西区爱乐并不现实。西区爱乐不希望与演出的主办方形成平行竞争关系，而要主动制造一种演艺市场的上下游垂直关系，将主要精力聚焦到策划与演出本身。

（二）辅助活动

米歇尔和费舍尔（2009）指出，艺术管理起源于艺术组织（博物馆、画廊、剧院、管弦乐团），最初与筹款、制作和公共关系等具体工作有关。现在这个术语更广泛地指运行文化机构和艺术组织的工作。① 辅助活动更倾向于艺术组织的管理过程。

从组织控制和协调工作的方式角度出发，表演艺术组织属于传统的个人魅力型组织②。其通过价值分享能够达成高度协调，但正式控制机制相对落后，这类组织较少在工作生活中强调利润。组织的领导者是个人魅力型，经常身兼所有者和管理者两职，决定公司的发展方向。米歇尔和费舍尔在定义艺术管理的同时，还定义了四种类型的艺术管理者：管理文化艺术机构的管理者和董事、文化产业（电影、电视、图书出版等）中商业企业的管理者、将自己的创意融入商业企业的艺术家管理者和区域或地方艺术中心和机构的管理人员。③

西区爱乐的管理者属于第三类别，将自身的创意融入商业管理中，两位合伙人——艺术总监与总经理共同负责乐团的运营。没有董事会这一治理结构。行政管理由包括两位合伙人在内的5位工作人员负责，尽管也做到了艺术家和行政剥离，但是架构简单，每个人身兼数职。例如，总经理除负责对外合作洽谈和对内全面管理，也要与艺术总监共同决定演出的选题策划。总监助理既要负责协助总监实现艺术方面的设想，也会在演出的现场协助安排诸如谱务等琐碎的工作。带队老师会在视听音乐会中配合演奏播放视频，等等。因人手紧，需要多做功课以降低演出风险，同时通过事后会议复盘演出，不断填充和完善升华自己的巡演手册。

作为一个传统的个人魅力型组织，西区爱乐没有专门为乐团出谋划策的与商界合作组成、负责乐团的票房销售、商业开发、品牌增值的董事会。基于目前国内交响乐的氛围及乐团自身的影响力等多种因素，西区爱乐在筹款活动方面较薄弱，尽管也有个别企业，如“天源酱菜”抛出了橄榄枝，但其难以与交响乐古典音乐的气质相匹配，双方无法通过合作促成彼此的价值增值。

赫斯蒙德夫（2007）等认为，微型公司倾向于采用网络型组织形式④，这样既

① Ebewo Patrick& Sirayi Mzo. The concept of arts/cultural management: a critical reflection [J]. *Journal of Arts Management*, Law, and Society, 2009, 38 (4): 281-295.

② ［英］大卫·赫斯蒙德夫. 文化产业［M］. 张菲娜，译. 北京：中国人民大学出版社，2007：179.

③ 同②。

④ 同②，180.

可以避免规模太小、缺乏正式的控制和协调的问题，又能通过与其他公司的关系网推进自身的运作。西区爱乐兼具了网络型组织的特征，充分发挥了自身的资源优势，积极向外建立联系。西区爱乐的主要演奏家通过音乐教育培训机构，开展针对儿童的小提琴等免费体验课，在音乐教育的基础上，提供录制唱片、学习乐器制作、出国演出交流等活动机会，吸引了更多的儿童及家长，同时也是对古典音乐听众市场的良好培育。他们认为，能够让孩子喜欢和热爱古典音乐，是一个交响乐团最有功绩的事业。

西区爱乐两位合伙人以个人名义入股了西区剧场。西区剧场是一个只有 297 个座位的小型剧场，舞台宽 17 米，深 10 米，高 7.6 米，拥有化妆间、更衣室、控制室。麻雀虽小，五脏俱全，西区剧场解决了西区爱乐的办公、排练甚至演出场所的大问题。它也成为多元艺术的开放空间，接待音乐会、音乐剧、话剧等各类型的演出。此外，西区剧场位于护国寺，拥有便利的旅游区位优势，晚上演出，白天可以承接各类旅游演出，或作为节目录制、论坛、中小型会议和新闻发布会的场地开放。灵活的运营模式使得西区剧场在同质化的小剧场竞争中脱颖而出，2014、2015 两年蝉联“全国音乐剧小型场馆最具活力排行榜前三甲”，保持着年均 300 场左右的排期，平均上座率达 80% 以上。

四、“放屁大象”系列价值链分析

2016 年中国音乐产业发展报告显示，“创新、跨界、融合”成为 2015 年中国音乐产业发展的新气象。以优质原创内容为核心、以突破产业边界为路径、以分享经济为纽带的“音乐 +”发展模式成为音乐产业发展的新生态。音乐产业内的各细分行业之间、音乐与其他行业之间的产业边界在技术和资本的渗透下不断被突破，形成了基于用户需求价值最大化的新的产业生态。①

2017 年上半年演出市场报告进一步显示，包括交响音乐会在内的音乐会，在演出内容上不再局限于传统经典曲目，变得更加多元。以电影音乐、动漫音乐、游戏音乐为主题的音乐会吸引了新的观众群体。跨界混搭成为音乐会演出创新的一种方式。这种契合年轻观众口味的创新，发掘培育了新的观众群。报告指出，针对儿童演出的形式更加多样，儿童演出已突破传统的“剧”的范畴，音乐会、戏曲、舞蹈

① 中国文艺网．2016 中国音乐产业发展报告发布 总产值首破 3000 亿［R/OL］．(2016-11-14)．http：//www.cflac.org.cn/xw/bwyc/201611/t20161114_345118.html.

等都推出了面向儿童观众的专场演出。值得关注的是，“越来越多机构开始尝试购买国外版权，制作中文版儿童剧，折射出国内原创儿童剧的匮乏”。[①]

在音乐产业发展的大环境下，西区爱乐也在“音乐 +”的创新路径上继续探索。如前所述，西区爱乐将选题集中到儿童这一受众群体上来。自 2015 年起，西区爱乐的负责人翻阅了 100 多本国内市场上的音乐类绘本，发现国内的音乐绘本都是给已有的经典曲目配插图为主，既粗鄙生硬，也无法激起孩子们的兴趣。而翻译自德国的“放屁大象吹低音号”系列绘本引起了乐团的注意。该绘本的故事作者是一位音乐教师，她先构思撰写了绘本中的故事，然后根据故事谱了曲，最后请一位画家帮忙做插画，最终完成了整个绘本系列。绘本关注现代城市生活，以“宁要大象放屁，不要汽车尾气”为口号，讲述了发生在动物园里的关于音乐、友情和环境保护的故事。[②]

绘本的原著由德国朔特音乐出版社（SCHOTT MUSIC）出版。德国朔特音乐出版社拥有 230 多年的历史，是世界上历史最悠久、最专业、实力最雄厚的音乐出版集团之一，出版了诸多西方音乐史上的大师，如莫扎特、贝多芬、瓦格纳、施特劳斯等的不朽名篇。西区爱乐经过一年多曲折的沟通，最终取得了德国出版社的信任和授权。

为了再现书中的场景，西区爱乐的艺术家们在演奏的同时，还要进行角色扮演，使用简单的头饰代表不同的动物（见图 4–3）。因串联故事的需要，他们又邀请了两位戏剧教育机构的专业演员扮演书中的两位人物。她们既懂戏剧表演，又懂孩子们的心理，是让小观众们参与到演出中来的关键人物。

“音乐 + 视频 + 舞台剧”的多元表现形式，呈现了故事和音乐融于一体的视听交响音乐会：充满童趣的故事、鲜艳活泼的画面、风趣幽默的表演、精彩的交响乐现场演奏（见图 4–4）。音乐中有故事，以儿童最喜欢的动物、动物园为主题，讲述了一个个热热闹闹的故事，让儿童懂得友谊、团结、爱心的意义，并且不知不觉爱上

---

① 搜狐 . 2017 年上半年演出市场发展报告［R/OL］.（2017–08–30）.https：//www.sohu.com/a/168382522_160257.

② 2016 年开始演出的“放屁大象吹低音号之动物交响乐团”讲述了动物园里的大象彭彭、长颈鹿贝拉等动物为安慰受伤的乐园长，根据自己的身体特征和喜好选择不同的乐器，组成交响乐团的故事。故事通过动物们的描述和表现把抽象的乐器和不同的音色轻松地呈现出来，让儿童了解各种乐器的特征和音色。2017 年推出的《放屁大象吹低音号之熊猫绝密计划》，讲述了动物们为了让来自中国的熊猫姑娘美乐高兴起来，使出浑身解数用音乐去感染它。同时，熊猫美乐和小伙伴们也通过绝妙的办法解决了城市发展和保护动物之间的矛盾。故事用非常巧妙的方式让孩子们了解中国、外国的乐器，帮助孩子们认识了音乐的伟大作用。

故事中的音乐，熟悉音乐中的乐器。故事中有音乐，其音乐涵盖 6 大类 19 种乐器和 11 种曲风，与故事情节融为一体，让儿童在听故事中感受到艺术魅力，掌握音乐知识，实现音乐启蒙。而对于艺术，兴趣比技法更重要，懂欣赏比会演奏更重要。西区爱乐将一直以来的理念——能够让孩子喜欢和热爱古典音乐是一个交响乐团最有功绩的事业，贯穿演出始终。2016 年，首演在重庆举行，原著作者海蒂·雷能专程从德国赶来观看，她对西区爱乐的改编和演出表示肯定与赞赏，并留给中国小朋友们一句祝福语：“希望你们在动物交响乐团里得到许多快乐。”

图 4-3　演奏家们进行角色扮演，再现绘本中的情景（图片来源：网络）

图 4-4　故事和音乐融为一体的视听交响音乐会（图片来源：网络）

在2017年年中推出“放屁大象吹低音号”系列二预告的时候，系列一已经在全国20多个城市进行了巡演，并成为国家大剧院艺术教育专场的节目之一，票房远超儿童剧和类似的音乐会。之后几年，西区爱乐陆续推出了“放屁大象”系列三，以及《听，小蜗牛艾玛》《乔萨和魔法小提琴》《木娃的音乐会响叮当》等绘本音乐会。孩子们的喜欢也使得音乐会在家长中间口耳相传，跨越了地区的限制，促使对应的绘本故事书成为亲子阅读的最佳选择。演出结束后，家长们纷纷带着孩子排队购买西区爱乐准备的绘本和卡祖笛等衍生品。

“放屁大象吹低音号”系列演出价值链分析见图4-5。

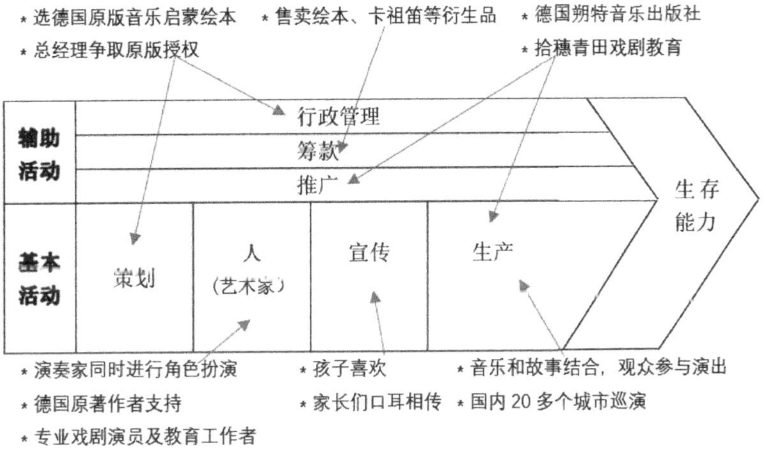

图4-5　西区爱乐“放屁大象吹低音号”系列演出价值链分析

五、后疫情时代，非职业交响乐团的“音乐+”发展路径

《中国音乐产业发展报告》从结构上把音乐产业分为核心层、关联层和拓展层。核心层包括实体唱片、音乐演出、数字音乐、版权管理、音乐图书出版等。关联层包括乐器、音乐教育培训、音响消费等。而广播电视音乐节目、影视剧游戏动漫音乐、卡拉OK等属于拓展层。2015—2019年的统计数据显示（见图4-6），以关联层为主的融合型业态在文化消费的驱动下始终占据音乐产业的半壁江山。自2016年起，随着音乐现场演出的崛起、数字音乐付费用户的快速增长及商业模式的创新，核心层产业进入快速增长的轨道。到2019年，核心层产业占比同期增长率提高3.1个百分点，拓展层占比同期增长率则下降2.6个百分点。这表明在经济持续下行背景下，以文化创意、

科技创新为根本动力的核心层产业抗风险能力更强。关联层则保持稳定，但从其中的音乐教育培训产业的整体产值、增速对比来看，产业规模位居细分行业第二位。

西区爱乐以交响乐音乐会演出为基础，着力在版权授权方面有所突破，牢牢把握了核心层的基础地位。在关联层的音乐教育这一细分领域狠下功夫，培育市场、壮大演出队伍。抓住拓展层中影视音乐的题材，以此进行以音乐为核心的跨界产业开发，实现了以优质原创内容为核心、以突破产业边界为路径、以分享经济为纽带的“音乐 +”发展模式。

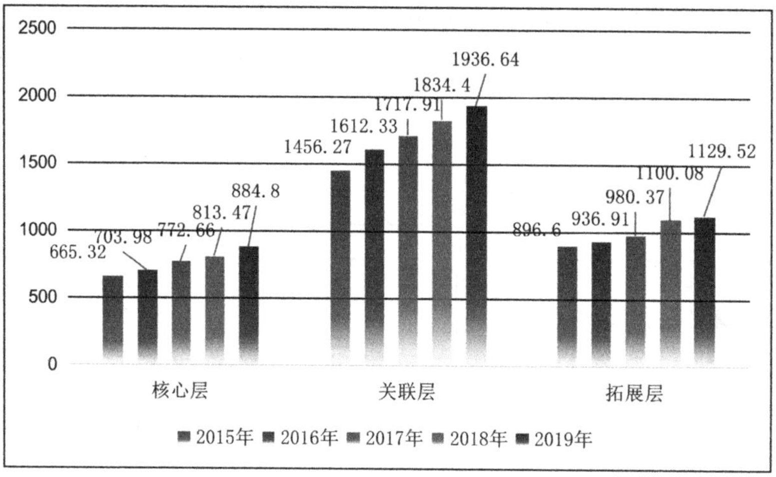

图 4–6　2015—2019 年中国音乐产业分层规模（单位：亿元）对比图①

当前，我国的交响乐团都面临着程度不同的生存问题。尽管乐季演出是交响乐团职业化的重要标志，但是国外的交响乐团同样不能依靠乐季演出的票房收入来维持其运营。它们一方面需要依靠相当数量的财政拨款，如在英、法、德等欧洲国家，具有代表性的交响乐团同样依靠政府补贴，一旦文化主管部门削减补助，很多乐团将面临生存难题；另一方面依靠完善、健全、有效的艺术赞助，如在美国，交响乐团基本上依靠自身运营，董事会和其监管能力强大的经营团队对乐团的票房销售、商业开发、品牌增值倾尽全力，并争取艺术赞助。

对比之下，国内较少的财政拨款、匮乏的艺术赞助、演出团体薄弱的市场号召力，再加上 2020 疫情对演出市场的直接冲击，交响乐团的日子要难过得多。交响乐

① 中国传媒大学音乐与录音艺术项目组 . 2016–2020 年度中国音乐产业发展报告［R/OL］.（2020–12–15）. https：//weibo.com/ttarticle/p/show？ id=2309404582403682205708.

团不得不思考怎样用线上演艺形式来面对这些不利因素。对于交响乐团特别是非职业的小交响乐团来说，寻找自身的艺术定位和市场方向，通过在原创内容、商业模式和科技应用等方面的创新，发挥自身优势，有方向地进行跨界融合，走“音乐 +”的发展模式，是一条可行之路。

【参考文献】

［1］［英］大卫·赫斯蒙德夫．文化产业［M］．张菲娜，译．北京：中国人民大学出版社，2007.

［2］李长缨．中国交响乐之梦——2015 年中国交响乐峰会［J］．音乐爱好者，2015（7）．

［3］刘淼 .2021 世界交响乐北京论坛蓄势谋远·共创未来［N］．中国文化报，2021-12-07（005）．

［4］［美］迈克尔·波特．竞争优势［M］．陈丽芳，译．北京：中信出版社，2014.

［5］苏丹丹．交响乐团职业化管理难题如何破——第二届中国乐团艺术管理论坛侧记［J］．中国文化报，2016 年 8 月 31 日（006）．

［6］向勇．文化产业导论［M］．北京：北京大学出版社，2015.

［7］谢大京．艺术管理（第三版）［M］．北京：法律出版社，2012.

［8］郑培．中国交响乐团之困境与突破［J］．乐海博览，2015（9）．

［9］凤凰网．交响乐团面临生存发展问题——需要体面活着［EB/OL］．（2013-05-06）．http：//yue.ifeng.com/yp/detail_2013_05/06/24967257_0.shtml.

［10］中国文艺网 .2016 中国音乐产业发展报告发布总产值首破 3000 亿［R/OL］．（2017-11-10）.http：//www.cflac.org.cn/xw/bwyc/201611/t20161114_345118.html.

［11］搜狐 .2017 年上半年演出市场发展报告［R/OL］．（2017-08-30）．https：//www.sohu.com/a/168382522_160257.

［12］中国文艺网 .2017 中国音乐产业发展报告［R/OL］．（2017-11-10）.http：//www.cflac.org.cn/xw/bwyc/201711/t20171110_383872.html.

［13］百度百家号 .2018 中国音乐产业发展总报告［R/OL］．（2018-12-12）.https：//baijiahao.baidu.com/s？ id=1620435994855362418&wfr=spider&for=pc.

［14］中国经济网 .2019 中国音乐产业发展报告［R/OL］．（2019-11-18）.http：//www.ce.cn/culture/gd/201911/08/t20191108_33565645.shtml.

［15］微博 .2020 中国音乐产业发展总报告［R/OL］．（2020-12-15）.https：//weibo.com/ttarticle/p/show？ id=2309404582403682205708.

［16］Ebewo Patrick& Sirayi Mzo. The concept of arts/cultural management：a critical reflection［J］. *Journal of Arts Management，Law，and Society*，2009，38（4）：281-295.

［17］Jocelyn Harvey. The arts in transition project［J］. *International Journal of Arts Management*，1999，1（2）：40-47.

［18］Stephen Preece. The performing arts value chain［J］. *International Journal of Arts Management*，2005，8（1）：21-32.

双边市场结构下中国数字音乐商用版权平台的发展研究

——以 VFine Music 为例

杨倩莉 ①
（中国传媒大学，北京，100024）

【内容提要】 随着中国数字音乐产业正版率的提升，目前以个人用户端为主的数字音乐流媒体平台发展已步入正轨，但针对企业端的数字音乐商用版权平台仍处于启蒙阶段。本文以平台经济的双边市场理论为切入点，以中国数字音乐商用版权平台 VFine Music 为例，分析了我国数字音乐商用版权平台的运作结构与经济特性。研究发现，中国数字音乐商用版权平台的运作逻辑主要是通过连接“音乐人—企业用户”形成双边市场结构，具有交叉网络外部性、价格非对称性及相互依赖性和互补性的特征。本文从双边市场的角度对中国数字音乐商用版权平台进行理论研究与总结，找出制约数字音乐商用版权良性发展的深层原因，针对数字音乐商用版权的未来发展方向，提出发展差异化产品或服务、实行交叉补贴政策、强化双边市场用户单属行为的竞争策略，以期促进中国数字音乐商用版权平台的进一步发展。

【关键词】 双边市场；平台经济；数字音乐商用版权平台；VFine Music

---

① 杨倩莉，女，汉族，山西太原人。中国传媒大学音乐与录音艺术学院音乐学博士研究生，研究方向：数字音乐产业、音乐版权。

Research on the Development of Chinese Digital Music Commercial Copyright Platforms Under the Two-sided Market Structure

——Taking VFine Music as an Example

Yang Qianli

Abstract: With the increase of the legitimate rate of Chinese digital music industry, the development of digital music streaming platforms based on personal client has been on track, but the commercial copyright platforms for enterprise digital music is still in the enlightenment stage. Taking the Two-sided Market theory of the platform economy as the starting point and taking one of the Chinese digital music commercial copyright platforms-VFine Music as an example, this paper analyzes the operation structure and economic characteristics of Chinese digital music commercial copyright platforms. It is found that the operation logic of Chinese digital music commercial copyright platforms mainly form Two-sided Market structure by connecting "musicians- enterprise users", which have cross-network externalities, price asymmetry, interdependence and complementarity. From the perspective of Two-sided Market, this paper makes theoretical research and summary on Chinese digital music commercial copyright platforms, finds out the deep reasons restricting the sound development of digital music commercial copyright, and puts forward the competitive strategies of developing differentiated products or services, implementing cross subsidy policies and strengthening the single behavior of users in Two-sided Market according to the future development direction of digital music commercial copyright, aiming to promote the further development of Chinese digital music commercial copyright platforms.

Key words: Two-sided Market, the platform economy, digital music commercial copyright platforms, VFine Music

引　言

数字音乐商用版权使用是指企业以商用目的使用正版音乐作品，涵盖音视频内容制作、商超公播、游戏、广播电台和电视台节目等渠道。数字音乐商用版权平台则指面向这些企业提供正版音乐作品的网络平台，企业用户可通过平台购买正版音乐的商用使用权。VFine Music 是北京唯帆音悦文化科技有限公司于 2018 年推出的服务企业用户和音乐人的专业数字音乐商用版权平台。目前，作为中国最大的数字音乐商用版权平台，VFine Music 与全球 3000 余位音乐人合作，拥有 30 万原创音乐曲库，吸引了超 3000 家企业机构，共计提供了 17 万余次的商用版权音乐授权服务，成为中国数字音乐商用版权市场中发展速度最快、用户增长速度最快、平台曲库数量最多的数字音乐平台[①]。

本文以 VFine Music 平台为例，从中国数字音乐商用版权平台的发展背景入手，构建出中国数字音乐商用版权平台的运作模式，分析其具有的运作特征，并提出未来发展策略。

第一节　中国数字音乐商用版权平台的发展背景

一、中国数字音乐商用版权市场具有良好的发展前景

数字音乐商用版权平台属于音乐著作权人面向社会授权正版数字音乐使用的渠道之一。目前，中国音乐著作权人可根据授权平台用途不同分为两种渠道：一种是针对个人用户的数字音乐流媒体平台，主要是为个人用户提供收听、下载、购买数字音乐单曲或专辑服务。个人用户在数字音乐流媒体平台中购买的音乐内容或相关服务只能用以自娱自乐等非商业用途。另一种是针对企业用户的数字音乐商用版权平台，主要是为企业用户在商业活动中提供正版音乐服务，如影视、动画、广告、游戏、短视频等商业活动。

对于中国数字音乐流媒体平台来说，2015 年“剑网行动”为其提供了全面正版化的发展契机。根据国际唱片业协会（IFPI）《2021 全球音乐市场报告》数据显示，中国数字音乐流媒体平台已达到 98% 的正版率，平台收入规模 76.3 亿元，用户规模

① VFine Music 网 .［EB/OL］［2022-4-20］. https：//www.vfinemusic.com/about-us.

超过 5.5 亿人[①]。

对比来看，以服务企业端用户为主的数字音乐商用版权平台由于起步较晚、市场体量较小，依旧处于发展的萌芽阶段。中国数字音乐商用版权市场规模在 2018 年仅为 1.9 亿元，由于政府对数字音乐版权市场的监管尚未落实到商用音乐市场，因此整体行业仍处于起步期。但是，伴随着近年来“剑网行动 2018”对短视频、动漫、游戏等领域版权问题的关注，应用于相关内容制作的版权音乐势必会在未来受到更多的政策关注。预计在未来几年内，政策将会逐渐介入数字音乐商用版权的监管中，并推动这一领域音乐的正版化进程，为数字音乐商用版权平台的发展带来推动力，使其具有很大的增长与增值空间。[②]

二、平台经济的繁荣为中国数字音乐商用版权平台的发展提供动力

数字经济时代，以促进其他个人与组织创新或交易为目的的平台企业成为一种日益重要的企业形式，产品或服务依托平台进行交易甚至生产。平台成为产业链的核心环节，主导和控制整个产业生态的运作。平台经济作为数字经济时代的主流商业模式，其发展速度之快，业务扩展之广，给许多行业带来了冲击与变革。以平台为核心的商业模式也逐渐成为主流的发展趋势。2015 年，国务院印发《国务院关于加快构建大众创业万众创新支撑平台的指导意见》，要求加快构建大众创业万众创新支撑平台，进一步促进我国平台经济的发展。[③]2019 年 8 月 1 日，国务院办公厅印发《国务院办公厅关于促进平台经济规范健康发展的指导意见》，标志着平台经济的发展已经不仅仅是一种理念和倡导，而且有了明确具体的制度和政策安排。[④] 平台经济是在数字技术发展变革趋势下形成的，以满足多样化需求为目的，通过全面整合产

① 国际唱片业协会网 .2021 全球音乐市场报告［R/OL］.（2021-03-21）［2021-10-06］. https：//www.ifpi.org/ifpi-issues-annual-global-music-report-2021/.

② 艾瑞咨询网 .2019 年中国数字音乐商用版权市场研究报告［R/OL］.（2019-06-12）［2020—9-10］.https：//report.iresearch.cn/report/201906/3384.shtml.

③ 中华人民共和国中央政府门户网 . 国务院关于加快构建大众创业万众创新支撑平台的指导意见（国发［2015］53 号）［EB/OL］.（2015-09-26）［2021-12-12］. http：//www.gov.cn/xinwen/2015-09/26/content_2939239.htm.

④ 中华人民共和国中央政府门户网 . 国务院办公厅关于促进平台经济规范健康发展的指导意见（国办发［2019］38 号）［EB/OL］.（2019-08-08）［2021-12-12］. http：//www.gov.cn/zhengce/content/2019-08/08/content_5419761.htm.

业链提高产业内部资源合理配置与优化的全新经济模式。平台经济作为一种创新型的经济模式正在迅猛崛起，已成为我国经济增长的重要新动能。

中国数字音乐商用版权市场主要由音乐著作权人、数字音乐商用版权平台运营企业、企业用户构成。作为连接音乐著作权人与企业用户的桥梁，以 VFine Music 为首的数字音乐商用版权平台在商用音乐授权过程中不仅促进了上游音乐创作热情、保障了音乐著作权人的相关权益、扩大了音乐传播的深度与广度，还提高了下游企业用户获取商用音乐产品和服务的便利性，促进了数字音乐商业版权市场的良性运作。而这些都是基于平台经济的繁荣，为中国数字音乐商用版权平台的发展奠定了基础，提供了前进动力。

第二节　中国数字音乐商用版权平台的运作模式

平台是一种通过互联网连接多方客户而形成的虚拟空间。① 平台经济以数字技术为基础，连接买卖双方围绕平台完成交易活动，从而构成双边市场。② 中国数字音乐商用版权平台通过连接商用音乐供给市场和商用音乐需求市场形成了双边市场结构，双方在平台所提供的虚拟空间完成数字音乐商用版权的交易活动。在该结构下，数字音乐商用版权平台具有交叉网络外部性、价格非对称性和双边用户依赖性等经济特征。

一、双边市场是中国数字音乐商用版权平台价值实现的主要运作模式

平台经济的运作模式以双边市场为主要结构，双边市场以平台为核心。与以往经济市场中分为卖方和买方的线性单边市场不同，双边市场中的卖方与买方都是作为平台消费者而存在的。双边市场中的用户一边由消费市场组成，另一边由供给市场组成，平台企业向两边用户制定不同的价格以促使双方在平台上完成交易。③ 数字音乐商用版权平台是音乐产业在数字经济平台化变革趋势下的产物。可以通过以数

① 徐晋．平台经济学：平台竞争的理论与实践［M］．上海：上海交通大学出版社，2007：15.
② 同①，23.
③ 丁宏，梁洪基．互联网平台企业的竞争发展战略——基于双边市场理论［J］．世界经济与政治论坛，2014，4：118-127.

字音乐商用版权平台作为平台经济主导者，连接双边音乐人和企业端用户，形成整合音乐版权供需资源的经济结构；通过建立双边用户之间的联系，改变了传统产业价值链对“上游”“下游”企业的划分，可实现数字音乐商用版权的价值飞跃。

二、中国数字音乐商用版权平台的双边市场结构运作模型

对于数字音乐商用版权平台来说，随着版权交易的平台化趋势，目前已形成平台作为中心主导者，连接“边 1 供给市场（音乐人、唱片公司等著作权人）—边 2 需求市场（企业端或个人正版音乐消费者）”的双边市场结构（如图 1 所示）。在数字音乐商用版权平台的双边市场结构中，供给商（音乐人、唱片公司等音乐著作权人）将音乐内容版权授权给平台，平台负责提供音乐销售渠道和空间，同时针对需求市场（企业端或个人正版音乐消费者）提供合法版权音乐。数字音乐商用版权平台依靠正版音乐内容、庞大曲库数量，以及优质网站服务吸引需求市场用户到平台聚集，随着平台的用户规模数量的增加，就可以吸引更多的音乐内容供给商加入平台从而继续扩大正版音乐曲库数量，形成一个源源不断的“滚雪球”的运作模式。在这个双边市场结构中，任意一边市场用户的需求变化都将对另一边市场用户产生数量或价值方面的变化，因此数字音乐商用版权平台作为平台经济主导者的核心功能就是充分协调好各边用户的需求，获得持续发展。

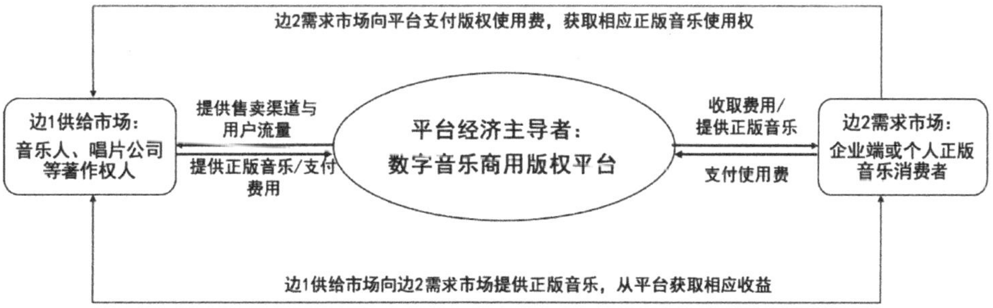

图 5-1　中国数字音乐商用版权平台的双边市场结构运作模型

在数字音乐商用版权平台的双边市场结构中，核心平台主导者由构建数字音乐商用版权平台的企业组成。以 VFine Music 为例，其主要负责建设与维护数字音乐商用版权平台，确保边 1 供给市场与边 2 需求市场交易的完成。

具体来说，边1供给市场由拥有音乐著作权的音乐内容供给商构成，包含独立音乐人、唱片公司等，主要负责正版音乐内容的生产和提供。VFine Music 负责与边 1 数字音乐供给商签订合约，取得数字音乐的商用授权，并对数字音乐内容资源进行集合，以期通过构建丰富的正版音乐曲库为音乐供给市场提供更多的商用音乐作品的授权渠道和用户流量。

而边 2 需求市场由音乐消费者构成，主要指以企业端为主的数字音乐商用版权用户，包含内容制作（综艺节目、游戏厂商、自媒体用户、影视公司）、广告音乐、终端内嵌、商超公播（商场、超市、酒店、餐厅）等。他们通过平台购买音乐内容以期完成音乐以各种形式传播到大众的过程。目前，VFine Music 为包括金山办公、良品铺子、快手、京东、小米等在内的 3000 余家企业与机构提供正版商业音乐授权服务。在此过程中，数字音乐平台主导者的功能是利用用户数据和数字技术引导需求者发现目标音乐内容，实现供需资源的精准匹配。

第三节　中国数字音乐商用版权平台双边市场结构的运作特性

一、中国数字音乐商用版权平台双边市场结构的经济特性

数字音乐商用版权平台通过提供不同的产品或服务，将音乐人、音乐内容提供商、企业端等用户集中到平台上，体现出数字音乐商用版权平台的双边市场结构。数字音乐商用版权平台双边市场结构具有以下几个经济特性：

第一，交叉网络外部性效应。即平台经济的长线发展离不开网络外部性效应的有效挥发。数字音乐商用版权平台所具有的交叉网络外部性是指当平台一边的用户数量产生变化时，将会影响另一方用户的价值走向。[①] 也就是说，当平台需求市场的数量变少时，供给市场的音乐内容价值也随之变低。

第二，价格非对称性。即平台企业利用其自身产品和服务，根据双边用户数量不同、需求模式的不同而定制不同的价格。[②] 在数字音乐商用版权平台的定价机制中，大多数平台对边 1 供给市场采取免费策略，而对边 2 需求市场采取收费策略。

① 李允尧，刘海运，黄少坚 . 平台经济理论研究动态［J］. 经济学动态，2013，7：123-129.

② 昝胜锋 . 媒体类双边市场非对称定价研究［C］. 科技创新与文化创意产业——2012 年山东省科协学术年会分会场青年科学家论坛文集：2012 年版 .2012：11-16.

以 VFine Music 为例，针对供给市场来说，为了吸引更多音乐人和音乐内容，平台采取免费注册即可上传音乐作品的策略，提供免费平台帮助音乐人售卖版权音乐。但也有平台采取“免费接入 + 售卖分成”的策略，通常提取音乐人售卖音乐版权价格的 40% 作为中介费用。而针对需求市场，平台通常采用定价策略，根据用户使用场景等音乐需求的不同分为定制化和标准化销售模式以及接口分销模式。

第三，双边用户的相互依赖性和互补性，即平台经济主导者所提供的音乐内容与服务必须是双边用户需求的共同满足。[①] 对于数字音乐商用版权平台来说，只有当音乐供给方和企业端用户同时对平台所提供的产品或服务有需求时，其平台价值才能真正体现。若平台一边聚集了大量音乐人，而另一边对音乐人和产品并无需求，该平台价值则不复存在，也无法形成双边市场，更无法实现平台经济的有效运作。

可以看出，数字音乐商用版权平台作为连接双边用户的中心主导者，其主要功能是提供平台和服务以提升双方不同利益群体之间的交互联系。随着以平台为核心而进行交易的主体越多，数字音乐商用版权平台的本身价值将越高。在此过程中，无论是边 1 供给市场，还是边 2 需求市场，都无法在脱离平台情况下与对方直接交易。若无平台的中介作用，交互将变得困难，甚至不会发生，平台的核心连接功能也由此彰显。因此，数字音乐商用版权平台双边市场结构本质上就是依靠中心主导者平台力量吸引双边用户基于平台完成价值交换的商业运作模式。平台作为促进交易双方产生价值的核心力量，在双边市场结构模型中处于核心主导者的地位是当之无愧的。

总之，双边市场结构下作为中间角色的数字音乐商用版权平台企业，其功能并不在于为音乐消费者提供最终音乐产品和服务，而是为促进和提高平台双边双方之间数字音乐产品交易效率而服务，而且这种服务的方式、效率、能力等会最终影响甚至决定数字音乐商用版权平台的生存与发展方向。

二、影响中国数字音乐商用版权平台发展的制约因素

目前，数字音乐商用版权平台依旧处于发展初级阶段，面临着市场内部平台双边用户数量少、供需不匹配、市场外部音乐环境正版意识尚未形成，以及宏观政策与法律法规存在监管空白等问题。

首先，数字音乐商用版权平台内部运作模式存在问题。具体表现为：（1）无论是

---

① 万兴，邵菲菲．数字平台生态系统的价值共创研究进展［J］．首都经济贸易大学学报，2017，5：89–97.

供给市场，还是需求市场的用户数量，都与中国音乐产业庞大用户基数之间存在差距。根据《2020 年中国音乐产业发展研究：数字篇》的数据显示，中国数字音乐用户早在 2018 年上半年就基本稳定在月均 8 亿量级的高位。[①] 但 2018 年中国数字音乐商用版权市场规模仅为 1.9 亿元人民币，对比 2018 年中国数字音乐平台已达到 76.3 亿元的市场规模来说仍存在很大差距，可以看出中国数字音乐商用版权市场的用户规模依旧有很大的成长空间。（2）供需不匹配。目前，数字音乐商用版权平台尚未建立起有效的供需双方资源的有效连接方式。这是由于市场目前充斥着大量以小型企业为主的数字音乐商用版权平台，大多数音乐人和企业端用户无法对这些企业资质进行考察，无法考证企业平台版权归属问题，导致双边用户尚未形成对平台权威性的认同。这进一步导致对正版音乐有使用需求的用户不知道在什么地方可以购买正版音乐，而音乐内容供给方由于正版音乐需求方数量多且分散，无法一一对应完成交易。此外，供需不匹配不仅体现在平台权威性差而导致权威性商用音乐版权交易场所的缺失，还体现在音乐本身内容质量与消费者需求的不一致方面。

其次，市场用户尚未形成使用商用版权音乐的付费意识。近年来，我国音乐产业的总体市场规模逐步上升，其中数字音乐流媒体平台的市场规模占比达 97%，音乐用户使用流媒体付费增值项目成为增长的主要来源。[②] 即使如此，相对于国际音乐市场的高用户付费率来说，针对个人的中国数字音乐平台的付费机制还有很大的发展空间，而针对企业的数字音乐商用版权平台的发展更是处于萌芽状态。直到 2008 年才出现如百度音乐侵权案等有关商业版权用途的音乐侵权案例，但社会中用户关于商用版权音乐的合法使用与付费意识依旧较弱。

最后，相关政策与法律法规的监管空白。数字音乐流媒体平台的音乐侵权尚可采取技术手段对线上音乐进行监管，从而保障数字音乐平台的音乐作品的正版化。而商用音乐使用范围广且分散，且大多数商用版权音乐使用场所多为线下实体门店，无法做到如线上平台那样的监控与规制。因此，盗版商用音乐的违法成本低、社会付费意识弱及监管难度大都是数字音乐商用版权平台所面临的社会制约因素。此外，针对双边市场“滚雪球”的运作结构模式，平台经济的核心发展动力就是依靠不断地汇集与整合资源而不断扩大市场规模及市场占有率，因此也易获得垄断收益。

---

① 艾瑞咨询网 .2020 年中国音乐产业发展研究报告——数字篇［R/OL］.（2022-10-15）［2020-12-12］.https：//report.iresearch.cn/report/202010/3668.shtml.

② 艾瑞咨询网 . 商业化的复兴：中国数字音乐产业研究报告［R/OL］.（2019-04-01）［2020-03-05］.https：//report.iresearch.cn/report/201906/3384.shtml.

第四节　平台经济视角下中国数字音乐商用版权平台的未来发展策略

双边市场理论可以为解决数字音乐商用版权平台发展过程中面临的问题提供一种新的视角。具体包含以下几种方式：

首先，实现双边用户的有效召集。由于双边用户具有相互依赖的特征，使得平台若没有成功激活一边用户需求会导致另一边用户需求的流失。因此，平台运营者在初期发展过程中的首要目标是设法召集双边客户。平台可以通过价值策略或非价格策略召集双边用户，可采用"各个击破"策略[①]，即首先通过免费服务甚至价格补贴召集市场其中一边的客户，激发参与者使用平台的积极性，其次再依托召集过来的客户流量吸引另一边用户的投资，从而循环推动平台企业发展壮大，实现自身收益最大化。

其次，强化双边用户单属行为。随着平台企业初期双边用户数量的有效聚集，企业的发展策略也将进一步从"召集"升级为"强化"。随着平台发展进入成熟阶段，平台所依托的产业内部也将会出现大量相似性平台共同竞争的局面，这时双边用户就会有更多的选择，他们可以根据平台不同的定价政策去选择对于他们来说最有利的平台，甚至大多数时候双边用户都会在多个平台进行注册，这也就是双边用户的多属行为。对于平台来说，需要通过强化用户单属行为来树立平台竞争壁垒，增强用户的平台黏性。因此，数字音乐商用版权平台可强化平台双边客户的单属行为，建立一系列精心设计的机制，提供差异化服务。例如，针对不同用户使用商业音乐场所的不同提供专门音乐定制、针对不同用户群体的消费特征制订多样的营销或定价策略，以此促进各方用户的有效连接，实现双边市场内各方的价值共创。

最后，完善相关政策法规。针对平台经济的复杂性和天然垄断性，国家提出了"全面支持平台经济的健康可持续发展战略"。大力发展平台经济，是数字音乐商用版权平台乃至整个数字音乐产业的未来发展方向，也是推动中国音乐产业转型升级的必经之路。政府加快对平台经济内部运作模式的规范与指导，是保障平台企业健康可持续发展的重要基石，也能够为企业端商用音乐正版化带来推动力。

---

① Caillaud, B. Chicken and egg: competition among intermediation service providers [J]. *Rand Journal of Economics*, 2003, 34 (2): 309-28.

理论视野

戴维·思罗斯比的文化经济学研究综述

张瑾瑜 ①
（北京大学艺术学院，北京，100871）

【内容提要】 文化经济学这一概念出现和戴维·思罗斯比的《经济学与文化》图书出版和翻译以来，国内外学者对创意经济、文化资本等相关概念展开了广泛讨论。基于 VOSviewer 数据可视化软件，本文首先对 WoS（Web of Science）数据库中戴维·思罗斯比的研究方向、主要理论和研究脉络进行了梳理和描述。同时，对中国知网中受戴维·思罗斯比理论影响的学术研究进行了搜集和分类，对正文中含有“戴维·思罗斯比”“思罗斯比”的期刊、硕士博士学位论文等文献进行了图谱量化分析。本文还从关键词、研究热点及趋势、中外研究内容比较等角度，对 2010—2022 年施引文献与被引文献进行了梳理，选取了思罗斯比理论中具有代表性的关于文化资本、文化场所、文化组织和价值转换四方面主要内容，并对其进行了综述。最后，本文对近 10 年国内外文化产业理论发展进行了回顾，旨在对中国未来文化产业的文化经济学研究和实践提供选题借鉴。

【关键词】 文化产业；文献综述；图谱量化分析；戴维·思罗斯比；文化经济学

A Literature Review on David Throsby's Theories in Cultural Economics

Abstract: Since the emergence of cultural economics and the publication and translation of David Throsby's *Economics and Culture*, scholars at home and abroad have widely discussed the concepts of creative economy, cultural capital and other related concepts. Based

① 张瑾瑜，北京大学 2021 级艺术学院博士研究生，艺术管理与文化产业方向。

on the VOS viewer data visualization software, this paper firstly compares and describes the research directions, main theories and research lines of David Throsby in the WoS (Web of Science) database. At the same time, the academic research influenced by David Throsby's theory is collected and classified in the Chinese Internet. A quantitative analysis of the literature of journals and master's and doctoral theses containing "David Throsby" and "Throsby" in the text was carried out. The literature cited and cited from 2010 to 2022 has been sorted out from the perspectives of keywords, research hotspots and trends, and comparison of Chinese and foreign research content. The article selects four representative aspects of Throsby's theory on cultural capital, cultural place, cultural organisation and value transformation to review the main contents. While reviewing the theoretical development of cultural industries at home and abroad in the last decade, it aims to provide trends and selected topics for the future research and practice of cultural economics in China.

Key words: cultural industries, literature review, quantitative analysis of mapping, David Throsby, cultural economics

一、引　言

戴维·思罗斯比是悉尼麦考瑞大学的经济学特聘教授，他以在艺术和文化经济学方面的研究和众多出版物闻名世界。他曾担任过许多政府部门、私营公司和国际机构的顾问，包括联合国粮农组织、经合组织、联合国教科文组织、世界银行、联合国开发计划署和联合国贸发会议等。他是《文化经济学杂志》《国际文化政策》和《太平洋经济公报》的编辑委员会成员，研究方向包括表演艺术经济学、艺术家作为经济核心的作用、本土艺术经济、遗产经济学、文化资本可持续发展、艺术机构，以及经济和文化政策之间的关系等（见图 6-1)。1961 年至 2022 年 2 月，戴维·思罗斯比教授共计发表了 220 篇（部）学术作品，包括编著作品、著作、会议报告，以及发表在报纸、期刊上的论文，平均每年发表 4 篇（部）作品，将近 10 年时间每年产出超过 10 项学术成果。他的著作《文化与经济》2001 年由剑桥大学出版社出版，目前已被翻译成 8 种语言。他的著作《文化政策经济学》由剑桥大学出版社于 2010 年出版。该书从广泛的经济角度分析文化决策过程，填补了文化政策文献的空白。理论上，他为文化政策分析的经济学方法奠定了理论基础；实践上，他展示了文化政策的具体应用领域——艺术、遗产、文化产业、区域发展、版权、国际贸易等。2014 年，他与维克托・金斯伯格一起编著的《艺术与文化经济学手册》出版。该书通过量化研究，为跨学科研究架起了桥梁，为艺术行业的供需关系、经济价值和公共政策提出了新的理论和研究视角。后，他参与编写《剧场与全球化》。本文主要关注了思罗斯比 1994 年至 2022 年的 Web of Science 数据库录入的学术成果，并用 VOS 软件将约 10 年的文献按照作者和关键词的数据分类进行了可视化分析。

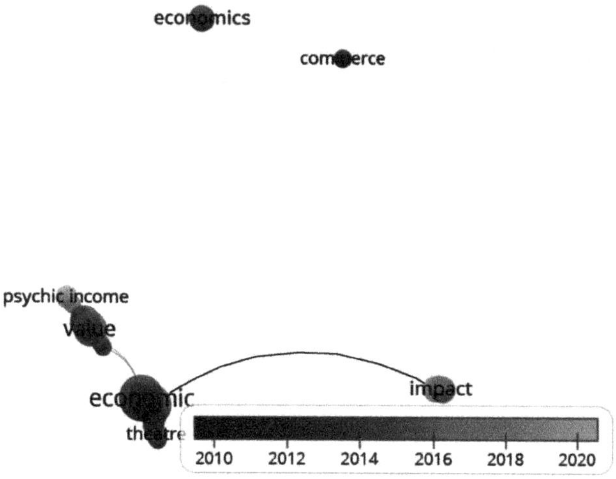

图 6-1　思罗斯比研究领域时间发展图

二、戴维・思罗斯比关于文化产业的学术理论

（一）文化产业中的群体

戴维・思罗斯比关于文化产业的研究首先开始于文化产业中的组织和群体，以及它们在文化产业中的作用与关系。思罗斯比认为，文化创意产业拥有中心部分向外发散的特点，也就是同心圆理论。他认为根据文化生产中使用的创造性劳动的比例，在同心圆模型中，产业产出的文化含量随着群体从同心圆的中心向外移动而下降。思罗斯比的量化研究结果证实了这一理论适用于澳大利亚、加拿大、新西兰、英国和美国这 5 个国家，也适用于文化就业和更严格的创造性就业概念[①]，尽管各个国家对于文化创意产业的职业定义和分类并不相同。他总结出核心艺术产业的构成

① Throsby D. The concentric circles model of the cultural industries [J]. *Cultural Trends*, 2008.17 (3): 147-164.

含有职业视觉艺术家、手工艺者（全职和兼职），以及受专业职业训练的人、艺术相关投入的供应商、公共画廊和公共艺术博物馆、商业画廊、其他零售商、艺术教育培训和基础设施组织。[①]

思罗斯比界定了文化创意产业的五个利益相关者群体。他认为核心产业与这些利益相关者群体既产生金融交易，也产生文化交易。消费者为直接购买或消费艺术品行业生产的最终商品和服务的人，具体可以是购买艺术品和相关商品的人，也可以是在画廊和博物馆欣赏艺术品的人。政府、联邦、州和地方各级政府部门通过向艺术家和艺术组织提供赞助来支持公共艺术博物馆的资本和运营支出。需要注意的是，核心产业的所有利益相关者通过直接税和间接税向政府提供资金。赞助人是向视觉艺术提供捐赠和其他非应急资金的个人或机构。其他国内产业也会向视觉艺术流入资金，包括赞助和支付艺术家在其他产业部门的劳动投入。行业内部的艺术家和艺术组织为其他经济领域的各种商品和服务支付的资金也会产生相应的金融流动。最后，外部部门的利益相关者包括直接从当地购买艺术品的海外居民、当地个人、公司，以及海外供应商。

在此基础上，思罗斯比提出了识别利益相关者群体之间的经济和文化关系的矩阵模型，分为经济矩阵和文化矩阵两种。就经济矩阵而言，利益相关者之间的流动可以表示为交易矩阵，该矩阵将特定时期内从每个特定利益相关者群体到其他利益相关者群体的资金流动制成表格。矩阵中的每个单元格将记录行利益相关者在期间内向列利益相关者支付的资金。文化矩阵并没有固定的文化价值单位，因此需要从定性的角度来明确文化交易和文化价值的流动。这一交易矩阵可以描绘艺术行业利益相关者之间以及该行业与更广泛的经济行业之间的资金流动。当双向流动发生时，显示为净正金额。此模型有助于理解文化产业的结构和功能及其与其他部门的关系，体现了文化产品和服务的双重特征。消费者的支出主要通过画廊、拍卖行和其他中介机构流向主要创作者——艺术家。除了销售产品，艺术家还以提供行业内部的劳动力的形式对行业外销售他们的服务。艺术家创作实践的部分支出仍留在行业内，工作相关支出，如工作室租金、运费、保险等，会累积给行业外的供应商。政府是矩阵中的重要参与者，是许多公共文化组织的主要资金来源。艺术家则需要向政府缴纳税款，有时政府也会赞助艺术家。交易矩阵也可以列出每个类别最大的单一资

① Throsby D. Assessing the impacts of the cultural industry ［J］. *Journal of Arts Management Law and Society*, 2004, 34（3）: 188–204.

金流动，以确定该群体最重要的收入来源和支付目的。文化产业交易矩阵模型剖析了文化产业中主要参与者之间的结构关系，描述了每个利益相关者群体与整个经济中相关实体之间的相互作用，是分析文化产业复杂系统的基础。

（二）价值评估与可持续发展

文化资本从定义上来说产生了两种价值：经济价值和文化价值。文化资本与物质资本的区别在于其文化价值的体现和生产，就其文化产出而言，没有任何其他形式的资本可以替代文化资本。对文化创意产业的价值评估，思罗斯比在新古典经济学的基础上，发展了条件价值评估法。思罗斯比指出，产生文化价值的文化商品的特征可能包括它们的审美属性、精神意义、象征意义、历史重要性、艺术趋势、真实性、完整性、独特性等。换句话说，个人对文化商品的偏好可能是由商品的许多有助于其文化价值实现的相同属性构成的。这表明在许多情况下，上述商品的经济价值可能与其文化价值密切相关。[①] 他认为，艺术家实际上提供了一个双重市场——一个是决定商品经济价格的实物市场，另一个是决定商品文化价格的思想市场。在商品市场上，由于体力劳动的私有制性质，任何时候都有单一的价格；在思想市场中，总是有多重估值，这与艺术思想的纯粹公益属性是相称的。这两个市场的价格不是相互独立的，随着作品的经济和文化价值的重新评估，价格会随之变化。思索斯比希望通过条件价值评估（CVM）来捕捉经济学家没有捕捉到的文化价值并影响经济决策和资源分配，文化资本的可持续性也由此被提出。

从文化的角度来说，在这个经济中，文化资本的可持续性至关重要。[②] 思罗斯比提出了一个以文化资本存量为基础的模型，他将社会比作一个封闭且拥有一批文化资本的经济体，文化资本是文化存量和经济存量的总价值。在任何时期，艺术产品与服务都可以产生货币收入和文化收入，而其中一些文化资本存量可以作为公共利益为整个社会所积累。为了保障文化的可持续性，在任何时候，社会都需要分配足够的资源来使用其文化资本存量，并且需要将由此产生的财政收入重新投资于文化存量的保护和维护，以确保存量的文化价值在下一时期不会弱化。这一动态过程产生了新旧交替、资源分配和关系平衡等问题，为社会文化资本的评估和检测提供了宝贵的研究基础。

---

① Throsby D. Determining the value of cultural goods：how much（or how little）does contingent valuation tell us？［J］. *Journal of Cultural Economics*，2003（27）：275-285 .

② Throsby D. *On the sustainability of cultural capital*［M］.Sydney：Macquarie University：Department of Economics，2005：3-13.

（三）文化产业变革与创新

随着社会和科学技术的发展，文化产业也在不断变革与创新。思罗斯比注意到了这一现象，并总结了文化产业变革的四大驱动力和文化机构的创新途径。他指出，文化产业变革为需求模式变化、非劳动收入来源的变化、技术变化、价值创造概念变化。[①]在文化产业中，扮演重要角色的文化机构也需要顺应时代不断创新，主要创新渠道是扩大受众范围，即扩大潜在观众，受众多样化和加强原有消费者的消费。然而，更深层次的创新来自技术的变革。技术的交互性、连接性和融合性为文化组织带来了与观众互动交流的无限可能。同时，艺术形式也在不断发展创新，这对新兴市场和新消费群体越发重要。人们对价值创造的认知也在转变，思罗斯比所提倡的文化价值和非使用价值正不断被认可和强化。2005 年一项关于博尔顿博物馆、图书馆和档案馆服务的研究发现，使用者和非使用者对这个公共文化空间的服务的估价为 1040 万英镑，这是政府公共资金投入的 1.6 倍，可以说，这一公共项目投资产生了较好的价值。文化组织在企业管理上也一直在寻求新的商业模式，在需求和供给上，观众和消费者的主导地位更加凸显，组织对经济韧性和财务独立性的要求也越发明确。思罗斯比认为，文化组织如果想要发展观众、拓展艺术形式和实施创新战略，就需要调整传统商业模式，发挥企业管理在文化组织发展中的作用。

其研究团队也用案例证实了这一观点。该研究共收集了 2003—2007 年间泰特美术馆的展览类型、观众分布、门票价格、季节特征和媒体关注量。通过需求函数，将总出席人数设为因变量。假设实际出席人数是价格和质量的函数，通过普通最小二乘法对不同类别的游客（全价、优惠价格和零价会员）进行估计。这一经济计量模型考虑了决策过程、价格、运行时间、生产预算及其他变量。举办的展览本质上是外生影响，展览的可用天数往往由整个展览规划周期中的可用时段决定。这些外生变量构成了价格和其他变量等由内生变量决定的一部分。这是因为策划团队提前评估了展览的潜力，并根据展览主题的艺术类型或艺术家及团队成员认为的该展览的欢迎程度，对观众需求进行了预测，并根据预测结果制订了演出的票价和营销预算。在其他条件相同的情况下，对于被认为肯定会成功的展览，可能会设定更高的价格，并批准更多的营销和广告预算。研究结果表明，所有类型展会的全价参会者的需求是弹性的。不同类型的展览弹性不同，全价参观者对现代或当代艺术展览的价格敏

① Bakhshi H，Throsby D. Innovation in arts and cultural organisations［J］. *Creative Industries Report*，2009，2（3）：297-304.

感度比历史展览更高。相反，优惠票价参观者对价格并不敏感。其他影响当代展会全价参观者出席率的变量包括展会的营销、生产支出水平和媒体关注量。这些额外因素也在一定程度上影响会员出席率，但对优惠票参观者的出席率影响很小或几乎没有影响。

同时，思罗斯比开展了新技术对公共资助的文化机构的影响研究，如线上直播演出对剧场的影响等。他认为，技术是改变消费者行为的主要驱动力。因此，文化机构的创新战略应特别关注与受众相关的技术——数字技术有助于扩大受众和机构影响力。再者，数字技术也给产权保护带来了机遇和挑战。思罗斯比提出了一个概念框架来解释和分析公共资助的文化机构使用新技术的情况。该框架借鉴了非营利公司的理论和组织创新的理论，构建了一套有特色的机构目标以适应文化机构的技术变革。除泰特美术馆外，英国国家剧院也被作为案例研究的对象。区别于营利机构的利润最大化目标，思罗斯比提出了非营利机构的目标模型——提升艺术或策展质量、扩大消费和访问、提升教育服务和学习体验、传播与保护知识文化和符合社会发展目标。

（四）文化遗产经济学

文化遗产包括单个建筑或遗址及与构成文化景观的建筑或遗址群相关的建筑或遗址。个别建筑和地点包括住宅、当地公共建筑、州或国家清单上个别重要的小型建筑或场所、大型建筑或场所、农村建筑、土著和工业遗产。文化景观包括带有传统房屋的住宅街景、特定时期同质的郊区商店、乡村城市景观、同质化的首都城市的中央商务区街景、乡村、农业景观、土著文化景观、考古遗产等。简言之，它们包括早期的住宅或住宅群、具有历史联系的当地公共建筑或建筑群、重要的历史建筑或建筑群、具有历史建筑的乡村景观、城市景观和具有土著意义的地点或景观。思罗斯比指出，自然环境和文化遗产产生的大部分经济价值都在市场价值之外。因此，虽然成本效益分析必须关注直接的用户利益，但也必须包括对非市场或被动使用效果的货币价值的评估。[①]就文化遗产而言，非市场价值可能与三个需求来源有关：资产的存在价值、其潜在消费价值、遗赠价值。这些非市场价值在市场交易中是无法被观察到的，需要利用估价方法或选择模型等方法来衡量人们为保护所涉资产的支付意愿，帮助人们了解非市场利益的货币价值。例如，根据人们提供的支付意愿，

① Throsby D. Regional aspects of heritage economics: analytical and policy issues [J]. *Australasian Journal of Regional Studies*, 2007, 13 (1): 21-28.

假设支付意愿能够转化为实际支付，便可以计算出增加的具体收入。除了具体的经济影响之外，文化遗产资产在界定地方特征方面可以发挥重要作用，因此，在文化全球化的压力下，在区域一级保持文化差异具有价值。

思罗斯比和其研究团队明确了文化遗产的价值细分：美学价值——美、形式的和谐、色彩、真实性、完整性、同质性；与周围环境的视觉关系与符号价值——传达民族认同感、传达当地的认同感；故事叙述性与社会价值——关注/参与社区活动、连接人们，给人归属感，激发创造力和文化参与意愿；历史价值——时代感、过去和现在的连续性、留给后代观看或欣赏；教育及科学价值——教育孩子和社区居民了解过去；具有建筑和种族重要性。使用这一评估标准，可以根据对象进行标准定级、排名来精确价值衡量标准，也可以构建选择实验来研究群体的价值偏好。对于经济价值的评估，研究团队选择使用 CVM 和 choice 建模来调查为个人利益付费和支付社会福利的意愿。为个人利益付费包括向私人遗产所有者提供援助以保护财产；改善对政府拥有的遗产的维护；更好地让公众进入政府拥有的遗产建筑和遗址；接受更多的建筑、遗址列入遗产名录。为个人利益付费的意愿体现在个人是否愿意为提高遗产的质量、增加遗产的数量等付费。文化价值评估的研究方法包括小组讨论、基于社交网络的小组调查、态度测量和专家评估，经济价值评估的研究方法为小组讨论和 CVM/choice 建模。

总之，文化遗产对个人和整个社会的主要价值是以非竞争性和非排他性公共利益的形式出现在市场之外的，这也给政府政策带来了问题。原则上，这种公共产品政府无法通过监管或财政措施证实干预的有效性，可能出现未被满足的需求和不充分的服务等问题。在这种情况下，学者有必要对特定遗产项目所在地社区的非市场价值进行量化，以说服政府继续投入。

（五）文化政策经济学

在开展了许多土著文化产业田野调研和区域遗产价值研究后，思罗斯比总结出政策的现实缺失和文化产业重要地位的矛盾，因此，他将研究方向转向了政策研究。文化政策主要是为艺术、文化遗产及博物馆和美术馆等机构提供财政支持。思罗斯比认为，对文化部门创造的经济价值和文化价值的理解视角是文化政策制定的基础。思罗斯比最新的著作正是从经济角度论述了文化领域决策的一般原则，包括艺术、遗产、文化产业、城市发展、旅游、教育、贸易、文化多样性、经济发展、知识产权和文化统计等具体领域。目前，文化政策在国家和国际政府政策中的地位越发重要。许多具体领域都需要进一步制定顺应发展前景的文化政策，包括使文化创意产业成为新经济中创新、增长和结构变化的动力来源；发挥艺术和文化在城镇带动就业和创收的作用，特别是那些受工业衰退影响的城镇；政府以合理的方式支持创作和表演艺术；解决文化产品和服务中知识产权管理的法律和经济问题；以及在保护文化遗产方面建立合作伙伴关系的可能性。① 近年来，国际上也发生了多起关于文化资源的多边和双边贸易谈判，而文化政策的有效制定可以满足发达国家和发展中国家的多样需求，避免不必要的政治摩擦。

三、戴维·思罗斯比的学术理论对中国学界的影响

思罗斯比在文化政策和文化经济上的学术理论给中国学界带来了深刻的影响。根据全文中出现“戴维·思罗斯比”的条件在知网上搜索后得出，共有305篇学术期刊、294篇学术论文、11个会议发表和7本图书符合条件。按照关键词筛选，最终符合条件的文献有253条。以关键词出现两次以上继续筛选得出热力图和发展网络图（见图6-2）。其中约一半的研究发表于核心期刊上，《东岳论丛》《山东大学学报》和《中州学刊》刊登了最多的相关文章。出现频率最高的机构为山东大学、江苏省文化艺术研究院、四川大学和河南大学。戴维·思罗斯比的理论在文化产业、文化资本、文化价值、经济价值、创意产业和艺术机构等30个细分领域给中国学者带来了较多的启发和讨论。在思罗斯比的理论基础上，中国学者也结合国情，将理论与现实实践进行了有机结合。从知网数据库中搜索筛选可知，许多学者立足于我国现代化发展的国情和政策导向，围绕乡村振兴、文旅融合、民族研究、产业资本开展了相关研究。2020年以来，最新的研究关键词为文化遗产、文化资源、文化传承、文旅融合和工业遗产研究。值得关注的研究方向为文化策略的制定和文化产出的评估指标。

① Throsby D. *The economics of cultural policy* [M]. Cambridge University Press, 2010: 14-197.

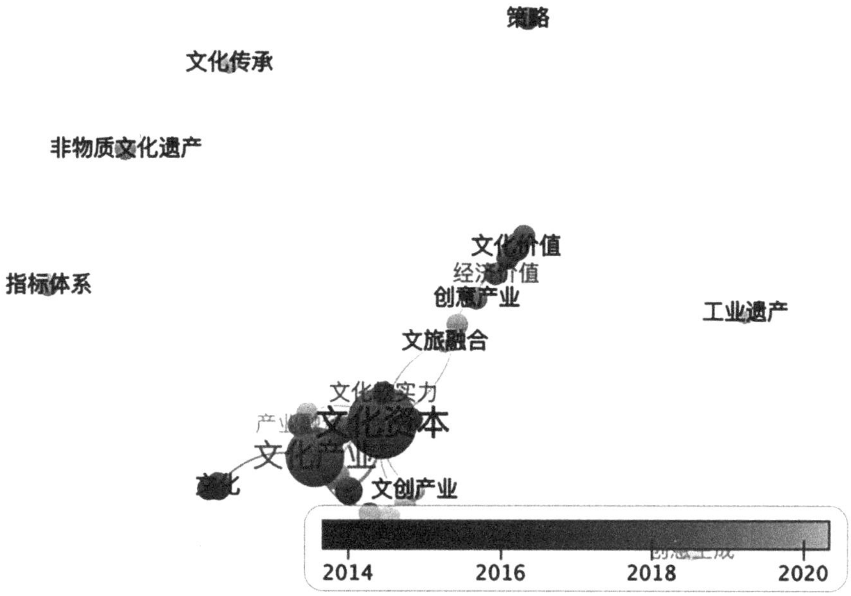

图 6-2　知网文献相关研究热点图

四、结　　语

在欧洲，尤其是英国，文化政策与文化经济研究已经发展为多个细分方向，但仍需进一步做跨学科理论的整合和理论创新。思罗斯比主要从文化投资的影响与效果入手，分析了文化资本和文化资源的多样价值产出。他关注发展中国家（如中国）的文化政策和技术创新对于艺术组织的影响。本文选取国内外权威论文数据库进行了有关思罗斯比的文献数据搜集、筛选和可视化，对相应结果进行了脉络梳理和分析。本文主要梳理了思罗斯比在文化产业领域里的个人学术发展、重要理论和影响，结合国内外学者的研究动态，总结出了目前文化产业理论研究与实践的热点方向，希望能为更多学者提供研究参考。

【参考文献】

[1] Bakhshi H, Throsby D. Innovation in arts and cultural organisations [J]. *Creative Industries Report*, 2009, 2 (3): 297-304.

[2] Throsby D. Assessing the impacts of the cultural industry [J]. *Journal of Arts Management Law and Society*. 2004, 34 (3): 188-204.

[3] Throsby D. Determining the value of cultural goods: how much (or how little) does contingent valuation tell us? [J]. *Journal of Cultural Economics*, 2003 (27): 275-285.

[4] Throsby D. *On the sustainability of cultural capital* [M]. Sydney: Macquarie University: Department of Economics, 2005: 3-13.

[5] Throsby D. Regional aspects of heritage economics: analytical and policy issues [J]. *Australasian Journal of Regional Studies*, 2007, 13 (1): 21-28.

[6] Throsby D. The concentric circles model of the cultural industries [J]. *Cultural Trends*, 2008, 17 (3): 147-164.

[7] Throsby D. *The economics of cultural policy* [M]. Cambridge University Press, 2010: 14-197.

[8] 黄沣爵，杨滔，张晔珵．国内外智慧城市研究热点及趋势（2010—2019年）——基于CiteSpace的图谱量化分析[J]．城市规划学刊，2020（02）：56-63.

[9] 周正兵．文化经济学学术史[J]．北京联合大学学报（人文社会科学版），2020，18（01）：47-60.

技术—形式—内容：博物馆发行数字藏品的本质与诠释

王小溪①
（北京大学艺术学院，北京 100871）

【内容提要】近年来，元宇宙和NFT的“爆炸式”发展吸引了文博行业的深度参与。本文通过梳理目前各大博物馆参与数字藏品发行的实践活动，把握博物馆发行数字藏品的本质及特征，指出博物馆发行数字藏品的本质是NFT技术对馆藏文物的数字化诠释。博物馆通过“技术－形式－内容”三阶元模型，在技术上利用NFT技术重塑数字光晕，在形式上通过艺术创作营造藏品新语境，在内容上以藏品研究为基础，讲好文物故事，使数字藏品更积极服务于文化传播。未来数字藏品应在博物馆参与和互动中发挥更多的力量。

【关键词】数字藏品；NFT；光晕；藏品语境；博物馆参与

Technology–Form–Content: The Essence and Interpretation of Digital Collections Issued by Museums

Wang Xiaoxi
（School of Arts，Peking University，Beijing 100871）

Abstract: Recently，the development of Metaverse and NFT has attracted the deep participation of museums. By combing the current practice of museums participating in the issuance of digital collections，this paper sums up the characteristics of digital collections

---

① 作者简介：王小溪，江苏宿迁人，北京大学艺术学院2022级博士研究生，北京大学考古文博学院助理研究员。

issued by museums, and points out that the issuance of digital collections by museums is a digital interpretation of cultural relics. Based on collection research, we should use NFT technology to reshape the digital aura, and create a new context of collections through artistic creation. In the future, digital collections should play a greater role in Museum participation and interaction.

Key words: Digital Collections; NFT; Aura; Context of Collections; Museum Participation

引　言

元宇宙（Metaverse）是利用科技手段进行链接与创造的、与现实世界映射与交互的虚拟世界，是具备新型社会体系的数字生活空间。2021 年 10 月 28 日，Facebook 宣布改名为 Meta，元宇宙一时声名鹊起，成为年度最热概念。虽然社会目前对元宇宙的看法褒贬不一，“泡沫”“炒作”声音不绝于耳，但无可否认的是，元宇宙的探索与构建，推动了现实世界与虚拟世界的交互，已经成为数字经济增长的新赛道和数字技术发展的新动力。

与元宇宙相伴而生的还有 NFT。NFT 是英文 Non-fungible Token 的简称，中文译为“非同质化代币”。NFT 是一种基于区块链技术的数字资产证明，可以为数字资产的所有权提供唯一性的证明。NFT 作为一种虚拟数字资产，“实现了元宇宙从传统互联网信息转移功能向元宇宙价值转移功能的蜕变，构成了元宇宙的基础设施”[①]。在国内，NFT 又被称为数字藏品。

面对元宇宙和 NFT 的浪潮，博物馆界积极参与并首先在数字藏品领域发力。2021 年下半年开始，已有十余家博物馆发行数字藏品，极受市场追捧。虽然势头火热，但博物馆发行数字藏品仍是新生事物。如何有效利用馆藏资源，把握博物馆发行数字藏品的特性，通过数字技术实现创造性的转化与发展，更好地发挥博物馆教育、研究、展示的社会功能，是需要在实践中不断探索的问题。

---

① 陈吉栋 . 超越元宇宙的法律想象：数字身份、NFT 与多元规制［J］. 法治研究，2022（03）.

一、从数字孪生到数字文创

2021年10月27日，湖北省博物馆授权在阿里鲸探平台发布数字藏品“越王宝剑”，该藏品上线即售罄，开启了博物馆授权发行数字藏品供不应求的市场态势。根据本文作者初步统计，截至2022年6月，在短短8个月的时间中，已经有39家博物馆在鲸探平台上发行了94款、共909 500件数字藏品。面对方兴未艾的数字藏品新浪潮，2022年4月12日，国家文物局有关司室在北京组织召开数字藏品有关情况座谈会，会议明确指出“文博单位不应直接将文物原始数据作为限量商品发售”。这一会议成为博物馆发行数字藏品的“分水岭”，划分了截然不同的前后两个发展阶段，本文将其定义为从“数字孪生”到“数字文创”。

（一）“数字孪生”阶段：文物的数字化复制

“数字孪生”阶段，是指从博物馆发行第一个数字藏品，到2022年4月12日国家文物局召开数字藏品有关情况座谈会的阶段。在此阶段，各大博物馆发行的数字藏品基本均为文物原貌的数字化展示，以与文物本体相似为主要卖点。在平台的藏品介绍中，经常出现“运用数字艺术根据文物原始复刻呈现”“以文物原貌1∶1建模而成，以3D形象呈现”等描述性语句。这一阶段诞生了很多爆款藏品，如甘肃博物馆推出的“铜奔马”、河北博物馆推出的“长信宫灯”、秦始皇帝陵博物馆推出的“秦陵彩绘铜车马一号车”等。在鲸探平台用户眼中，“数字孪生”阶段的数字藏品，不仅在发行时就限量，且由于政策限制不可再生，具有很高的收藏价值和经济价值。根据二手市场“闲鱼”App的交易信息，原始价格在19.9元的“长信宫灯”已被标价几百元出售，“越王勾践剑”也被重金求购。

这一阶段的数字藏品，更多地体现了数字孪生这一概念。数字孪生（Digital twins）是通过信息技术，在虚拟世界里实现对物理实体的数字化映射和镜像。在数字孪生中，我们不但可以对现实世界中的任何事物进行映射，还可以模拟实体对象的现实行为和生命周期。目前，数字孪生在博物馆界有一定应用，如上海市历史博物馆打造了国内首个数字孪生博物馆系统，对博物馆建筑、周边环境等进行1∶1三维数字孪生，设计构建了7个大板块和14个数字化场景，以更加精准、便捷、个性化的方式守护上海的历史文脉。[①] 在此阶段，各大博物馆立足馆藏资源，采用数字孪生技术，对文物本体进行数字化，制作成数字藏品出售。对数字藏品这一新兴市场

① 周群华，谭珊珊．上海市历史博物馆数字孪生系统建设与博物馆数字化转型［J］．中国博物馆，2022（02）．

的试水之举，以“镇馆之宝”为吸引点，满足了收藏者对国宝奇珍的“占有”心理。根据清华大学发布的《2020—2021元宇宙发展研究报告》，数字孪生是标准元宇宙构建的第一步，还远未实现元宇宙的时空拓展性、人机融合性与经济增值性。停留在这一阶段的博物馆数字藏品，没有实现文化符号的提取、运用和再创造，未能对文物背后的历史文化信息进行深度挖掘和展示。

（二）“数字文创”阶段：二次创作的实践与困境

2022年4月12日后，博物馆发行数字藏品进入了“数字文创”阶段。因为座谈会中明确表示不允许将文物原始数据作为限量产品发售，要确保文物信息安全，所以将“镇馆之宝”1∶1数字化复刻并出售的方式在“数字文创”阶段已经销声匿迹。博物馆在发行数字藏品时，在实现文物本体的大致呈现外，或多或少都进行了艺术再创作，鲸探平台也在藏品页面明确标注“本数字藏品是基于某馆藏文物的外形和用途进行的二次创作作品”。整体来看，大部分数字藏品的二次创作都较为简单，仍以展现文物原貌为基础，多采取增加底纹、添加装置、增加配乐、动画视频展示等方式。也有一些数字藏品的二次创作质量很高，如南京博物院发行的明洪武釉里红岁寒三友纹梅瓶，通过画卷展开3D特效，带领观众以不同的方式和观赏角度来欣赏文物，给观者以美的体验。从受众角度来看，用户对二次创作的行为并不买账，多数人表现出了对“数字孪生”阶段发行的数字藏品的火热追求，甚至不惜重金在二手市场上抢购。对于二次创作的数字藏品反而缺乏兴趣，在藏品评论区中，“好可惜，是二创”“买一段十秒小视频，浪费钱”等留言屡见不鲜。究其原因，首先还是大众的藏宝心理，1∶1复刻的数字藏品更加真实可信，满足了人们对奇珍异宝的收藏心态。其次，也反映出了博物馆及相关社会机构基于文物本体进行的二次创作没有达到大众的审美要求，艺术性不高，审美价值的提升并未能够弥补收藏价值的下降。

博物馆发行数字藏品虽然是新生事物，但已有燎原之势，从件件售罄的市场反应来看，文物类数字藏品还有很大的发展空间。现发行的数字藏品多来源于各大博物院的馆藏大“IP”，其中不乏“越王勾践剑”等镇馆之宝。其在外形上缺乏设计创作，基本以展示文物原貌为主，同质化明显。现有的二次创作主要还是政策要求下的产物，鲜见出于艺术审美驱动的设计，整体创作的水平不高，市场认同度没有达到预期。此外，各个博物馆未能充分发挥数字藏品的优势，数字藏品的交互性、连接性、扩展性不强，并不能与博物馆数字化建设与元宇宙技术形成合力，与线下售卖的文创产品无本质区别。

二、数字藏品本质：NFT 技术对馆藏文物的数字化诠释

习近平总书记在讲话中指出，要“让收藏在博物馆里的文物、陈列在广阔大地上的遗产、书写在古籍里的文字都活起来，丰富全社会历史文化滋养”[①]。博物馆发行数字藏品，是在 Web3.0 时代下对文物信息的创造性转化与创新性发展，更应挖掘并赋予数字藏品文化内涵与价值，探索数字藏品创新形态，活化文化与艺术，以喜闻乐见的方式将优秀传统文化传播到大众群体。博物馆作为为社会及其发展服务的、向公众开放的非营利性常设机构，从本身定位及职责出发，发行数字藏品与其他商业机构有本质不同。博物馆数字藏品是利用 NFT 技术对馆藏文物的数字化诠释，在此基础上，博物馆数字藏品有以下三个独特特征：

（一）内容上：以藏品研究为基础

收藏是人类的固有行为之一。考古发现证明，至迟在夏代，中原文化包括山东龙山文化、陶寺文化、石家河文化等龙山时代文化遗物，显现了夏人的“好古”之风。[②]章利国指出，收藏是一种以恋物为表征的审美的文化投资方式和行为。[③]《中华人民共和国文物保护法》规定，中国境内出土的文物、国有文物收藏单位以及其他国家机关、部队和国有企业、事业组织等收藏、保管的文物属于国家所有。私人收藏文物的渠道和空间都非常狭窄，司母辛鼎、战国水晶杯这种国宝级文物，更是只能远观。数字藏品以便捷的获取方式、较低的购买价格，使文物收藏以线上的方式走入大众视野。凝聚着深厚历史文化与精美工艺技术的馆藏文物化身为 3D 模型、小视频和图片，人们在手机里就可以近距离观察与欣赏，增进了人们与文物的亲密关系。

同属于 NFT 技术下的创作，NFT 艺术品和博物馆数字藏品有明显的区别。与 NFT 艺术品对比，博物馆发行数字藏品是以馆藏文物作为基础的，属于“命题作文”，艺术家在二次创作时必须遵守一定的“知识性前提条件”。数字藏品因取材于馆藏文物，所以在设计和发行时，应尊重原始题材的历史价值、科学价值与艺术价值，要以博物馆藏品研究为基础，将藏品置于原先的社会、历史、文化、艺术和科学的背景下，深入研究藏品的制造、使用、工艺和价值，再从中选择文化符号进行

① 习近平主持中央政治局第二十三次集体学习并讲话［EB/OL］.（2020-09-29）［2022-07-22］. http：//www.gov.cn/xinwen/2020-09/29/content_5548155.htm.

② 杨国忠，刘忠伏 .1980 年秋河南偃师二里头遗址发掘简报［J］. 考古，1983（03）.

③ 章利国 . 文化传承 收藏有学——略说中国收藏学［J］. 美术，20184（11）.

创作。就像宋向光先生所说："藏品研究要强调科学知识的生产，藏品阐释要揭示藏品意义的文化语境。"① 将文物背后的整段历史故事，正确、科学地浓缩进一件小小的数字藏品展现给观众，才更好地体现其文化价值和独一无二性，才能更好地担当博物馆发展中的文化传播者。

（二）技术上：NFT 重塑数字光晕

"光晕"（Aura，或译为"灵晕""灵光"等）是德国思想家本雅明最具代表性的艺术思想之一。他将其描述为"在一定距离之外但感觉上如此贴近之物的独一无二的显现"②。本雅明将光晕描述为神秘的氛围，人与艺术品之间空间和时间的距离，彰显了艺术品的膜拜价值。艺术品问世就具备的唯一性和即时即地性，塑造了艺术品的过去、现在和未来，在历史谱系上确立了艺术品的原真性。③ 进入机械复制时代，摄影、摄像等技术的诞生使艺术作品的无限复制成为可能，艺术的原真性与权威性逐渐消减，文化艺术产品的商品属性逐渐凸显，"光晕"开始凋零。

按照本雅明的理论，博物馆馆藏文物和以其为蓝本创造的数字藏品，正好印证了光晕由存在到消逝的过程。但与实体的复制品不同，数字藏品属于 NFT 的一种，作为加密技术下的艺术品创作，其数字光晕的重塑成为可能。NFT 是基于区块链技术产生的，它最明确的特征是具有唯一性、确权性和不可分割性，解决了以前数字作品可以无限量、无差别复制的问题。区块链技术能够对数字作品进行标记生成唯一数字签名，记载着创造时间、交易记录等，实现数字作品在发行、购买、收藏和使用等全生命周期的真实可信，既确定了数字作品的唯一性，也固定了它的即时即地性，在技术上为数字作品恢复了"光晕"。

（三）形式上：艺术创作营造新语境

藏品由原生地流入博物馆，被剥离了原初语境，又根据一定标准，成为设定与分类的对象，被赋予了另一个语境，这个过程被称为藏品的"去语境化"和"再语境化"。以"物"为核心的研究范式，以收藏、保护、展示、陈列等传统博物馆功能为研究重点的传统博物馆学常忽视对藏品的语境营造，观众所接收的信息过少且过于单一，在一定程度上削减了博物馆的文化传播功能。受空间与环境的限制，场馆内对藏品的语境营造多通过文字形式展示，包括展览引言、分区导言、器物说明及

---

① 宋向光. 知识生产者，抑或遗产守护者？——博物馆藏品的内涵及定义［J］. 博物院，2018（04）.

② ［德］瓦尔特·本雅明. 机械复制时代的艺术作品［M］. 王才勇，译. 北京：中国城市出版社，2002：90.

③ 向勇. 文化产业导论［M］. 北京：北京大学出版社，2015：140.

结语等。随着科技手段在博物馆中不断运用，场景重现、VR（虚拟现实）、XR（扩展现实）等新方式也在不断辅助藏品语境的营造。整体来看，场馆内的语境营造，更多的是服务于展览本身，对“物”的诠释也是在展览主题下进行，很难对文物的时空环境、文化生态、生活习俗等原生元素进行全方位的复原。

数字藏品是对线下展览中藏品语境营造的重要补充和延伸，它不受时间和空间的约束，可以为更多类型的观众提供服务，同时创造更加个性化的语境。从文物本体中提出象征要素和符号，二次创作设计推出的数字藏品，既遵循了传统博物馆学以藏品研究为基础，又吸收了新博物馆学重视藏品“展示、传播、利用”的学术要求。数字藏品让文物的语境在3D展示、视频动画、语音讲解中重新建立，形成了人与物的全方位对话。

三、实践中探索：博物馆对数字藏品本质的理解与把握

如上文所述，博物馆发行数字藏品的本质是利用NFT技术对馆藏文物进行数字化诠释，纵观目前的发行实践情况，各大博物馆在“NFT技术”及“数字化”方面大下功夫，打造了博物馆数字藏品的基本形态，也成功发行了多款数字藏品，而且市场反应不错。但由于市场取向的影响和对数字藏品本质的把握不清，博物馆在设计发行时对“诠释”二字缺少深度挖掘。在呈现文物本体与艺术创作之间犹豫不决，既受制于政策所要求的二次创作，又出于受众考虑想最大限度保留文物原貌。双重需求下，博物馆将工作重点放在技术把握与形式营造上，在数字藏品文化内容的阐释与展示方面尚有欠缺。

（一）技术支持：数字光晕的重塑基础

从技术把握上看，各个博物馆与腾讯、阿里等平台合作，基于联盟链发行数字藏品，已经形成了较为成熟的发行模式。与国外在公链上发行的NFT不同，国内在联盟链上发行的数字藏品不能交易，部分平台开设了转赠功能，数字藏品被购买者从发行平台买入后仅限于个人收藏和赠予，缺乏商品的交易属性。除了在二级市场投机倒把外，购买者更多将购买数字藏品视作一种文化行为而不是经济行为。除发行技术外，日益多样的艺术表达形式，也使数字藏品的创作进入了多元融合、跨界共生的新阶段。例如，国博衍艺发行的数字藏品《舞蹈纹彩陶盆》，以舞蹈纹彩陶盆的纹样为创意来源，采用电脑三维技术，在盆内注入清水，通过水波上面的动态倒影，展现了新石器时代先民们姿态优美、动作飘逸的舞蹈，使人沉浸其中，被先民

们重大活动时淳朴热情的群舞所感染，新的“光晕”油然而生。与在博物馆现场的“凝神注视”相比，数字藏品虽缺少物理距离所造成的震慑效果，但在线的“沉浸式体验”与“无距离观察”，给观众带来另一种亲近的文化感受，让大众在深度参与和体验中实现对自身文化身份的认同，对我国传统历史文化产生新的赞美与感叹，“膜拜价值”“展示价值”和“体验价值”完美融合，数字光晕在此重塑。

（二）形式营造：藏品语境的多元呈现

从形式营造上看，数字藏品突破了时空和环境的限制，可以在一个无边界的环境中实现对文物语境的再塑造。例如，甘肃省博物馆的人头形器口彩陶瓶，在展厅中，它被放置于《甘肃彩陶》展陈突出位置的独立展柜中，配上聚束打光，很能够体现镇馆之宝的地位。在介绍方面，博物馆并未对该文物的历史文化价值进行过多的阐释，观众在审美感知外，很难对它的前世今生形成一个立体的认知，作为一件中国彩陶中具有象征意义的代表作品，其形象被扁平化了。2022 年 5 月 23 日，甘肃省博物馆在鲸探平台发行数字藏品“人头形器口彩陶瓶”，通过文物模型的细节特写和语音讲解，重现了“人头形器口彩陶瓶”的故事，并在藏品故事页面，详细介绍了该件藏品的发掘过程、纹样特征、内涵意义等。在数字藏品的设计过程中，人头形器口彩陶瓶作为一件新石器时期集彩陶、雕塑、造型于一身的杰出艺术品，它的语境被再次塑造了。

（三）内容诠释：文物故事的生动讲述

各个博物馆虽然都能够做到立足文物本体进行二次创作，但对文化内涵的挖掘不够，又囿于政策限制必须进行艺术加工，故常有画蛇添足之举。例如，某博物院发行的兽面纹三叉形器数字藏品，在二次创作时为三叉形器添加了坠穗，制作成了玉佩的外形。它虽然十分美观，但容易对观众造成误导，暗示三叉形器是像玉佩一般佩戴使用的。然而，学界已经公认，三叉形器应该是配套使用的某种头饰，与玉佩的用途和意义毫不相关。这就是在对数字藏品进行艺术加工时忽视了文物本身的历史价值与科学价值。博物馆发行数字藏品，并不仅仅是简单的技术运用和表现形式的变化，持续做好内容挖掘与输出才是在任何时代都能永葆生命力的根本。仅仅靠对馆藏大 IP 的数字化复制宛如竭泽而渔，并不能实现数字藏品行业的持续造血，也不能激发观众对知识的探索欲和对文化的情感共鸣。

数字藏品的本质决定了内容诠释是核心，技术与形式是一体两翼。目前，博物馆发行数字藏品时，对其定位有所游离与犹豫：比如，数字藏品是一种新型文创产品吗？是否由博物馆馆藏数字化的商品呈现？是元宇宙中的交易道具吗？都是，也都不是。博物馆发行数字藏品，是利用 NFT 技术对馆藏文物的数字化诠释，主体是馆藏文物，方法是 NFT 技术，目标是数字化诠释，所以立足文物本体，通过内涵挖掘讲好文物故事才是博物馆发行数字藏品的根本目标。

四、结语：互动与参与——数字藏品的未来使命

“技术－形式－内容”三阶元模型有效揭示了博物馆发行数字藏品的本质与诠释途径。以此为基础，数字藏品可以作为博物馆的新名片，实现对中华灿烂历史文化物质遗存的数字化激活。数字藏品的上限远不止于此，利用数字藏品的特质进行文化宣传和传播，提升博物馆参与度，推广博物馆教育，是数字藏品在下一阶段的任务。

美国著名传播学家亨利·詹金斯在 1992 年提出“参与式文化”，主张公众利用网络或者是其他媒介手段参与到文化的创造、分享和传播中。博物馆学者妮娜·西蒙吸收了这一理论，结合 Web2.0 时代由用户主导而生成的内容互联网产品模式，倡导要建设参与式博物馆——“一个观众能够围绕其内容进行创作、分享并与他人交流的场所”。[①] 随着人们的精神生活不断丰富和活跃，博物馆由物质文化的保存地日益转变为大众文化交流的中心与平台，除了知识性外，公共性、服务性也被大众寄予了更高的期望。博物馆自身也更乐于与公众建立联系。2020 年以来，各地博物馆因为新冠疫情长时间停止接待线下参观，反而在数字技术的帮助下焕发了新的生机。直播互动、线上讲座、虚拟展览等新方式，模糊了公众与博物馆之间的时空界限，让多样化参与场景成为可能。互联网去中心化的特征，使不同年龄和文化背景的观众可以与博物馆“邂逅”，收获自己的独特体验。在数字技术营造的非物质世界，博物馆发行的数字藏品，具有线下文创产品所不具备的“社交性”与“融合性”，进一步拓展了博物馆经营的边界，为大众在博物馆的文化参与提供了更多渠道，可以作为联结博物馆与公众的新桥梁，推动博物馆参与和博物馆教育走向纵深。

数字藏品的“社交性”。与国外 NFT 艺术品不同，国内的数字藏品弱化了 NFT 的金融、交易属性，在社交网络平台中，它们既是文化收藏品，也是一种社交资本，兼具社交价值和文化价值。各个平台已经开始尝试以数字藏品为中心，构建更丰富的收藏、展示和交互方式，以增强用户黏性。例如，在鲸探 App 中，用户可以在个

① ［美］妮娜·西蒙．参与式博物馆［M］．喻翔，译．浙江：浙江大学出版社，2018：3.

人展馆中策划展览，根据自有藏品设计展厅布局与灯光，在收藏之外初步体验策展的快乐。其他用户可以根据兴趣欣赏参观，通过留言和关注与展览设计者进行互动，逐步建立起数字藏品爱好者的关系网。观众在被动接受和消费博物馆知识外，也开始积极主动创造和构建自己的内容，并与他人一起分享和探讨。博物馆也应该积极构建以数字藏品为核心的社交网络，利用App中动态主页、藏品评论等功能与用户充分交流，以馆藏文物为蓝本建立二次创作反馈与奖励机制，为公众的个人收藏、展示、利用和传播提供更多学术支撑、设计灵感与社交价值。

数字藏品的“融合性”。数字藏品不仅要在虚拟世界中发挥作用，更应融于博物馆参与的各个环节，使数字藏品的发行不仅仅是增加一种文创产品的新形式，而应以其独特性和延展性，吸引更多新生代观众的目光。纹饰精美、光华流转的数字藏品会唤醒用户对于文物本体的好奇与渴望，是博物馆从线上渠道吸引线下参观流量的有效方式。基于区块链技术而产生的数字藏品，在保护文物资源及知识产权的基础上，加强了馆藏文物和个体观众间的交流互动，实现了对馆藏文物信息传播的扩大化，让观众在远离博物馆的情境中依然可以沉浸在博物馆的传播场域内，从中获得知识信息和审美体验，有效扩大了博物馆教育的范围。

受新冠疫情的影响，“线上”的概念以前所未有的速度超越了大众想象的深度和广度，在未来给人们工作和生活带来的影响仍无法估量。博物馆发行数字藏品，也是在数字化快速推进的时代，对文化创意产业的新涉猎，借助大数据、数字艺术、虚拟增强现实等互联网技术，引领了文化新消费，催生了文化新内容，创造了公众文化产品的新业态。通过对馆藏文物的数字化诠释，让展柜内沉睡的文物活起来，用二次设计挖掘文物的多重价值，传播更多承载中华文化、中国精神的价值符号和文化产品。当然，作为新生事物，数字藏品在合规性、操作性、安全性方面存在很多尚未明确的地方，市场炒作风险也尚未消失，如何能够发掘数字藏品的潜力，将其融入元宇宙建设场景中，仍是各个博物馆需要持续发力的方向。

【参考文献】

[1]［德］瓦尔特·本雅明.机械复制时代的艺术作品［M］.王才勇，译.北京：中国城市出版社，2002：90.

[2] 向勇.文化产业导论［M］.北京：北京大学出版社，2015：140.

[3] 迈克尔·罗兰.历史、物质性与遗产——十四个人类学讲座［M］.汤芸，张原，编译，北京：北京联合出版社，2016.

［4］［美］妮娜·西蒙．参与式博物馆［M］．喻翔，译．浙江：浙江大学出版社，2018：3.

［5］陈凌云．博物馆文化创意产品开发研究［M］．上海：上海社会科学出版社．

［6］陈吉栋．超越元宇宙的法律想象：数字身份、NFT 与多元规制［J］．法治研究，2022（03）．

［7］周群华，谭珊珊．上海市历史博物馆数字孪生系统建设与博物馆数字化转型［J］．中国博物馆，2022（02）．

［8］杨国忠，刘忠伏．1980 年秋河南偃师二里头遗址发掘简报［J］．考古，1983（03）．

［9］章利国．文化传承 收藏有学——略说中国收藏学［J］．美术，2018（11）．

［10］宋向光．知识生产者，抑或遗产守护者？——博物馆藏品的内涵及定义［J］．博物院，2018（04）．

文化因子：微观自然主义视域下的文化接受与对外传播

郑雨琦[①]

（北京大学艺术学院，北京 100871）

【内容提要】文化的海外传播是我国近年来文化传播关注的一个重点。其中，对于文化接受的研究，格外重要，即文化内化为个体的内在认知与行动准则的过程。本文在社会学、生物学与文化学的学科交叉点上，从理查德·道金斯的“文化基因”理论和丹·斯培尔贝提出的“表征的流行病学”模型这两个微观自然主义的视域下的文化接受阐读出发，综合其异同特点的讨论提出了一种综合的“文化因子”模型。在此基础上，可以引出我们对当下跨文化传播的思考，即文化纵向传承与横向传播具有内在一致性，并兼有内在稳定性与朝向固有“吸引因子”转化的变动性等特点。我们在今天应当充分重视并利用好这种文化因子的传播模式，帮助中国的文化艺术活动与作品在海外更好地加以表达。

【关键词】文化基因；表征的流行病学；文化接受；海外传播

Abstract: The overseas spread of culture is a focus of China in recent years, in which the study of cultural acceptance is particularly important, that is, how culture is internalized into the process of individual's internal cognition and code of action. At the intersection of sociology, biology and culturology, this paper puts forward a comprehensive model of “cultural factors” from the perspective of Richard Dawkins' Theory of “Meme” and Dan Sperber's “Epidemiology of representation” model. On this basis, it can lead to our thinking on the current cross-cultural communication, that is, the vertical inheritance and horizontal com-

---

① 郑雨琦，女，北京大学艺术学院艺术管理与文化产业方向博士研究生，浙江宁波人。主要研究方向为跨文化传播。

munication of culture are internally consistent, and have the characteristics of internal stability and variability in the transformation towards the inherent "attraction factor". Today, we should pay full attention to and make good use of the communication mode characteristics of this cultural factor, and help China's cultural and artistic activities and works to be better expressed overseas.

Keywords: Cultural Meme, Epidemiology of Representation, Cultural Acceptance, Overseas Spread

引　言

近年来，中国文化的国际传播越来越成为一个受到重视的议题。2021 年，习近平总书记在"五·三一"讲话中，着重就文化的国际传播工作做出了批示：要讲好中国故事，传播好中国声音，展示真实、立体、全面的中国，是加强我国国际传播能力建设的重要任务，并要深刻认识新形势下加强和改进国际传播工作的重要性和必要性，下大气力加强国际传播能力建设。①

文化国际传播的研究涉及内容文本研究、沟通转化机制、作品传输渠道等多个维度，而其中，"文化接受"的探讨也有着不可替代的重要意义。"文化接受"立足于一种社会心理学的角度，关乎文化传播活动的实际效果，检验着受众群体对于特定文化的吸收、利用程度，对于当今世界不同文化之间的深度交融和多元文化的维持与生成都具有重要的意义，也有助于我们理解并反思中国文化艺术出海的具体模式。

一、文化接受与文化内化的概念辨析

（一）文化接受：从意义的诠释到内化的过程

从词源本身来看，我们对于"接受"一词的定义并非统一而明晰的。早期的文化接受研究侧重于文学领域。20 世纪 60 年代末，以尧斯（Jauss）和伊赛尔（Iser）等人为代表提出的"接受理论"，以一种哲学化的理念阐释了构成紧密联系的作品、作者、读者及其阅读行为之间微妙的关系变化，掀起了哲学美学的一个新思潮。在

① 习近平．加强和改进国际传播工作 展示真实立体全面的中国［EB/OL］．(2021-06-01)．https://baijiahao.baidu.com/s？id=1701351690005252206&wfr=spider&for=pc.

这里，“文化接受”主要被用作与“文化表达”相对立的概念，以此来表现弱化作者、强化理解者的立场。

在文学研究之外，接受理论也有着类似的发展趋势。罗兰·巴尔特（Roland Barthes）曾在《写作的零度》中强调了作者的“不在场”概念[①]，极度贬低作者在文学创作中的创造性作用，指出文本意义来自接受者，因而拥有多种可能性和无趋向性；加达默尔（Gadamer）在哲学诠释学中，提出作品具有独立于作者的本质或意义，而其真正的意义则不能脱离人们的理解而存在；英国伯明翰学派则着眼于文化研究这个具体的视域，在文化的生产与消费过程不同力量的对比中，相比于生产者的“编码”更加关注消费者的“解码”过程，强调对现存文本意义的接受与解释。

以上研究凸显的是对受众群体的关注，代表着作为消费者的“大众意识”觉醒，文化艺术不再是一种立于神坛之上的独创性表达，而真正步入了文化产业的讨论范畴。不过，虽然这些对于文化接受的研究关注到了大众的存在价值，却很少系统性地进一步思考微观个体视角下的具体接受模式，即从社会心理学的接受维度来讨论具体的文化转化过程。

对此，国内部分学者尝试从个体心理的角度出发，将文化接受中的主体归于个体的知识、素养与积累。[②]诚然，这对于文化理解的要素给出了很好的阐释，却更倾向于以一种后天习得的论调来看待文化传播，注重个体感知力的培养模式。

传统的文化接受，可被归纳为对意义的阐读，即我们在阅读与接触文本的过程中如何解释自己所吸收的东西。其大多采用一种零和博弈的思维模式，在规定了“接受”的范围边界前提下，探讨在何种条件下能够达到其理想的目标。而事实上，抛开对于文本及其意义的联结，“接受”本身也具有充分可讨论之处。本文便试图围绕文化接受程度性的问题，展开以“文化内化”为释义的接受研究。这一方面有助于我们从更加微观且具体的意义上理解个体间文化接受度的差异；另一方面也能由个体推及总体，分析一个国家、民族成功完成文化跨越式出海的要义。

（二）完整内化：纯然接纳和严谨思辨的中和

正如社会学以结构主义和建构主义两种范式讨论一样，文化的讨论范式也可以被相应地区分为结构式和建构式两种。结构式即外化的文化，是一种现实客观的存

① ［法］巴尔特.写作的零度［M］.李幼蒸，译.北京：中国人民大学出版社，2008.

② 夏秀.文化接受的前提：主体因素与客体因素——以原型接受为例［J］.理论学刊，2011（01）：109-111.

在物，以特定的结构模式产生影响作用，大到具体的规则、理念、宗教仪式，小到凝结了人类创意成果的工艺、文化创作作品等，无不是这具象的外化文化表现；建构式即内化的文化，是“进入”个体的抽象理念，与个体的认知、观念乃至行动相联结，对于个体的行为产生解释。文化在进入个体之后，无法再以任何可感的实态存在，但能指导个人的思考与行动。

文化的内化理论持有者，都假定了世界上存在一个抽象的渠道以完成外在文化向人的传递，通过该符号系统完成介导的过程，即类似于一种“导管隐喻”[①]。然而，从进入，到唤起注意、吸引并产生兴趣思考，再到内化为自己的理念，甚至于转化为后续的行动和创作，伴随着程度的不断深入，接受的含义也有所变化，在完成了整个过程以后，文化形成了一个链路（图 8–1），转化为其最终的形态。

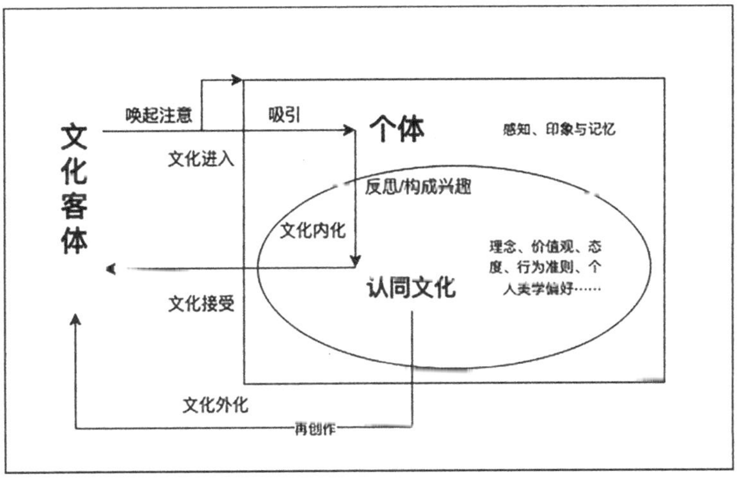

图 8–1　文化在客体与主体之间的转化

对于这个转化链路，有一小部分学者将其简化看待。例如，曼德尔鲍姆（Mandelbaum）认为只需要一个步骤——暴露，即认同。无论以何种形式，人们一旦接触到一种观念，就会自动相信它，从而内化它，而不相信（即质疑）则需要许多具体而

① Reddy，Michael J. *The conduit metaphor: a case of frame conflict in our language about language* [M]. // Andrew Ortony (ed.). Metaphor and Thought. Cambridge，UK：Cambridge University Press，1993：284–324.

费力的步骤。[①]抛开这种观点引起的争议不论，在当今的电子媒介时代，大量的文化都经历着从“震惊”向“适应”的转变，文化的纯粹曝光难以形成深刻的印象。即便曝光本身能带来观念的增加，在当下这种信息爆炸的时代，单位文化作用的影响力也是微乎其微的。

相较之下，另一部分学者则是更多考虑了细化的步骤。佳沃斯基（Gawronski）等人认为，文化接受分为“见闻—检查其内容—决定其有效（同意）—添加到自己的信念”[②]这四个步骤。对比曼德尔鲍姆，其观点增加了检查并确认有效等环节，即强调了接受者的主观思辨性，经由主观判断以后添加到自身内部的理念，则标志着其已经被内化为无意识的行为准则。

但是，在非陈述性文化和陈述性文化的分野中，这种属于“观念”的部分是后者独有的。不仅如此，它还对陈述性文化内容本身提出了一定的要求，因而并非具有绝对普适性。例如，对于大部分的绘画、音乐、舞蹈等表现性艺术品而言，理性思维难以介入到接受过程里。此外，即便是文本性的内容，如文学作品、叙事类影视等，也并非全都能做到以这样理性、体系化与知识化的方式进入个体。无论其既有文化素养与学识能力的高低，个体在特定时间节点下对于知识信息模块的接受程度都是有限的。因此，更多时候，它们都是在无形中潜移默化地支配着我们的认知，塑造着我们的行为态度。

上述两种对于文化接受的论述各有过简或过繁之处，对于文化的接受解释力并没有达到理想的程度。而笔者试图讨论的文化内化，则既需要强调个体作用，又要规避绝对思维化的接受观，以一种更加微观的自然主义视角，理解这种文化与个体的结合模式。

（三）模型阐释：文化基因与表征的流行病学构造

近半个世纪以来，生物医学一直试图和人类学、文化社会学构建起联系。爱德华·威尔逊（Edward Wilson）的《社会生物学：新的综合》开创了社会生物学之先河。[③]20世纪80年代初，卡瓦利-斯福尔扎（Cavalli-Sforza）和费尔德曼（Feldman）

---

① Mandelbaum，Eric. Thinking is believing［J］. *Inquiry：An Interdisciplinary Journal of Philosophy*，2014，57（1）：55–96.

② Gawronski，Bertram，Kurt R. Peters，and Etienne P LeBel. What makes mental associations personal or extra-personal？ Conceptual issues in the methodological debate about implicit attitude measures［J］. *Social and Personality Psychology Compass*，2008，2（2）：1002–1023.

③ Wilson，Edward O. *Sociobiology：the new synthesis*［M］.Cambridge，Mass：Belknap Press of Harvard University Press，1975.

将语言与生物演化的研究联系起来，架构了一种文化的诠释模型。[①] 社会学家加布里埃尔·塔尔德（Gabriel Tarde）在其社会模仿理论中，将文化的传播过程比喻为疾病传染[②]，首次以传染病的隐喻构建对个体行为的阐释。在前人的研究基础上，丹·斯佩尔贝（Dan Sperber）将这种文化传播理论明确为“表征的流行病学”模型（Epidemiology of representation）[③]。

文化进化论的探索性理念从一开始便得到了理查德·道金斯（Richard Dawkins）的充分肯定与支持，他提出了具有开创性的“文化基因”（Meme，又译作模因）[④] 概念。这个概念一产生便引起了部分学者的兴趣与讨论，并被其学生苏珊·布莱克莫尔（Susan Blackmore）进一步加以阐释，并结合因特网时代的特质，发展出了一个系统化的模因理论。[⑤]

道金斯和布莱克莫尔等人利用“Meme”这个原创构念表达了一种模仿与传递的行为，即复制性的微观文化元素。他们将之与自然生物学中的“基因”（Gene）进行比对，从而形成了对于影响人类认知、理念与行为的文化单元的基本解释，认为它也相似地具有遗传性、变异性、选择性等特质。此外，不同文化基因的复制传播能力也有所不同，有些极其容易被复制模仿，有些则非常困难，这种差异性决定了不同文化范式在特定社会环境中的主导程度。

在中国国内，“文化基因”也并非全然引进的舶来品，其概念仍然处于一个探索与再构的阶段。习近平总书记就曾多次在论述中国特色社会主义、中华民族伟大复兴、“文化强国”等战略规划中使用“文化基因”，并形成了以之为核心的中华传统文化传承创新理论。[⑥] 尤为重要的是，习近平总书记的文化基因论准确指出了中华文化的“世界性”特质，具备更加开阔的全球视野。他认为：“中华文明，不仅对中国发展产生了深刻影响，而且对人类文明进步作出了重大贡献。”[⑦] 这对于我们今天的

---

① Cavalli-Sforza, M. Feldman. *Cultural transmission and evolution* [M]. New Jersey: Princeton University Press, 1981.

② Trade Gabriel. *Les lois de l'imitation* [M]. Paris: Felix Alcan, 1895.

③ Sperber, Dan. *Explaining culture: a naturalistic approach* [M]. Oxford, UK; Cambridge, Mass: Blackwell, 1996.

④ [英] 道金斯. 自私的基因 [M]. 卢云中，张岱云，陈复加，罗小舟，译. 北京：中信出版集团，2021.

⑤ 布莱克莫尔，S. J.，et al. 谜米机器 [M]. 高申春，吴友军，许波，译. 长春：吉林人民出版社，2001.

⑥ 耿识博. 习近平“文化基因”论的内涵探析 [J]. 中共中央党校学报，2016，20（03）：5-12.

⑦ 习近平. 在纪念孔子诞辰 2565 周年国际学术研讨会暨国际儒学联合会第五届会员大会开幕会上的讲话 [N]. 北京：人民日报，2014-09-25，（2）.

文化传播工作产生了积极的指导意义，也为我们借鉴西方文化基因范式中的优点并增强其关于文化传播解释力的学术研究提出了更高的要求。

表征的流行病学模型，即一种微观的文化传播力研究。这是斯佩尔贝在其著作《解释文化：一种自然主义的方法》中提出的[①]，其大意是，如以一种病理学的类比视角来看文化在不同的群体中传播，会因病毒特质及个体自身的易感染性差别而产生不同的影响力。其中一部分，例如典型的流行文化，能够非常快速地感染不同人群，但其生命力比较短暂；另一些虽然传播力没有这么强，却具有很强的持久性，甚至于融入个体之中成为其既有构造的一部分。

表征的流行病学传播依托于文化病毒的不断增生与传播，在这个过程中虽然会极偶尔形成病毒突变，但大部分都是有限的甚至可预测的。因此，表征的流行病学模型可以说是关于“重塑”的研究。表征的产生并非源自对他人意念的直接复制，其每次传播（transmit）都伴随着重塑（transform），即符号的编码与解码，故而带有理解性转化的成分。在斯佩尔贝看来，表征可分为心理表征和社会表征两类，分别对应着外化与内化的文化。二者之间的转化机制推动着文化的传递，形成一种因果链的解释。他尤其提到了“元表征”的概念，指出了其两个特质：一是允许人们怀疑（即对于编码物的怀疑），二是允许人们加工其不理解的信息。在这两者的共同作用之下，认知获得了一种延展性的扩张，也由此解释了文化在传播过程中变动的成分。

二、文化传播的微观自然主义视域解读

（一）两种理论的相似性与理论优势

正如生物学中的“病毒”是由DNA（脱氧核糖核酸）或RNA（核糖核酸）基因组所构成的那样，“文化基因”理论和“表征的流行病学”模型虽然产生了各自不同的关注领域，二者间也有着充分的联系性与相似之处。

首先，它们具有相同的研究视角。二者都源自一种社会生物学视角下的文化阐释：它们尝试拆解我们在生活中习以为常的宏观文化，将其比作人体，而将具体的文化元素类比为具体的、微观的生命体组成部分。这些细化的具体因子有助于解释文化对人的行为影响，从而进一步分析人群中的文化接受与流传机制。因此，二者试图谈论的都是在何种条件下、哪种具体文化内容最容易被复制或产生演变。

① Sperber，Dan. *Explaining culture：a naturalistic approach* [M]. Oxford，UK；Cambridge，Mass：Blackwell，1996.

其次，在针对现实性作用的考虑上，它们都涉及竞争的概念。无论是文化基因，还是表征的流行病毒，两者都是以特定情况下繁殖或复制的“后代”数量或影响程度与范围作为该文化传播成功的衡量标准。不论在何种视角下，最终表现为成功的文化产物会脱颖而出，在一定时期、一定地域内占据着相对主导的地位。

此外，它们都依赖于作为文化接受主体的“人”而存在，也都离不开客观的外在环境。文化基因的复制或流行病学式表征，都不是能独立在外界进行直接转化的概念。同样地，它们的传播也都并非是在个体与个体之间不依赖任何外在媒介而直接完成交接的过程。斯佩尔贝的表征流行病学模型，正是基于心理表征与社会表征之间不断往复交替才能完成传播的。而正如生物体的交合是基因复制进入下一代的前提，文化基因的复制同样依赖于文化主体之间充分的互动仪式。在这个由外化再到内化的完整过程中，文化传播才在真正意义上得以实现。

最后，两种模式都将人类有机体视为复制或合成的媒介，而很少考量个体主观因素带来的贡献。这是此类研究视角所导致的一种特殊“局限性”。在二者既定的输入机制与规则之下，文化复制、转化与合成完全被确定。因此，文化传播中涉及的心理表征或者内在感知中所包含的信息，永远不会超出它所代表的或者被合成的输入成分。

（二）两种理论的差异性与解释局限

斯佩尔贝在其书中提出表征的流行病模型时，也曾谈及道金斯的文化基因观点，并反驳说，表征在传播的过程中不是复制而是转化，而复制本身则被视为一种零转换的极端情况。道金斯自己也承认，没有一种复制过程是万无一失的，如果基因不是偶尔突变而是持续性突变，则它也就不再是一个理想的复制体了，即便是突变率很低的个体，在大数量级的重复之下，也会产生巨大的累积效应。因此，斯佩尔贝提出与其使用这种达尔文式的自主选择概念，不如将文化传播变为一种影响概念。对于前者来说，文化因子的复制或成功或失败，而影响力则只是一个程度性问题。

诚如斯佩尔贝所批评的那样，道金斯的“模因观”更像是从本体论的视角出发，将其特性限定在文化表现本身。“自私的基因”这一提法被天然地赋予了一层能动性，即基因为了自身的繁衍与生存需要而去复制，带有自私性、选择性。例如，一种乐曲朗朗上口而容易流传，另一种晦涩难懂则天然地具有被选择性排除的特质。然而，这种观念的局限性，使得我们始终在围绕具体的文化形式研究其“好的”“坏的”模式，而抛开了社会与大众的视角，尤其忽视了心理认知的维度。事实上，在文化社会学、接受理论等模式的语境下，被接受的程度始终取决于“受众”。这也产生了一种对于文化传播解释的弊病：它无法从更具体的角度来解释文化传播过程中特定区域与时间段下人们对于某一具体文化认可的差异。这一文化主体缺失的问题在斯佩尔贝的模型之下得到了比较好的解决。

尽管如此，表征的流行病学模型并不因此成为文化在个体中传播时最适当的诠释模式，它也带有一些局限性。

首先，这种流行病学模型带有某种程度上的负面批判性色彩。在塔尔德初次提出将疾病传染作为文化传播的隐喻之时，其语境即是对犯罪行为的内在文化动因诠释。而尤其是在当今流行病毒成为全球性公共事件的当下，这种文化传播的隐喻很容易被理解为话语强权的施加，甚至导致种族主义矛盾加剧，而不利于文化多样性。

其次，由于以个体接受度作为判断标准，它过多强调了文化吸引力本身，而忽视了内涵与积淀等带有长期选择的部分，更缺少对于传播内容质量的要求与约束。事实上，并非所有的文化艺术作品都能以纯粹的受众性作为衡量准则，小众的高雅艺术与流行的大众艺术之间无法形成统一判断标准。

再次，表征的流行病学模型对于文化接受的关注点完全从作品转移到了受众群体，因而变成了一种解释学，却无法成为一种方法论，来构造更具有建设性意义的现实策略。换言之，被接受的文化都成为一个群体的天然选择，而无法基于作品的内容、元素等加以控制调整。

最后，它默认了文化传播是水波纹般层层递进的而非跳跃式的，正如斯佩尔贝所指出的那样，每一种文化传播都会经历个体之间成千上万次的内外转化才得以积累完成。然而，由于其理论提出的时代所限，它忽视了在当今互联网信息时代传播与交流更为直接化、点对点的用户直接辐射的情况，而后者在传递转移之间产生了无尽的全新可能。

（三）文化因子：一种综合性的微观理念

基于前文的比对分析，文化基因理论或者流行病学模型对于文化接受的解释度虽然都有其局限，但也各自提供了一个良好的视角，帮助我们理解文化客体在一个族群或区域当中与受众结合的具体过程。事实上，它们可以综合为一类整体的微观文化因子来表达传递理念，以更加适应我们当今对于文化接受的解读。需要说明的是，笔者无意在本文中批判性、替代性地以一种新的自然主义模型架构来综合二者的特点并阐释文化接受的新隐喻，而只是为了将文化的传承与传播过程用一个更加理想的模式加以贯连，梳理出我们当今的民族文化在面向海外传递过程中可以参照的要点。

由此，笔者调和并归纳了两类微观自然主义视角下的文化传播模式（图 8–2）。

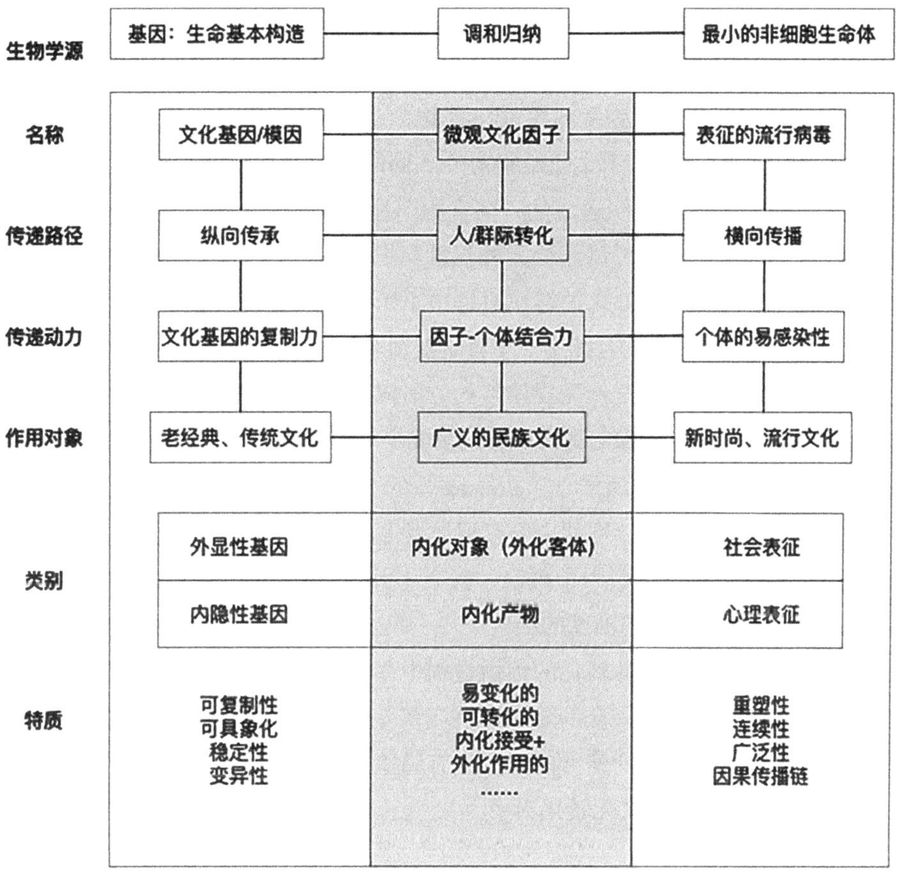

图 8–2　微观文化因子的构成阐释

文化基因作为一种面向文化因子本体特质的探讨，其重点在于传承性，即历史的、传统的、经典的传承。其带有自身的恒定性，是由长期经验积累得出的。因此，我们提及文化基因的概念的时候，更加倾向于将其与老经典结合起来。只有这种经过检验确证的部分，才可以被认定为是一种具有民族代表力的内在基因。而相比之下，表征的流行病毒模型更倾向于对一种横向传播的阐释，而对于它的存续时间长短并不重视。因此，它往往与新时尚、流行文化具有更强的关联性，越是具有市场亲和力的文化，则越是成功而优秀的文化。当将二者进行调和的时候，它们便不再针对任何具体的文化对象，而可以指向广义的民族文化。

不同于文化基因的纵向传承或表征的流行病毒模型的横向传播模式，微观的文化因子在人与人之间的传输首先是一种群际的转化——不管是代际之间，还是在异文化群体当中；不管多次转化，还是单一的编码与解码过程。由此，群际之间的文化转化被贯连起来，而非各自独立的、割裂的。其次，文化基因始终强调“复制力”，侧重于其文化本体性强度的探讨，而表征的流行病毒模型，则强化了与之相对应的个体“感染力”，侧重于文化习得对象不同的感知表现。无论主动性在哪一方，综合而言这都是由双方共同达成的“契合力”所决定的。此外，无论是文化基因，还是流行病学的表征，都可以区分为外显性与内隐性（或社会表征与心理表征）两种，其机制都是在内化与外化的转化过程中不断实现交替性传递。因此，文化因子的传递，都是在一个稳态的延续中产生特定变动。

这个变动的过程并非全然无规律性的。斯佩尔贝的表征流行病学模型提出，表征的每一次转化，都意味着文化特征被或多或少地加以修改，其过程并非杂乱无章，而是更大概率向着“吸引因子”（attractor）的方向演变。吸引因子往往带有一种普遍性的特质，例如有趣、生动、更有记忆点等。2018 年，拉法尔·米斯塔（Rafał Mista）基于斯佩尔贝的吸引因子理论，就文化引力进行了数理性的分析，得出强吸引力可以弥补文化传播的精准度的结论。①

因此，尽管在文化内外转化的传播过程中存在变动不居的成分，其内核与实质却始终朝向被接收方社会大众的普遍理解与认知视角转换。这就意味着，在文化传播过程中那些更加贴近生活实际的、更加有经验支撑的部分能够得到更多人的认可与接受，并融入其二度的文化转化当中。

三、文化因子传播与出海应用意义

（一）跨文化背景下的文化理解矛盾

中国文化在走向海外的过程中，有时会遇到一种矛盾性问题：我们既希望古老而优秀的本国传统文化能够在世界范围内得到完整弘扬，同时又希望这些文化艺术的传播交流覆盖面广、接受度高。二者间在特定情况下甚至形成了一种内在的矛盾性张力：对于部分极富中国传统特色的文化艺术而言，它无法被海外群众所理解和接受，始终不能引起较大的国际影响力。例如，近年来我国广受认可与喜爱的知名

① Mista，Rafał. The relationship between the accuracy of cultural transmission and the strength of cultural attractors［J］. *Social Evolution & History*，2018，17（2）：42-63.

动画电影《哪吒之魔童降世》《大圣归来》等，却无法在海外获得足够高的票房成绩；与之相对应的，则是另一些面向海外市场所创作的作品，有时容易被认为是对民族文化的曲解与误读。例如，迪士尼公司的真人版《花木兰》电影，在国内的争议之声较大，认为尽管其套用了大量所谓的东方元素，但无论是故事还是表达上都是对中国传统文化与精神内核的颠覆。同样是对传统故事的再创作，在跨文化条件下的大众文化接受却很难达到一个理想的调和与平衡。

虽然在过往几十年的东西方影视作品交流中不乏少数优秀的、广为海内外市场接纳的作品，但即便是以中国话语为主的表达，也大多是由海外文化制作公司主导完成，国内团体为参考顾问。早在 2008 年发行的《功夫熊猫》系列电影就是这样一个典型的合作范例，以美国式叙事模式与总体审美，结合中国传统功夫与思想文化的理解与阐读，达成了一种理想的平衡，收获了海内外的口碑与票房。这些成功的文化作品范例对于跨文化的内容接受提供了积极的支持，但仍然不能代表我们主动的文化出海成果。未来，如何用国人自己的发声习惯与表达模式来构建一种深度的文化接受仍是非常重要的议题。

在实践之外，我们也同样需要进一步提升针对文化传播的理论性认知。因此，本文提出的这个“文化因子”的视角，也即希望以一种微观的心理接受模型，打破纵向传承与横向传播之间的壁垒，在坚持并尊重文化多元主义的前提条件下，阐读提取本国传统文化并积极对外推介。

（二）文化因子传播特质与多元主义理想

文化接受，即文化因子与个体结合的优越之处，在两个维度上得以共同体现。在时间的纵向性上，它表现为该文化要素在传统上是无可更替的——只要有外在的基本环境支撑，便能被受众群体长期地接纳认可与应用，因而仍然保有原生文化存在的空间，就不会因外来文化的短暂的介入而被撼动其根本。在空间的横向性上，它表现为一种文化要素能够被该特定群体中的多数以自己的方式理解并共鸣。尽管文化传播本就是一种带有波动性、变更性的存在，这种变动却始终能朝向群体性理解中更加普适性的本能或与日常生活经验相似的方向演进。因此，跨文化传播与文化继承本质上是一脉相承的。没有传统文化的当代价值发掘，则没有新文化的跨区域传播；没有自我坚定的民族文化认同与热爱，也无所谓创造一种具有全球性价值影响力的文化产品。

如果用更为抽象的微观模型加以解释，在综合性的文化因子中存在着文化基因与表征的流行病学模型二者的共性。正如病毒传播需要通过复制遗传信息来完成一样，文化在接受主体间的不断转化与进一步阐释中，也能够保持其内核的稳定性，而外在的表现形式则可以更加多样化。这种文化因子的传播，展示了在整个群体间传播并寻找新的“文化宿主”的因果过程。文化基因在流传中经由自然选择而生成的稳定性，从内里支撑了这种反复折变过程中保持稳态的成分（图 8-3)。他者的文化理解乃至二度外化过程或许会借鉴客观环境中其他文化因子的优越性部分，却不会造成其根源性的结构破坏与彻底重构。

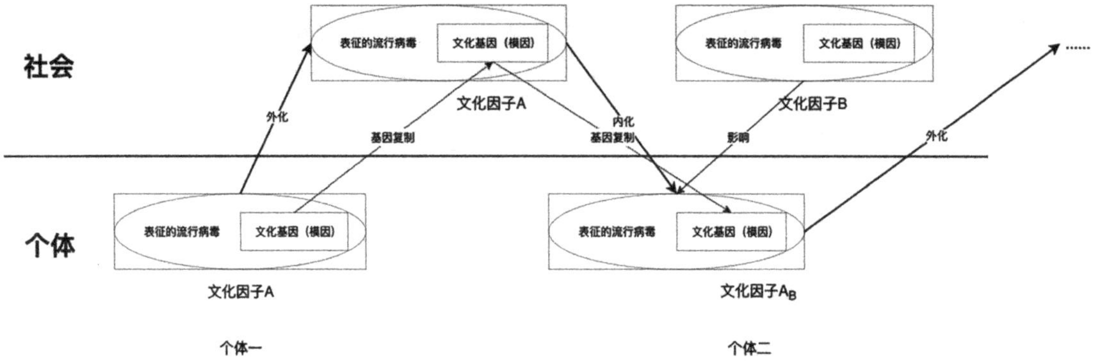

图 8-3　文化在社会与个体间的转化式传播

而对于同一民族、地区的受众来说，由于生活经验与感知度的相似性，这种外在文化的吸收与借鉴成分相对较少，且在文化转化过程中，也会自觉地朝向一个共同的“吸引因子”聚集，最终巩固为一种民族自身的固有文化特性，防止在全球化背景下过多的交流中，失去了本民族用以安身立命并区分于其他民族的那部分文化特色。

因此，在这个文化因子的接受模型下，文化之间的传播、接受与交融乃至再创作等过程均得以全面展开。这种传播并非是一种强话语权文化对弱者的侵袭，而是良性的、带有“去斗争性”的视角，意在以最和谐的机制完成文化的自然交流乃至演化过程。它既尊重了文化本体中最根本的部分，又在传播中凸显了本土文化中最优秀的部分。因此，这种传播模式对全球文化多元性也是一个很好的保护。对中国而言，它既可以帮助我们立足自身文化，又可以支持我们充分理解海外文化，推动文化共同体建设，从而实现“各美其美，美人之美”的大同式文化理想。

（三）思考与建议：中国的文化出海之路

基于以上的文化因子传播模式讨论，同时契合习近平总书记在全球性视角下提出的中国传统文化走出去的要求，本文提出了三点方向性的建议。

第一，增加中国文化的海外曝光量。“文化接受”中涵盖了文化内化的一系列深度性过程，而作为其开端，任何文化作品都需要有足够的受众基础。尽管当下我们对于曼德尔鲍姆“暴露－认同”理论存疑，认为纯粹的曝光未必能带来直接的文化接受，但一个具有高自由度的重组互构空间是微观文化因子相互碰撞、交融的必要前提。缺少这个前提，任何文化因子的传播都无法达到成功的境地。因此，就当下而言，我们需要做的是充分开放文化交流沟通的渠道，增加各种可能的推广形式，包括但不限于官方的文化交流活动、各种类别的影视文学艺术作品，以及互联网时代由民间自发形成的自媒体创作等。我们在当前的文化出海过程中，不仅需要优质作品持续不断的供给，更需要掌握具备足够话语权的媒介渠道，通过政治经济手段加强国际合作，助力更多的作品在海外寻求到市场通路。

第二，以平等视角面对文化传播，增强自身的文化自信。基于文化因子的特性可以看出，文化传承与传播并不是一个割裂的进程，所以我们首先要对于这些因子在纵向维度上的稳定传承给予充分信心。尽管受众对象有所不同，在文化与个体的结合力、适应力上有所差别，但是，优秀内容对外传播的前提是要制作出广受国内群众喜爱的作品，站在本族大众群体能够接受认可的立场之上，而不是本末倒置地一味对海外市场投其所好，更不要站在一种居高临下的、主导性的灌输式角度来完成文化的传播和推广。因此，我们要杜绝那种带有入侵性倾向的传播模式增加自重负担，更要规避对于外来文化的刻意排斥、阻隔等情况。换言之，要增强平等友好的对话往来，接受文化传播的双向互动性，充分坚定文化自信。

第三，提取“吸引因子”，而不必过多担心文化中被适当改写的成分。文化因子的横向传递，意味着它必然要面临不同主体自发的理解与阐读，并由此产生少数不可避免的变更。事实上，传播进入中国大众视野的西方文化艺术作品，也未必是其原真的表达。它经由我们自己在文本上的翻译、内容上的阐读，乃至代入自身视角与社会环境的理解，但这并不妨碍海外文化在中国被大众接受。因此，在加强本民族文化自信的基础上，我们还需要尝试寻找其中的吸引点，分析优秀作品被国内群众接受的基础上那些具有超时空的普适性意义与价值，构建在不同社会环境下人类生存所面临的相似境况。同时，要注重文化艺术靠近日常生活、接近大众的审美化表达，以增强一种共鸣式的感知构建。

（四）总结

从一种唯物主义的自然观视角来理解宏观社会群体当中的文化接受，有利于我们进一步厘清文化传播过程的真正效应。尽管研究文化接受的视角有所不同，却可以从相对学理性的范畴来分析并理解当今我国文化走出海外的过程中所需要注意的要点及其合理性，对于跨文化传播具有现实性的指导意义。

在今天，我们不仅需要关注中国声音在世界范围内的自主表达，还要关注这种声音的力量所具有的穿透力和影响力，即为人所理解并接受的程度。这种力量的达成不是基于话语强权的，而是在文化接受视域下民众自发的选择与自然的传播，以一种温和有效的方式构筑属于我们自己国家的文化软实力。

【参考文献】

[1] Cavalli-Sforza, M. Feldman. *Cultural transmission and Evolution* [M]. New Jersey: Princeton University Press, 1981.

[2] Gawronski, Bertram, Kurt R. Peters, and Etienne P LeBel. What makes mental associations personal or extra-personal? Conceptual issues in the methodological debate about implicit attitude measures [J]. *Social and Personality Psychology Compass*, 2008, 2 (2): 1002-1023.

[3] Mandelbaum, Eric. Thinking is believing [J]. *Inquiry: An Interdisciplinary Journal of Philosophy*, 2014, 57 (1): 55-96.

[4] Mista, Rafał. The relationship between the accuracy of cultural transmission and the strength of cultural attractors [J]. *Social Evolution & History*, 2018, 17 (2): 42-63.

[5] Reddy, Michael J. *The conduit metaphor: a case of frame conflict in our language about language* [M]. // Andrew Ortony (ed.). Metaphor and Thought. Cambridge, UK: Cambridge University Press, 1993: 284-324.

[6] Sperber, Dan. *Explaining culture: a naturalistic approach* [M]. Oxford, UK; Cambridge, Mass: Blackwell, 1996.

[7] Trade Gabriel. *Les lois de l'imitation* [M]. Paris: Felix Alcan, 1895.

[8] Wilson, Edward O. *Sociobiology: the new synthesis* [M].Cambridge, Mass: Belknap Press of Harvard University Press, 1975.

[9] [法] 巴尔特．写作的零度 [M]．李幼蒸，译．北京：中国人民大学出版社，2008.

[10] 夏秀．文化接受的前提：主体因素与客体因素——以原型接受为例 [J]．理论学刊，2011 (01): 109-111.

[11] [英] 道金斯．自私的基因 [M]．卢云中，张岱云，陈复加，罗小舟，译．北京：中信出版集团，2021.

[12] 布莱克莫尔，S. J., et al. 谜米机器 [M]．高申春，吴友军，许波，译．长春：吉林人民出版社，2001.

[13] 耿识博．习近平“文化基因”论的内涵探析 [J]．中共中央党校学报，2016，20 (03): 5-12.

[14] 习近平．在纪念孔子诞辰 2565 周年国际学术研讨会暨国际儒学联合会第五届会员大会开幕会上的讲话 [N]．北京：人民日报，2014-09-25 (2).

前沿观察

博物馆文创新业态
——要素新组合与功能新拓展

花　建①
（上海社会科学院，上海，200235）

【内容提要】 在疫情防控的背景下，发展博物馆文创新业态，促进了文化、创意和城市的协同发展，已成为全球范围内广泛参与的潮流，也成为体现中国文化创造活力的新领域。它主要体现在以下方面：数字化转型，即结合数字文创的六大核心技术，以数字数据推动各类生产力要素的新组合，焕发创造活力；产业链拓展，即对馆藏和展品资源中的文化密码进行提炼，以知识产权IP的创意开发为引领，形成丰富多彩的衍生产业链；社会化协同，即坚持创新、开放、协同的发展路径，在激发博物馆内部创造活力的同时，积极吸取外部的创新要素；鼓励多样化的社会主体参与建设，推动博物馆文创新业态的可持续发展。

【关键词】 博物馆文创；新型业态；数字化转型；产业链拓展；社会化协同

① 花建，上海社会科学院文化产业研究中心主任、研究员，北京大学文化产业研究院研究员，南方科技大学全球城市文明典范研究院访问教授。本文系浙江音乐学院实验室及科学研究平台开放基金资助项目“数字化背景下的中外文化产业发展研究”（项目编号：ZY2022A01）的研究成果，南方科技大学全球城市文明典范研究院2023年开放课题“文化竞合与自信自强的世界图景与中国道路”（项目编号：IGUC23A002）的研究成果。

New Formats of Culture and Creativity in Museums—New Combinations of Elements and New Expansion of Functions

Hua Jian

Abstract: The development of new formats for museum culture and creativity has promoted the coordinated development of culture, creativity, and cities, becoming a globally widely-participated trend and a new field that reflects the vitality of Chinese cultural creation. It is mainly reflected in the following aspects: Digital transformation, that is, combining the six core technologies of digital culture and creativity, using digital data to drive new combinations of various productivity factors, and revitalizing creativity; Industry chain expansion, that is, refining the cultural codes in the collection and exhibition resources, and leading the creative development of IP to form a rich and colorful derivative industry chain; Socialized collaboration, that is, adhering to the development path of innovation, openness, and collaboration, actively absorbing external innovative elements while stimulating the internal creativity of museums, encouraging diverse social entities to participate in construction, and promoting the sustainable development of museum culture and creative new formats.

Keywords: Museum culture and creativity, New formats, Digital transformation, Industry chain expansion, Socialized collaboration

引　言

建设高质量的博物馆群，充分发挥博物馆在推动经济社会发展、促进人类文明交流互鉴中的积极作用，是联合国教科文组织和全世界大多数国家关心和参与的一个世界性潮流，而发展博物馆文创新业态，则是这一潮流中富于创新活力的前沿领域。2021 年 5 月，中国国家文物局、财政部等九部门联合发布了《关于推进博物馆改革发展的指导意见》，提出建设世界博物馆强国的基本原则，包括推进博物馆发展理念、技术、手段、业态创新，破除体制机制束缚，释放发展活力等。这引起了文博界、产业界及社会各界的广泛关注和思考。李凤亮、古珍晶提出了我国博物馆文化新业态的产业特征与发展趋势，提出“无边界、沉浸体验、公众关系扁平化、经济形式虚拟化”等特点[①]；王博、李秋为等针对国家倡导文旅融合的大政方针，提出了大力发展博物馆旅游的对策；姚锋针对我国公共博物馆现行管理运作体制的特点，提出了以调整行政法促进博物馆文化创意产品开发的思路等。[②]而对于博物馆文创新业态的基本特点和发展动力等，尚待在理论和实践相结合的意义上深入探索。本研究认为：博物馆文创新业态是在城市数字化转型背景下产生的一种新的文化生产力要素组合，是科学技术、文创内容、文博机制协同创新所形成的重要载体。中国的博物馆建设要以文创新业态的开发为亮点，实现要素新组合与功能新拓展，推进博物馆事业高质量发展。

一、文创新业态：博物馆建设的创新潮流

博物馆作为人类文明的重要成果，经历了2000多年的形态和功能演化，其总的趋势，是从公益性的收藏、研究和服务机构，向注重文化经济科技的协同创新、注重社会服务的新型载体转化。英文中博物馆（Museum）一词源于希腊语mouseion，意为“缪斯的居所”，蕴含了科学和艺术之创新、集成与传承的意义。如公元前3世纪建立的亚历山大博物馆作为人类历史上最早的博物馆之一，成为古代地中海地区的教育、科研和文化中心，孕育了天文学家托勒密、物理学家阿基米德和柏拉图学派的哲学等伟大人物和哲学成就。欧几里得也在这里被聘为博物馆院士，并被邀请为第一位主持数学系工作的科学家，创立了一种从原理进行演绎的证明法，写出了对后人影响极为深远的《几何原本》。

亚历山大博物馆的建设、科学分类和展陈内容，体现了古希腊的形而上学思辨和追问事物本原的科学精神，体现了一种前所未有的要素新组合和创新型实验。哲学家罗素曾经概括说：“柏拉图是数字的，亚里士多德是生物的。”[③]亚里士多德对540种动物进行分类，开创了生物分类之先河，也奠定了博物馆学的研究基础。丹纳在《艺术哲学》中指出，古希腊人就是一个仰望星空的群体：“他们很容易产生无穷无尽的遐想。于是，构思巧妙的文学艺术，神秘莫测的宗教文化，以及高深玄奥的

---

① 李凤亮，古珍晶．我国博物馆文化新业态的产业特征与发展趋势［J］．山东大学学报（哲学社会科学版），2022（01）：96-106.

② 姚锋．公共博物馆文化创意产品开发的逻辑困境及行政法调整［J］．深圳大学学报（人文社会科学版），2021，38（05）：48-57.

③ ［法］波特兰·罗素．真与爱——罗素散文集［M］．江燕，译．上海：三联书店，1988：36.

哲学思想等，便由此诞生了。”[①] 博物馆的建设开启了对大量自然、科学和人文成果进行搜集、保存、排序和传承的传统，培育了探究宇宙奥秘和分析万物秩序的科学精神与收藏体系，这才有了“博物馆是文明之基石”之格言。

随着时代的进步，各国人士对于博物馆功能的认识在不断深化。联合国教科文组织与国际博物馆协会在1972年圣地亚哥会议上提出“新博物馆学”理念：“当我们保存过去文明的遗存以及保护今日之渴望与科技的成就时，新博物馆学（包括生态博物馆学、社区博物馆学、以及其他形式活动的博物馆学）主要关注于社区发展、反映社会进步的旺盛力量，并且将其与未来计划相联接。”[②] 根据这一理念，博物馆不仅是历史文明见证物的保存者，更是社区和城市发展的推进者，不能只关注“物”（藏品），要从以“物”为中心转变到以“人”（公众）为中心。这是世界博物馆发展史上的一次重大改革。

在“新博物馆学”理念的鼓舞下，全世界的博物馆建设跨入新的阶段。这不仅体现在数量的增长，而且体现在博物馆结构、功能和要素的深刻变化上，其总的趋势是向创新性、包容性和多样化发展。意大利威尼斯建筑大学马托·巴拉尼（Matteo Ballarin）等三位学者的研究表明：从1800年到2010年，即从工业革命到后工业化社会的两百年间，欧洲博物馆在形态更新和品种拓展方面获得了极大的丰富。比如：1937年第一座现代艺术博物馆MOMA在纽约建成，这一博物馆中的新物种与现代社会的发展潮流形成了深度的契合。从1999到2009年，欧洲国家的当代艺术博物馆的占比出现了明显增长，而且越是发达和开放的国家，其博物馆总数中的当代艺术博物馆数量占比就越高（见图9-1）。

这从一个侧面显示，当代博物馆越来越注重前瞻性和包容性。它们不但尊重拥有公认标准的古典艺术，也欢迎多样化的当代艺术，包括标新立异的实验艺术、前卫艺术、生态艺术、沉浸式体验等，与生机勃勃的当代科学、技术与创意经济形成紧密的关联。正如2015年英国国家博物馆馆长委员会发布的《博物馆很重要》（Museums Matter）报告所指出的，英国的博物馆和美术馆正在8个关键领域做出重要贡献：（1）为整个国家创造一种生机勃勃、充满活力和丰富多元的文化艺术生活；（2）为区域的繁荣做出贡献；（3）不断促进旅游业的发展——美术博物馆是英国最受欢迎的游客到访地点；（4）不断增强英国的软实力；（5）通过创造安全友好的公共

① ［法］H. 丹纳 . 艺术哲学［M］. 张伟，沈耀峰，译 . 北京：当代世界出版社，2009：26-27.

② ［英］彼得·弗格 . 新博物馆学［M］. 王颖，译 . 北京：北京师范大学出版社，2021：42.

空间，促进社区的和谐与繁荣发展；（6）推动健康与福利事业的发展；（7）促进教育、终身学习、技能拓展训练与学徒训练的发展；（8）巩固英国在科学、技术与创意创新领域的世界领先地位。

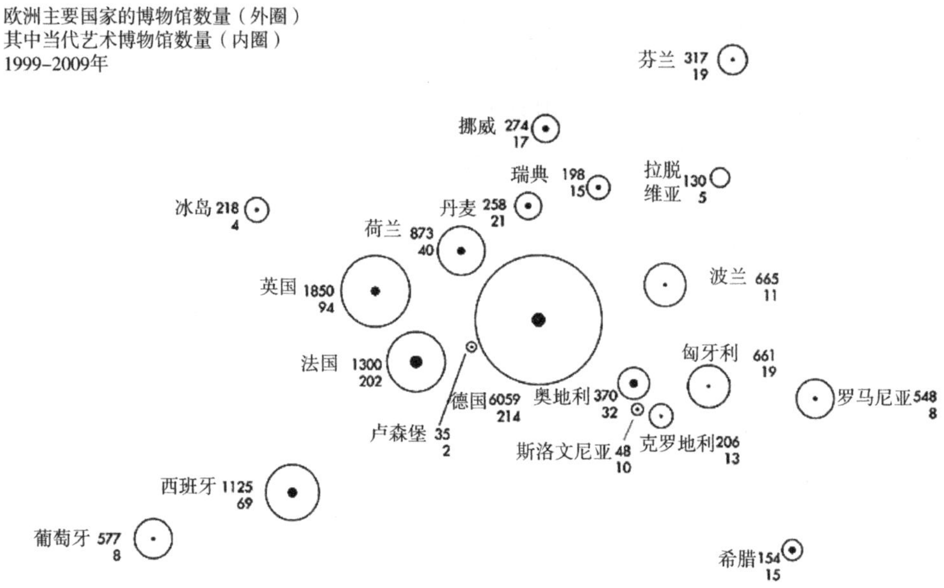

图 9-1 欧洲主要国家的博物馆数量与其中当代艺术博物馆数量

作为世界上第一个把创意产业作为基本国策的国家，英国强调博物馆和美术馆应该越趋多样化并且面向未来，要积极巩固英国在科学、技术与创意经济领域的世界领先地位，强有力地提高国家的软实力，拉动旅游等相关产业的发展。这在全世界博物馆的发展中具有代表性和导向性的意义。这种趋势的集中代表，就是一大批以数字化转型为导向、以 IP 开发为链条、以社会参与为动力、以国际合作为布局的博物馆文创新业态。开发博物馆文创新业态的实施重点是推进数字化、创意型、社会化和国际化的资源要素新组合。这应该是中国建设世界博物馆强国的重要内容。

二、数字化转型：推动各类资源要素的新整合

博物馆文创新业态是在数字转型、创新驱动、互联互通的大背景下发育起来的，

又受到联合国倡导的注重文化多样性和遗产传承创新之潮流的深刻影响。它在形态、链条、机制3个方面持续创新，呈现3个相互关联的鲜明特点。

表9–1　　博物馆文创新业态的三大特点

	主要特点	基本内涵
1	数字化转型 Digital transformation	以数字数据为基本要素，改造和整合博物馆的其他资源要素，形成新的文化生产力
2	产业链拓展 Chain expansion	以知识产权IP开发为引领，拓展出多种形态的创意产品和服务，形成可持续的创意产业链
3	协同化发展 Collaborative development	鼓励多样化的社会主体参与博物馆投资和建设，以形成文创新业态的可持续发展机制

博物馆文创新业态的第一个特点，是以数字化转型作为基本导向，依托快速发展的前沿科学技术，以数字数据为核心要素，对博物馆文物的研究、收藏、修复、展陈、服务等环节进行改造，并且把各类资源要素整合成为新的文化生产力，包括形成新的文博展陈和服务方式。

博物馆文创作为一种文化产品，必然要倚重生产要素的开发。所谓生产要素（Factors of production）又称生产输入（Productive inputs）、资源（Resources），指所有可以用于生产商品或提供服务的资源。传统意义上的博物馆以场馆、藏品、人才为三大基础资源，而在数字经济背景下，当代博物馆的基本生产要素获得了新的开发方式。数字数据成为关键生产要素，也会对其他生产要素及要素配置方式进行重组，形成数字化改造机制。

根据欧盟于1996年制定的《Info2000计划》，数字内容产业是指将图像、文字、影像、语音等内容，运用数字化高新技术和信息技术手段进行整合运用的产业。中国学者李三虎先生用“数字人工物”和“数字化准客体”来描述这个数字化世界的独特定义和运作机制。从传统的生产要素看，耕地、植物、矿藏等自然物是物质实体存在，可以作为人类的劳动对象。而数字物的本质是通过0和1的二进制数字语言表达的“元数据”符号系统。它既不是传统意义上的物质存在，也不是纯粹精神性的现象。“数字之所以为‘物’，在于它是一种依赖特定物质关联环境的‘准客体（quasi-object）’。”这种数字化的无形物，介于客体和主体之间，依托模块化和层级结构的基础设施和网络系统而运动，表现了信息的传递、储存、压缩、链接、转换、呈现、交易等数字物性，并且演变出如移动、控制、修改、互动、感知、表征等各类人工赋予的属性。

从这个观点看，数字化转型背景下的博物馆美术馆正在转化成为高品质的“数字人工物”和“数字化准客体”。它依托于场馆、建筑、空间、藏品、展品等基础设施和物理实体，又叠加上全面感知、数据开发、互联互通、数字呈现、远程互动、智慧服务等数字内容，形成由虚拟空间和物理空间相互交融的博物馆文创新业态。近年来，引起广泛关注的博物馆沉浸式体验比较多，如日本“teamLab”作品常驻展出的“森大厦数字艺术博物馆”、在世界上多个城市巡回的梵高沉浸式光影艺术展、广受好评的中国敦煌壁画的数字化展陈等。

这种博物馆文创新业态逐渐成为全世界主流博物馆建设的重要内容和发展趋势，也成为评价博物馆强国的标志之一。根据世界主题娱乐协会综合评选发布的《世界主题公园和博物馆评估报告 2020》，全球排名前 20 位的顶级博物馆中（表 2），美国拥有 4 座，英国拥有 4 座，中国拥有 6 座（北京 2 座，上海、杭州、南京、台北各 1 座）。[①] 它们不但以藏品一流、服务优秀闻名于世，而且在依托数字技术和社交媒体平台、拓展数字化存储和体验场景、推动艺术与科技的深度融合、开发博物馆文创新业态等方面，起到了示范和引领的作用。

表 9–2　　　　2020 年世界顶级 20 大博物馆

排名	博物馆名称	排名	博物馆名称	排名	博物馆名称
1	卢浮宫博物馆	8	英国自然博物馆	15	浙江博物馆
2	中国国家博物馆	9	美国历史博物馆	16	美国国立美术馆
3	梵蒂冈博物馆	10	俄罗斯冬宫博物馆	17	英国维多利亚和阿尔伯特博物馆
4	美国大都会博物馆	11	上海科技馆	18	中国科技馆
5	大英博物馆	12	西班牙马德里雷纳·索菲亚博物馆	19	中国台北故宫博物院
6	泰特现代美术馆	13	美国自然博物馆	20	巴黎奥赛博物馆
7	英国国立美术馆	14	南京博物院		

① TEA/AECOM 2020 Theme Index and Museum Index：The Global Attractions Attendance Report www.teaconnect.org.

著名的泰特现代美术馆，创建了行为艺术演播厅项目（Performance Room）和线上的虚拟展厅。这是在全世界范围内首次由美术馆开创的、委托艺术家为网络空间创作的行为艺术展陈项目。截至完稿日，它与全世界40位艺术家和11家艺术机构进行了合作，并举办了意大利表现主义派艺术家亚美迪欧·莫迪利亚尼（Amedeo Modigliani）作品展览，与Preloaded和HTC Vive合作进行数字化展陈。它精心配置了9台VR设备，以虚拟现实的沉浸式体验，让观众走进了这位杰出艺术家在100年前的工作室，甚至可以看到调色板上新鲜的颜料刮痕，和窗外斑驳晃动的树影。国内外用户均可通过视频平台观看，全世界有超过90个国家的16万观众实时观看泰特的艺术直播。许多观众甚至在观看直播前从未到访过泰特美术馆。这些数字化的博物馆文创新业态，成为具有强大表现力的"数字人工物"和"数字化准客体"，吸引了比传统实物艺术展更多的参观者。它的官方网站每年获得2000多万人的点击量，在社交媒体平台（Instagram、Facebook和Twitter）上获得超5.5亿浏览量。在疫情冲击下，它的线下参观者数量减少了，但是线上用户数增长了20%。

中国的博物馆也在数字化转型方面做出了积极贡献。如排名全球第11位的上海科技馆荣膺国家5A级旅游景区，以数字化手段表现奇妙的大自然和科学成果，引导观众进入人体肉眼无法直观的微观和宏观世界，包括纳米世界和遥远星球。它在科学与艺术相结合的新业态开发水平方面达到了世界先进水平，吸引了大批海内外游客。排名全球第14位的南京博物院，不但在推动沉浸式展示、人与展示屏感应互动等方面富有成效，而且开启了智能特展运营管理系统，通过物联网对人、物、环境数据的感知，将博物馆的票务数据（售票和检票数据）、展厅情况（日参观人数、在院参观人数）、观众参观数据（男女比例、停留时间、兴趣点等）、文创数据（销售总额、每日销售额）等进行集成及可视化展示，为博物馆决策管理提供精准化的依据。这些博物馆文创新业态成为城市和产业数字化转型的鲜明标识和活力引擎。

三、产业链拓展：开发以IP为核心的文创产品

博物馆文创新业态的第二个特点是以知识产权IP的创意开发为引领，对馆藏和展品资源中的文化核心密码进行提炼，形成丰富多彩的衍生产品，拓展出多种形态的创意产品和服务，形成不断延伸的文化创意产业链。

博物馆的藏品和展品构成了博物馆的基本资源，蕴含着丰富的IP内容。IP的原型是故事和神话，其中包括人类智慧的密码。这些密码解释了人类生存的目标和意

义，并且能够直达人心，而使得相识和不相识的人走在一起，让无数人的心理、身心、智慧融为一体。在人类历史上，许多群体和民族都创作了丰富的故事传说和神话。但是它们并不就是现代文创产业可以采用的知识产权 IP。只有大量研读和分析了这些资源，结合数据分析和科技开发，才能在破译这些密码的基础上开发出高品质的 IP。

诚如曾经与索尼影业、迪士尼等长期合作的概念与体验设计专家罗伯特·古尔德（Robert Gould）所说，这些故事的密码"揭示了我们人生历程中痛苦和喜悦的原因。就像神话指引着生活的意义和目标，故事传递着鼓舞人心的力量，并且描绘着已知或未知的世界。故事对我们来说是无价的，它可以让我们忘记过去并且将我们引领到未来。它告诉我们处于什么样的时空范畴，成为我们自我学习，并且影响我们行为最强大，最持久的方式"①。这种可以引领未来的 IP 正是可投资、可流通、可增值的博物馆文创资产，也是形成 IP 文创产品的基础。

博物馆 IP 文创产品开发的路径，包括本质化提炼、情境化改造、应用性赋能三大环节。（图 9–2）

所谓本质化提炼，指对原有藏品和展品资源进行研究和提炼，以此找到其中蕴含的基本主题。它不仅仅是一种抽象的理念，更是与许多联想物密切相关的故事原型和意象群。正如弗莱所说："原型是一些联想群（associative clusters），与符号不同，它们是复杂可变化的。在既定的语境中，它们常常有大量特别的已知联想物。"②而荣格则指出："从科学的、因果的角度，原始意象可以被设想为一种记忆蕴藏，一种印痕或者记忆痕迹，它来源于同一经验的无数过程的浓缩。"③经过岁月的积淀和无数联想物的重叠，正是这些基本的主题及其联想群，成为人性的本质力量和价值属性之一。

所谓情境化改造，指根据新消费者的需求和市场的变化，剥离原有藏品中的 IP 情境，再根据当代消费者的需求和合作单位的专长，为上述经过提炼后的核心主题与情节赋予新的情境。随着岁月的流逝，过去的情境难以被新时代的观众所认同，而感应现代生活的新情境才能让新一代消费者喜闻乐见，比如今天的"游戏族"喜

---

① 罗伯特·古尔德在 2018 中国文化产品营销年会——全球主题游乐创新峰会上的演讲 .

② ［加拿大］诺斯洛普·弗莱 . 批评的解剖［C］. 叶舒宪：神话原型批评 . 陕西：陕西师大出版社，1987：155.

③ ［瑞士］卡尔·荣格 . 荣格文集（第 15 卷）［M］. 纽约：普林斯顿大学出版社，1971：443–444. 转引自：王立 . 中国古代文学十大主题［M］. 辽宁：辽宁教育出版社，1990：16.

欢多次元的创意形象,“硬核玩家”崇尚技术门槛高、特色鲜明的玩耍门类,“萌宠族”青睐让人心情愉悦的动植物等。

所谓应用性赋能，指根据“艺术生活化，生活艺术化”的需求，为博物馆 IP 文创产品的开发赋予新的符号功能和实用功能。在后工业化时代，越来越多的消费者把获得独特而新鲜的体验作为第一位的消费需求。这种体验经济的价值，来自独特的符号体系与实用的物理产品之有机结合。象征符号带给消费者以无穷无尽的想象，而实用功能赋予消费者以生活的便利性。许多博物馆尝试在综艺、童书、文具、快消品、旅游、主题酒店等领域展开 IP 文创合作，使得 IP 文创不仅为品质生活提供一个灵感场景，也引导大众更多进入生活美学的艺术世界。它们如同“昔日王榭堂前燕，飞入寻常百姓家”，进入现代大众的日常生活。

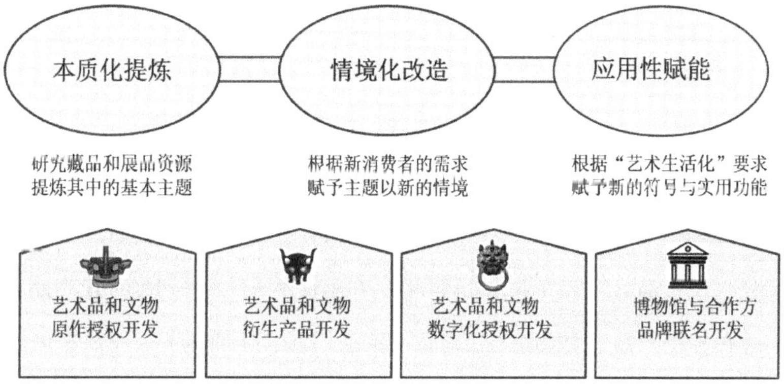

图 9–2　博物馆 IP 文创产品开发的路径[①]

博物馆 IP 文创产品的主要市场之一是国际授权市场，它包括藏品的原作授权开发、藏品的衍生产品开发、藏品的数字化授权开发、博物馆与合作方的品牌联名开发等多种形态。国际授权业协会发布的《2020 全球授权市场报告》显示，2017 年全球授权商品和服务的销售收入为 2716 亿美元，同比增长 3.3%，2018 年为 2803 亿美元，同比增长 3.2%，2019 年达到 2928 亿美元，同比增长 4.5%，达到近 6 年来增幅最高水平。其中，2019 年中国的收入为 104 亿美元，同比增长 9.7%，占全球市场份额的 3.6%，作为全球消费第二大市场，其发展潜力和空间十分巨大，是全球增速最

① 由本文作者设计和绘制。

快的市场之一。[①] 而文博艺术类授权正是该市场中长盛不衰的一大热点。根据联合国教科文组织 2020 年 3 月发表的研究报告，全世界约有 95 万家博物馆，其数量是近 20 年来的高峰。许多著名的博物馆，不仅仅是保存文化遗产和文明成果的宝库，也是进行传承和开发的重要基地，是文博艺术类授权的主要供应商。

英国作者伊恩·唐斯的一项研究指出："近年来，博物馆和遗产许可部门似乎已经变得越来越强大。在 V&A（维多利亚和阿尔伯特博物馆）、自然历史博物馆和科学博物馆等博物馆的带领下，公平地说，该行业比以往任何时候都更多地呈现在授权开发许可的热图上。"[②] 根据国际授权博览会的统计信息，博物馆文创 IP 产品的开发已经发展出丰富多彩的形态。表 9–3 中的 7 种方式成为博物馆开发文创 IP 产品的主要途径。

表 9–3　　博物馆开发文创 IP 产品的多种方式 [③]

	形态	特点
1	博物馆自有产品	依托馆藏的 IP 资源，开发博物馆自有的优质 IP 产品
2	展览的特定产品	结合博物馆的常设展和特展，开发与展览匹配的 IP 产品
3	平台的订制产品	建立授权开发平台，根据客户要求提供订制的 IP 产品
4	特色的 IP 产品	与专业化公司合作，在垂直领域开发系列化的 IP 产品
5	跨界联名 IP 产品	博物馆与快消品、客运、餐饮等行业跨界合作开发 IP 产品
6	表情包授权产品	依托馆藏资源开发 IP 数字表情包，向客户提供授权合作
7	品牌联名的产品	博物馆与名人、名牌、名企等合作，开发品牌联名的 IP 产品

著名的阿什莫林博物馆是牛津大学专业艺术和考古博物馆，成立于 1683 年，至今已有 500 多年的历史。它拥有举世闻名的巨大藏品范围，从埃及木乃伊到当代前卫艺术，讲述着跨文化和跨时间的人类故事。PJ Studio Accessories 机构与博物馆合

① 前瞻经济学人 .2021 年全球授权行业市场规模与竞争格局分析［EB/OL］.（2021-05-06）.https://www.qianzhan.com/analyst/detail/220/210506-2404af89.html.

② 伊恩·唐斯 . 许可瞭望台：博物馆和遗产许可如何牢牢占据授权开发的热图［EB/OL］.（2020-05-14）.https://www.licensingsource.net/indepth/the-licensing-lookout-how-museum-and-heritage-licensing-is-firmly-on-the-licensing-map/.

③ 根据国际授权博览会和多个专业授权机构的官方网站资料整理。参看：https://www.licensingexpo.com/en/home.html，https://www.licensingsource.net/news/.

作，开发的阿什莫林 IP 围巾，呈现出悠远古老而鲜活生动的气息，成为博物馆线下和线上商店的热销产品。英国泰特美术馆与马滕斯（Martens）博士合作，以艺术家威廉·布莱克（William Blake）的 IP 作品为特色，开发了创意系列靴子，呈现了经典艺术的长久魅力和现代活力。泰特美术馆在著名商业街卡纳比街等黄金地段的店内、线上和橱窗都展出了这些创意靴子，从而扩展了博物馆 IP 产品的营销范围。著名的大英博物馆，把丰富的馆藏作品进行深度研究和提炼，从中提炼出大量 IP，形成大量的文博创意衍生产品，包括把“镇馆之宝”埃及木乃伊开发成为博物馆专属礼品，每月仅在淘宝平台的销售额就有 100 多万美元。

中国是全世界博物馆数量最多的国家之一，从 1949 年的 21 座发展到 2020 年的 5788 座，成为世界上拥有 5000 座以上博物馆的博物馆大国之一。[①]“十三五”以来，全国备案博物馆由 4692 家增长至 5788 家，增幅达 23.4%。中国也是在博物馆 IP 文创开发方面积极投入、成果显著的国家之一，为馆藏珍品的社会应用和市场开发做出了积极贡献。敦煌莫高窟数字展示中心推动了数字化的“飞天神韵·莫高精神”，浙江博物馆开发的以江南文化元素为内涵的文创产品，六朝古都博物馆与十竹斋等开发的锦缎 IP 产品等，都深受市场青睐。而近年来风靡演艺市场的原创舞蹈诗剧《只此青绿》，以收藏于故宫博物院的北宋青绿山水巅峰之作《千里江山图》为背景，提炼了宋画、宋词、宋乐、宋舞、宋艺之精华。诚如日本汉学家薮内清所说：“北宋是中国历史上划时代意义的时代……在这个文化发达的历史潮流中，有许多惊人的成就。”[②]《只此青绿》以“青绿”为主色调，遴选与北宋青绿山水画作相关的工艺技法，如养蚕、缫丝、制笔、磨石、篆刻、装裱等，以蒙太奇手法与少年画家王希孟形成时空的穿越，呈现出宋代美学与时代精神相交融的舞台视听盛宴，展示了博物馆 IP 文创新业态的感人魅力。

四、社会化协同：形成多元主体参与的发展动力

社会化协同指博物馆文创新业态坚持创新、开放、协同的发展理念，在激发博物馆内部创造活力的同时，积极吸取外部的创新要素，鼓励多样化的社会主体参与建设，推动博物馆文创新业态的可持续发展。

① 国家统计局社会科技和文化产业统计司 . 中国文化及相关产业统计年鉴 2020［M］. 北京：中国统计出版社，2020.

② 吴钩 . 宋：现代的拂晓时分［M］. 广西：广西师范大学出版社，2015：2.

这种多元参与、协同共生的网络化组织形态，反映了博物馆对保持文化多样性的使命担当和独特贡献。2010 年上海世博会期间，联合国教科文组织在世博园的联合国馆内颁布了它成立 65 年来第一份有关文化多样性的世界报告。该组织的总干事伊莲娜·博科娃（Irina Bokova）在现场演讲中指出：文化多样性作为一种动态过程，可以通过文化间对话的方式应对文化变迁，为国际社会找到促发展、维和平的新途径。推动文化多样性和促进文化间对话，已经成为人类社会可持续发展的重大命题。[①] 每个优秀博物馆对人文价值和历史遗产的保护和开发，都具有独特性和不可替代的意义。参与博物馆建设的主体多样化，为博物馆保持和弘扬文化多样性提供了重要条件。博物馆立足于馆内外资源的文化多样性，可以为各国公众提供更多宝贵的公共产品和文化服务。而精神财富和物质财富之间的一大区别，就是前者的价值通过与人分享可以不断增值。各国观众来到博物馆欣赏藏品佳作时，不但没有造成它们的价值流失，而且由于观众与它们的多层次心灵交流，丰富了藏品的艺术价值和人文内涵。

这种多元参与、协同共生的网络化组织特征，体现了文创新业态的新经济特征。根据中国学者徐苏涛的研究，在中国产业结构演进过程中，主要有三股力量：在 1.0 阶段强调产业基础能力的工业化、在 2.0 阶段强调产业创新能力的高科技、在 3.0 阶段强调产业跨界能力的新经济。[②] 如果说在工业化基础上的企业组织具有明晰的管理边界，主要依托企业内部的资源要素，那么在新经济基础上的企业组织和社会服务机构，则具有更明显的外部性，即建立社会化的网络来整合与开发更多外部资源。博物馆文创新业态正是建立在这种开放性、社会化、网络化的协同发展机制基础之上的。

从 20 世纪下半叶以来，著名博物馆开展跨区域和跨国的高水平合作，已经成为一个广受瞩目和好评的潮流。由于这类合作涉及投资回报、运营管理、专业技术、藏品交流、特许经营、信用担保、国际投资、海关保税服务等诸多方面，它们因地制宜地开发出多种模式，包括高级咨询服务、大型公私伙伴合作、特许经营和专业租赁、对新建博物馆提供专业培训等。这使得著名博物馆的馆际合作、业内合作、跨界合作和跨国合作，成为当代文博和艺术领域创新创意创造的一大亮点，有的还成为国家之间高级别人文和艺术交流的标志性成果。（表 9-4）

---

① 解放日报 . 文化讲坛走进世博会联合国馆［EB/OL］.（2010-05-22）.http：//www.sina.com.cn.

② 徐苏涛 . 双循环发展格局下产业高质量发展从哪里来［EB/OL］. GEI 新经济瞭望 .（2021-09-21）https：//www.shangyexinzhi.com/article/4215345.html.

表 9–4 著名博物馆开展跨域、跨界和跨国合作的模式[①]

	合作模式	代表性案例
1	博物馆之间的合作，以高级咨询服务为主	大英博物馆为阿布扎比的扎耶德国家博物馆所提供的全方位咨询建议，推动了后者的高水平建设和运营
2	大型公私伙伴 PPP 合作，以资金介入为主	巴黎路易威登基金会和洛杉矶布罗德艺术博物馆开展的深度合作，以资金介入为主。其重点是促进私人收藏与博物馆之间的合作
3	博物馆特许经营，开展藏品及专业技术租赁	巴黎卢浮宫博物馆把珍贵藏品及专业技术等，租赁给阿联酋阿布扎比卢浮宫。它以前者的艺术资本为主，通过租赁方式扩大了服务范围
4	博物馆与金融机构、企业、基金会等合作开发	金融机构瑞银集团与古根海姆美术馆合作开发的瑞银 MAP 全球艺术行动，扩大了双方在艺术品金融包括投资、资产配置等方面的合作
5	著名美术馆跨区域合作建立分馆	古根海姆博物馆与西班牙毕尔巴鄂合作建立的博物馆分馆，法国蓬皮杜中心建立的马拉加分馆等，成为后者的文化地标而推动了当地旅游业
6	著名博物馆进行中长期跨国联合展陈项目	上海西岸美术馆与法国蓬皮杜中心开展的五年展陈合作项目，促成了中法两国的高级别人文交流，推动了双方在对方场馆举办高水平的艺术展览
7	著名博物馆对新建博物馆提供专业培训	浦东美术馆邀请泰特美术馆提供策展规划、展览管理、物业管理、展陈服务、商业策略等 10 多个模块的培训，以达到国际一流美术馆的水平

习近平总书记指出：“开放是人类文明进步的重要动力，是世界繁荣发展的必由之路。”“我们要以开放纾发展之困、以开放汇合作之力、以开放聚创新之势、以开放谋共享之福。”[②] 中国改革开放的基本国策，指引着中国博物馆文创新业态的发展方向。现代博物馆建设涉及不同的社会群体，包括政府部门、投资商、城市建设者、文博机构和艺术家、旅游部门、市民和游客等。他们对于博物馆建设投入了不同的资源，其获益程度参差不齐。博物馆文创新业态的开发，有别于传统博物馆的投资和建设，它有助于吸引国有、民营、合资等各类投资者和建设者的加入，为中国的博物馆建设提供多样化的路径，让更多的市场主体共享文化成果。

① 根据上海西岸美术馆、浦东美术馆、瑞银集团、蓬皮杜中心等官方网站的资料及调研成果整理和绘制。

② 新华网 . 习近平在第五届中国国际进口博览会开幕式上的致辞［EB/OL］.（2022–11–5）https://baijiahao.baidu.com/s?id=1748568219795793164&wfr=spider&for=pc.

故宫博物院在数字化背景下，结合大数据的开发，优选国内设计师和知名制造商进行合作。故宫博物院与华熙生物联合出品的系列口红、与奥利奥品牌携手推出“朕的心意”礼盒、与毛戈平联名推出的系列彩妆、与百雀羚推出的宫廷限量款礼盒，以及和农夫山泉合作推出的限量版“故宫瓶”等，获得海内外消费者的热捧。同时，更多的博物馆把文创产品的开发和销售从线下转移到线上，开发出一条博物馆的 MCN 推广之路。如敦煌博物馆联合百雀羚推出的彩妆系列，联合本土运动品牌李宁推出的服饰、鞋品系列，和零食品牌良品铺子联名推出的中秋月饼等，均成为网上销售的热门产品。

从更大的范围看，在中国波澜壮阔的城市化背景下，上海等城市通过政策引领、资源配套、城市规划、专业咨询等，吸引了海内外的大批企业和机构参与博物馆投资、建设和运营，实现了博物馆文创新业态与城市更新的深度融合。截至 2021 年，上海正式运营 149 家博物馆和 96 家美术馆，包括国有美术馆 25 家，非国有美术馆 71 家。以上海常住人口 2487 万人计算，平均每 10 万人拥有 1 家博物馆 / 美术馆，远远超过全国城市的平均水平。在政府的宏观引导下，上海的非国有美术馆从 2005 年开始经过了四轮大规模的建设，与国有美术馆相呼应，形成了全国城市中规模最大的美术馆集群。它们包括了多元主体协同开发的多种类型，有大型国有企业投资型（久事美术馆）、中外企业联手开发型（上海外滩美术馆等）、结合大型地产项目开发型（宝龙美术馆等）、以美术馆塑造新型商场型（上海 K11 等）、结合工业遗产和城市更新的开发型（油罐艺术中心、龙美术馆、余德耀美术馆等）、结合水岸建设和码头更新型（艺仓美术馆等）、大型城市综合体开发型（喜马拉雅美术馆等）等多种类型。

这些跨界联动的社会参与机制，吸引了全世界诸多企业和有识之士参与中国的博物馆建设。而他们的专业网络和国际背景，又开辟了更加广阔的合作方式，从场馆设计、基础设施、IP 产品开发、文博图书，到主题讲座、时尚发布等，以更丰富的业态阐述了博物馆文创新业态的内涵。如大型国企——久事集团利用所辖的上海外滩金融街的高档楼宇，开发出久事美术馆的五大系列单元，为上海作为国际金融中心的建设注入了全新的艺术和人文内涵。收藏家乔志兵创立的非营利艺术机构油罐艺术中心（TANK Shanghai），推动原龙华机场的巨型储油罐改造成为具有地标性的艺术展陈空间，显示了这座全球城市鲜明的后工业化特征。印度尼西亚爱国华侨、被誉为“亚洲顶级收藏家”之一的余德耀先生（Budi Tek）于 2012 年在上海西岸建设了上海余德耀美术馆。它改造了原龙华机场的大机库，被公认为中国当代艺术史上最具前瞻性的美术馆之一。余德耀秉持“将世界的目光引向上海”的理念，坚持

“收而不藏”、与社会分享，包括首次引入大型互动装置“雨屋”、开创博物馆 / 美术馆的沉浸式艺术展示、在国内首次举办最大规模“阿尔贝托·贾科梅蒂回顾展”等。这些丰富多彩的合作项目为城市带来了一系列高品质的展览和 IP 文创产品，兼顾了人文价值、时尚生活、普惠大众三大要素，展示了中国博物馆文创新业态的广阔发展前景。

参考文献

［1］李凤亮，古珍晶．我国博物馆文化新业态的产业特征与发展趋势［J］．山东大学学报（哲学社会科学版），2022，（01）：96-106.

［2］姚锋．公共博物馆文化创意产品开发的逻辑困境及行政法调整［J］．深圳大学学报（人文社会科学版），2021，38（05）：48-57.

［3］［法］波特兰·罗素．真与爱——罗素散文集［M］．江燕，译．上海：三联书店，1988：36.

［4］［法］H·丹纳．艺术哲学［M］．张伟，沈耀峰译．北京：当代世界出版社，2009：26-27.

［5］［英］彼得·弗格．新博物馆学［M］．王颖，译．北京：北京师范大学出版社，2021：42.

［6］TEA/AECOM 2020 Theme Index and Museum Index：The Global Attractions Attendance Report www.teaconnect.org.

［7］罗伯特·古尔德在 2018 中国文化产品营销年会——全球主题游乐创新峰会上的演讲．

［8］［加拿大］诺斯洛普·弗莱．批评的解剖［C］．叶舒宪：神话原型批评．陕西：陕西师大出版社，1987：155.

［9］［瑞士］卡尔·荣格．荣格文集（第 15 卷）［M］．纽约：普林斯顿大学出版社，1971：443-444. 转引自：王立．中国古代文学十大主题［M］．辽宁：辽宁教育出版社，1990：16.

［10］前瞻经济学人 .2021 年全球授权行业市场规模与竞争格局分析［EB/OL］．（2021-05-06）.https：//www.qianzhan.com/analyst/detail/220/210506-2404af89.html.

［11］伊恩·唐斯．许可瞭望台：博物馆和遗产许可如何牢牢占据授权开发的热图［EB/OL］．（2020-05-14）.https：//www.licensingsource.net/indepth/the-licensing-lookout-how-museum-and-heritage-licensing-is-firmly-on-the-licensing-map/.

［12］国家统计局社会科技和文化产业统计司．中国文化及相关产业统计年鉴 2020［M］．北京：中国统计出版社，2020.

［13］吴钩．宋：现代的拂晓时分［M］．广西：广西师范大学出版社，2015：2.

［14］解放日报．文化讲坛走进世博会联合国馆［EB/OL］．（2010-05-22）.http：//www.sina.com.cn.

［15］徐苏涛．双循环发展格局下产业高质量发展从哪里来［EB/OL］．GEI 新经济瞭望．（2021-09-21）https：//www.shangyexinzhi.com/article/4215345.html.

［16］李克强．实现包容性增长 增强社会公平性和发展普惠性［EB/OL］．（2017-06-27）http：//finance.china.com.cn/news/special/2017xjdws/20170627/4265140.shtml.

丝绸之路文化遗产在博物馆中的数字再现、重塑与共享路径研究

——基于丝绸之路数字博物馆的思考

丁晗雪[①] 李 湛[②]

（上海大学文学院，上海 200444 陕西历史博物馆，陕西西安，710061）

【内容提要】 丝绸之路是一条东西方之间对话、交流和融合之路，为人类的共同繁荣做出了重要的贡献。在丝路上留存着厚重的文化积淀和丰硕的文化遗产，但时间、空间、自然和历史问题等因素，限制了丝路沿线遗产在保护研究和展示传播等各个方面的交流与协作，新兴的数字和物联网技术为其再现、重塑和共享提供了新的可能。2021 年 6 月，由中国丝绸博物馆发起建设的丝绸之路数字博物馆正式上线，这是一个集“数字藏品”“数字展览”“数字知识”与“云上策展”功能于一体的数字博物馆平台，在国内数字博物馆建设和实践中具有开创性和革新性。本文分析了丝绸之路数字博物馆“再现—重塑—共同诠释”的构建路径及数字技术与多元阐释的可能性，并分析数字博物馆在技术和理念上的不足之处。

【关键词】 丝绸之路数字博物馆；文化遗产数字化；丝绸之路文化遗产；博物馆

---

① 丁晗雪，女，上海大学文学院中国史文化遗产研究方向博士研究生。主要研究方向为博物馆学。

② 李湛，男，陕西历史博物馆馆员。主要研究方向为博物馆学。

Research on Digital Representation，Reconstruction and Sharing of Cultural Heritage along the Silk Road

Ding Hanxue　Li Zhan

（Shanghai University，Shanghai 200444　Shaanxi History Museum，Xi'an，Shaanxi 710061）

Abstract： The Silk Road is a road of dialogue，communication and integration between the East and the West，making important contributions to the common prosperity of mankind. On the Silk Road preserved the massive and rich cultural heritage，due to time，space，natural and historical issues，limiting the collaboration of protection，research，display and spread of the cultural heritage along the Silk Road. Emerging digital technologies provide new possibilities. In June 2021，the Silk Road Online Museum launched by China National Silk Museum，which is a online museum platform integrating 'online collection'，'online exhibition'，'online knowledge' and 'curating on the cloud'. It is groundbreaking and innovative in the construction and practice of online museums in China. This paper analyzes the construction path of reproduction，remodeling and common interpretation of the Silk Road Online Museum，the possibility of technology and multiple interpretation，and the shortcomings in technology and concept.

Key words： Silk Road Online Museum，Digitization of cultural heritage，Cultural heritage along the Silk Road，Museum

一、引　言

1877 年，德国人李希霍芬在《中国》一书中提出了“丝绸之路”的概念：指中国长安与中亚之间的交通往来路线。时至今日，“丝绸之路”已经成为古代东、西方之间经济、文化交流的代名词，即凡是古代中国到西方各国的交通路线，不论是陆路，还是海路，均被称为“丝绸之路”。[①]2013 年 9 月和 10 月，国家提出建设“新丝绸之路经济带”和“21 世纪海上丝绸之路”的倡议，为全人类文明对话发展提升到

① 刘进宝．“丝绸之路”概念的形成及其在中国的传播［J］．中国社会科学，2018（11）：181-202+207.

更高水平指明了新道路。2014 年 6 月 22 日，“丝绸之路：长安—天山廊道路网项目”入选世界文化遗产名录，包括中国、哈萨克斯坦和吉尔吉斯斯坦三个国家的 33 处遗产点，其中中国境内有 22 处，哈萨克斯坦境内有 8 处，吉尔吉斯斯坦境内有 3 处。

绵延千年的“丝绸之路”为人类留下了厚重的文化积淀和丰硕的文化遗产。“丝绸之路”沿线文化遗产除了具有文化遗产资源一般的特征外，还具有时间跨度长、空间跨度大和种类丰富多样的独特性。一是在时间范围上，沿线遗产年代覆盖广泛，从旧石器时代到 20 世纪均有涵盖。[①] 二是在空间分布上，丝绸之路跨越了东亚、东南亚、南亚、中亚、西亚、非洲、欧洲等地区，以“丝绸之路：长安—天山廊道路网项目”为例，它经过的路线长度大约 8700 公里，包括了中心城镇遗迹、商贸城市、聚落遗迹、交通遗迹、宗教遗迹和关联遗迹 5 类代表性遗迹共 33 处，以及沿途丰富的特色地理环境，申报遗产区总面积为 42 668.16 公顷，缓冲区总面积为 189 963.13 公顷。三是丝绸之路历史悠久，涵盖地域广泛，在几千年的文明交往中，形成了不同风格、不同内涵、不同景貌、数量庞大的遗产综合体，不仅有墓葬、古城址、岩画、石窟寺等物质文化遗产，还包括丰富的非物质文化遗产，如西安鼓乐、维吾尔木卡姆艺术、吉尔吉斯史诗弹唱阿肯艺术、迈达赫艺术等。

丝路沿线遗产由数个“遗产点”串联而成并呈线性分布。时间、空间、自然和历史问题等因素，限制了人们在其保护研究和展示传播等各个方面的交流与协作。互联网和数字技术的飞速发展为文化遗产的再现、重塑和共享提供了新的可能。数字技术打破遗产信息空间分散带来的限制，通过数字信息采集、汇总，实现统一管理，最大程度避免地理因素的影响，将各地文化遗产信息整合在同一空间，数字技术将碎片化的信息进行关联，不仅方便从事学术研究的人员获取和调用资料，还消除了观众和游客在信息获取上的时间空间局限，帮助大家科学、系统和完整地了解文化遗产的信息。

二、从数字保护到数字体验：文化遗产数字化发展历程回顾

20 世纪 90 年代，世界各国开始文化遗产数字化和数字博物馆的建设工作，旨在通过计算机技术和数字图像技术对文化遗产信息进行记录与永久保存。中国的敦

① 王心源，刘洁，骆磊，等．“一带一路”沿线文化遗产保护与利用的观察与认知［J］. 中国科学院院刊，2016，31（05）：550-558.

煌研究院和故宫博物院在数字化保护技术的利用和研发上一直走在全国前列。敦煌文物研究院樊锦诗院长曾说："文物不可再生，也不能永生。让文物在数字化保护中得以'永生'是抢救那些濒临损毁、枯竭或消失的文化遗产的有效途径。"1994年，中、英、法等多国参与共建的国际敦煌项目组织（IDP）开始筹建，1998年在互联网免费发布，内容包括多国藏品的彩色图版影像和目录信息，目前数据仍在持续上传。

进入21世纪，随着"数字敦煌""数字故宫""数字圆明园"等项目相继落地，数字修复、建模、仿真、虚拟等技术日趋成熟，数字技术已成为文化遗产信息拷贝和保存的重要手段和途径。同时学界也意识到，在文化遗产的数字化呈现、展示与受众接受层面上所投入的关注度还远远不够，文化遗产的数字化过程将不再只是刻成光盘存储在档案室，或在网络上建立一个数据库那样学术和抽象，展示传播的介入已到了可以进行实际应用的新阶段，这个过程可以更加亲民、面向大众。①

博物馆作为一种独特的传播媒介，成为文化遗产从数字化保护向数字化展示与传播的理想方式和成功的践行者。当前，博物馆对文化遗产的数字化展示和利用的主流模式是利用虚拟仿真、全景照片等技术手段实现线下展览在线上空间的"复刻"，观众通过场景漫游的形式进行浏览和参观。例如，在2020年年初新冠肺炎疫情暴发和肆虐期间，为了保持社交距离，降低病毒的传染风险，许多博物馆临时关闭场馆，快速组织和推出了"云展览"，为居家隔离的人们提供文化服务。这些"云展览"大多基于博物馆前期数字扫描，属于上述数字化展示的模式。严格来说，这些展览并不能被称作真正的数字展示，这种模式忽略了用户的各类交互式体验、线上的虚拟展示空间及环境的设计和网络新媒体的语义环境②，没能将数字化的优势完全发挥出来，只能算是实体展览在虚拟空间的"拷贝"或"复刻"，它的意义只归于博物馆留档。

存在这种本质上缺陷的所谓"云展览"实际上不应当被视作数字展示的一种正常状态。这一问题也被学界所关注，上海博物馆信息中心副主任刘健曾指出："博物馆线上展览实际是博物馆展览的另一种形态。它一般是指对博物馆数字资源进行有意义的组合后，采用数字化技术形成另外一种有别于实体展示的博物馆展示形式，并通过网络渠道展现及传播给社会大众。"黄洋认为"云展览"是互联网环境下通

① 姜申，鲁晓波．展示传播在文化遗产数字化中的交互性及其应用——以敦煌文化的当代传播为例［J］．现代传播（中国传媒大学学报），2013，35（08）：19-23.

② 吕睿．重构话语秩序：博物馆线上展览的创新机制［J］．中国博物馆，2022，（02）：116-120.

过资源集成和服务共享方式向公众传播文物数字化信息及相关知识图谱的信息服务系统，有图文在线展、实景三维展、三维虚拟展三种。① 梅海涛和段勇对“云展览”类型划分与黄洋基本一致，并将淘宝、微博、抖音等各大网络平台联合博物馆进行的直播活动也纳入了“云展览”的范畴。在学界的反思推动下，行业内涌现出很多优秀的做法和范例。例如，浙江省博物馆“丽人行——中国古代女性图像云展览”、上海博物馆“赶上春——江南文化数字专题”和中国丝绸博物馆策划发起的“丝绸之路数字博物馆”，通过对博物馆数字资源进行重组，充分利用大数据的突破时空限制、传播的广泛性和参与的双向性等优势，取得了很好的成效，其中以中国丝绸博物馆发起建设的“丝绸之路数字博物馆”最具代表性。

中国丝绸博物馆的赵丰馆长在《丝绸之路数字博物馆：开放共享的博物馆数字融合》文中介绍了丝绸之路数字博物馆项目的发起建设过程、基本架构、特点和意义。② 本文基于该平台的策展体验和实践，以丝绸之路数字博物馆为研究对象，分析丝绸之路文化遗产在博物馆中的数字再现、重塑与共享的构建路径以及数字技术与多元阐释的可能性，并分析数字博物馆在技术和理念上的不足之处。

三、再现、重塑与共同诠释：“丝绸之路”数字博物馆的构建路径

（一）丝绸之路数字博物馆概况

作为世界上最大的丝绸专题类博物馆，中国丝绸博物馆与丝绸、丝绸之路主题紧密相连。长期以来，中国丝绸博物馆致力于丝绸之路这一主题的研究和传播，自2015年起，每年推出一个丝绸之路主题的重大展览（表10-1）。2019年6月21日，国际丝绸之路研究联盟和中国博物馆协会丝绸之路沿线博物馆专业委员会联合发布了《传播和弘扬丝绸之路精神杭州倡议》，提出举办“丝绸之路周”的建议，即每年在6月22日前后的一周内，丝路沿线文博机构以不同形式策划实施相关主题活动，以纪念2014年6月22日“丝绸之路：长安—天山廊道的路网”申遗成功这一历史性事件，目前已成功举办三届。

---

① 黄洋．博物馆“云展览”的传播模式与构建路径［J］．中国博物馆，2020（03）：27-31.

② 赵丰．丝绸之路数字博物馆：开放共享的博物馆数字融合［J］．中国博物馆，2022（03）：109-115.

表 10-1　2015—2022 年中国丝绸博物馆举办丝绸之路主题展览一览表

2015 年	丝路之绸：起源、传播与交流
2016 年	锦绣世界：国际丝绸精品展
2017 年	古道新知：丝绸之路文化遗产保护科技成果
2018 年	神机妙算：世界织机与纺织艺术
2019 年	丝路岁月：大时代下的小故事
2020 年	众望同归：丝绸之路的前世今生
2021 年	万物生灵：丝绸之路上的动物与植物
2022 年	西海长云：6—8 世纪丝绸之路青海道

2021 年 6 月 18 日，在“2021 丝绸之路周”的开幕式上，丝绸之路数字博物馆（简称丝路数博，英文为 Silk Road Online Museum，SROM）正式上线。丝绸之路数字博物馆由中国丝绸博物馆发起，包括中国敦煌研究院、福建博物院、大唐西市博物馆及海外的大英博物馆、俄罗斯国家历史博物馆、美国芝加哥艺术博物馆、韩国国立庆州博物馆、日本平山郁夫丝绸之路美术馆等在内的国内外四十余家机构共同创建，是一个集“数字藏品”“数字展览”“数字知识”与“云上策展”等功能于一体的共享平台。

“数字藏品”以国内外博物馆数字藏品为基础，是一个包含不同时间、不同空间、不同材质、不同题材的丝绸之路藏品数字资源库，目前已上线藏品 2000 多件，藏品的类型、数量还在持续上传和更新中。“数字展览”收集了平面展览、全景展览与 3D 展览三类与丝绸之路主题相关的展览。3D 展览是利用“云上策展”平台在线上设计的虚拟展览，目前上线了“霞庄云集：来自丝绸之路的珍品”“众望同归 3D 复刻展”和“天路长歌——唐蕃古道沿线七省区精品文物联展”三场云展。“霞庄云集：来自丝绸之路的珍品”展览，包括来自 47 家博物馆的 79 件 / 套藏品，其中不乏难以出国出境展出的国宝级珍贵文物、难以运输的壁画等不可移动文物、易碎器皿和对展览环境温度湿度要求严格的纺织物等，得益于“云上策展”平台，这些珍贵文物跨越时空在云上得以相聚。

“云上策展”是中国丝绸博物馆与杭州群核信息技术有限公司合作搭建的一个数字策展平台，用户可以利用“数字藏品”的文物资源和丰富的展厅素材，自由搭建个性化的三维虚拟展厅。如果说传统的数字展示的做法我们姑且可以称之为“展示—观看”型，那么云上策展就是从“展示—观看”型到“体验—创造”型的一次跨越。

（二）文化遗产的线上共享路径：从资源共享到知识创造

文化遗产是历史留给人类的伟大财富，是具有重要意义和价值的文化资源。而文化遗产进入博物馆之后其性质就发生了改变，其脱离原本所处的时空框架，从“某个特定场景的物”转化为“博物馆物”，成为博物馆化的“藏品”。这实际上是一个文化遗产资源“去语境化”和通过博物馆使其“再语境化”的过程。因此，博物馆收藏的每一件藏品都有其自身的特殊意义，某种程度上都是独一无二的。诸多的藏品通过人为的富有逻辑性的编排就可以讲述出精彩的故事，而观众阅读故事所依靠的载体就是博物馆的展览。实体展览需要一个特定的独立空间，将所需的藏品进行集中展示，观众按照事先安排好的路线进行参观，最终理解展览所要表达的内涵。但一所博物馆的藏品很难做到面面俱到，当试图讲述一个宏大叙事或是复杂的历史事件时，就需要其他博物馆的协作，丰富和补全藏品。囿于现实中诸如文物的珍贵性、借展手续的繁杂性等主客观原因，博物馆之间协办展览往往不能达到预期的目标，或多或少存在遗憾。特别是像丝绸之路这样一个时空跨度都非常巨大的遗产客体，要在现实中举办一个可以汇集沿线精华文物的展览几乎是不可能的事情。同时，丝路沿线遗产点分布广泛，横贯中西，要想在物理空间上将这些遗产都亲见串联，对于普通观众而言无法实现。而数字藏品在线上的共享就成为打破这些藩篱的最佳路径。数字藏品是实体藏品在网上虚拟世界中的“拷贝”或“孪生”，因而保留了其本体博物馆化后的所有信息，利用科技的力量有时甚至能让观众看到比现实中更加清晰的细节。网络将现实中的物理距离缩减为零，也可以将时间跨度压缩在同一维度，完全打破了时空的限制。这种跨越时空的藏品资源共享就是文化遗产线上共享最为直观的路径，也是目前业界普遍应用的最为成熟的技术。

纪晓宇曾将阿诺德·伯林特（Arnold Berleant）提出的审美场域理论框架用以解释博物馆的这种现象。她认为博物馆可以被视为一个有比喻意义的空间，即策展人创建的、可供观众参与其中的、非共时性的互动体验场域，在其中策展人是创造者，观众是感知者，藏品则是被感知的对象，一个博物馆展览所呈现出的并非孤立的内容（展示的藏品），而是有待观众参与并体验的情境，由观众介入这个情境并生成自己的内容与意义。[①] 博物馆通过数字技术的方式手段实现文化遗产资源跨越时空的线

① 纪晓宇．泛在化连接：数字时代博物馆藏品的展示与传播［J］．东南文化，2021（02）：152-158.

上共享，完成对于文化遗产丰富内涵的阐释与传播，这也是博物馆和展览策展人与公众之间对话的过程。近些年大数据、云计算、人工智能、VR、AR（增强现实）等新技术快速发展，这些新技术应用于博物馆展览后，丰富多彩的“云展览”形式极大地拓展了观众体验的范围和获取文化遗产信息与内涵的渠道。由于博物馆（策展人）、文化遗产与观众的关系是不变的，即便观众在展览中的参与度和互动性得到明显的改善、提高，所以观众仍然是按照博物馆的表达认识和理解文化遗产，文化遗产的价值意义是由博物馆诠释并共享给观众的，这实际上是一种让观众理解知识的单向性的输出。而博物馆的线下展览已由“创作—作品—欣赏”的“三段式”单向或线性的传递模式，转向“发起—呈现—参与”的交互式体验。线上展示需要从自身寻求路径，在“丝绸之路数字博物馆”中的“云上策展”平台上，用户与博物馆的策展人享有同等的权利，数字藏品资源和素材完全开放共享，可以完全根据自己对丝绸之路或其他展览主题的理解策划一场虚拟空间中的展览，还可以自己创建素材，使用博物馆公开共享的数字藏品资源和互联网中数字媒体资源上传至数据库供策展所用，普通观众的创意和构想也许还会成为博物馆在日后策划展览时重要的参考和宝贵的素材。如果说之前展览的单向输出是博物馆对文化遗产的权威解读，“云上策展”则是博物馆与观众共同诠释文化遗产并进行了创造性地重塑。

这种共同诠释是可持续的，文化遗产作为中华文明的见证物蕴含着丰富的历史与文化信息，可帮助我们继承前人智慧、赓续文明内涵。文化遗产亦会随着时代的变化而出现新内涵，在不同的社会发展阶段表现出不同的时代价值，博物馆就要对文化遗产不断做出新的价值阐释与价值重塑，即要实现文化遗产的可持续性共享。文化遗产转化为数字资源后，具有信息承载量大、易于保存与传播、展示方式多样等特点，是实现文化遗产可持续性共享的最佳途径之一。一方面是内涵价值发掘的可持续性。由于实体文物需要被保护，其体量、材质等对于研究有着诸多限制，而数字化的文化遗产则不需要考虑这些，在研究的便利性方面存在很大优势。同时，数字化的文化遗产可以通过网络进行共享，实现更大范围内的共同协作研究，便于持续性发掘文化遗产的内涵与价值。另一方面则是通过“云上策展”平台的实践创新，实现对于文化遗产阐释表达的可持续性共享。“云上策展”平台因为有虚拟性的特点，可以实现展览的实时动态调整，而更重要的在于这种调整可以是观众与博物馆共同完成的，这就为文化遗产内涵的持续性挖掘和表达提供了更多的可能性。

四、共享、表达到创造：数字技术带来多元阐释的可能性

数字技术与博物馆展示的深度融合使博物馆传统的分享模式发生了深刻的变革，越来越多的博物馆和美术馆开放藏品资源和展览评论板块，为观众参观博物馆提供了观展前的知识储备和观展后的自主探索。大家关注的重点不再是科技的先进与否或者情境再现的仿真程度，而是数字文化遗产所产生的所有权、价值、真实度、身份等议题，数字媒体能否鼓励利益相关方（stakeholder）对于文化遗产进行重新检视并促进开放诠释，以及所开发出的数字内容如何被再诠释与再利用等。2017年，上海博物馆在举办“大英博物馆百物展：浓缩的世界史”时，邀请观众讨论他们通过这次展览所看到的世界史，并在博物馆官网开设了留言板块。有位观众留言，表示“一眼就先看到了主页上的世界地图，看到了有些地区密集、有些地区稀疏，我也难免想问：这是不是代表了我们看待‘文明’的方式还是带着有色眼镜的？”博物馆开设的展览评论板块，允许使用者进行互动和修正内容，这将促使数字文化遗产的展示更具反思性，促使历史理解更为民主化。博物馆提供了更多诠释文化遗产的可能途径。

除常见的数字资源和评论区的开放，公众甚至可以直接参与到博物馆藏品的建立和展览的策划中。在澳大利亚博物馆的“数字志愿者”项目中，身处全球任一角落的公众都可将拍到的动植物照片上传至指定平台，经馆方鉴定和甄别后，录入至数据库。全球所有人都能成为博物馆的虚拟志愿者，参与博物馆运营和建立数字藏品库。还有杭州博物馆建馆20周年特别策划项目——“粮道山18号计划”，通过线上展览，以游戏的方式让用户自主遴选10件展品，根据分享频率实现账号的不断升级，获得“高级策展人”称号的用户可到杭州博物馆领取纪念品。个人行为如果可以影响到博物馆机构运营和藏品甚至是展品的选择，将会唤起公众对博物馆的归属感和主人翁意识，充分调动起人们的主观能动性。

虽然丝绸之路数字博物馆目前没有纳入参与共创的机制，“云上策展”平台还在内部体验阶段，但是在2022年的5月至6月，中国丝绸博物馆组织发起了首届“丝绸之路云上策展大赛”，有超过600余支队伍参加，大赛分为文博组和设计组两个赛道，共收到了74个文博组展览作品和57个设计组展览作品。无论是热爱博物馆的普通观众，还是博物馆专业学生或展厅设计师，都可以使用开放的数字藏品资源组织策划丝绸之路主题的展览并在大赛官网上展示汇报，参赛选手从不同策展角度、理念和主题内容提供了丰富的展示方案，在制作展览时尝试结合“云策展”和“云

展览”的优势，探索数字技术与博物馆展示传播深度融合的可能性。

五、问题与展望

丝绸之路数字博物馆作为一种正在新兴发展的手段和工具，在体验、使用和操作的过程中，我们可以看到它存在一些技术和理念上不足之处，尚待提升。

在技术层面上，仍然存在藏品资源少、类型单一等问题，虽然目前已上线2000多件“数字藏品”，但数字资源仍然不够丰富，尤其是三维立体的数字藏品数量非常少，展品的选择比较有限，并且没有开通用户自行上传藏品的途径和渠道，对于其他博物馆或机构开放的数字藏品资源无法很好地利用，也无法在展厅中放置模型、搭建场景和艺术装置。数字藏品的种类比较单一，这将会极大地限制展览主题的选择、内容的设计和展览的视觉效果。在理念层面，丝绸之路数字博物馆的底层逻辑是对实体博物馆的线上重建，没有突破既有博物馆线上展览的构建模式，策展人员需要在展厅基础装修上消耗非常大的精力和时间，力图达到“云展览”和实体展厅相差无几。

虽然存在着上述问题，但不可否认，丝绸之路数字博物馆具有开拓性和革新性，也是目前有前景的文化遗产数字共享和传播手段之一。当下，数字技术已不再只是一个辅助观众观展的工具，而是开创了一个互存互补的全新博物馆参观体验模式。特别是在新冠肺炎疫情仍然对世界产生巨大影响的现今，人们很难实现面对面的沟通、交流与交往，来到博物馆的实体展厅参观仍然是一件非常奢侈的事情。而互联网和数字技术搭建了平台与桥梁，其在文化遗产保护中的应用也经历了阶段式的发展。以博物馆为例，从刚开始时的新手，到后来数字化技术应用的指数级增长，再到后来对于现有技术成熟与否、是否能够实现可持续发展的思索，目前，博物馆人已经在考虑哪些新技术可以作为常态化手段应用于博物馆的未来。在新技术的应用以及数字化文物藏品和互联网的支持下，丝绸之路沿线的文化遗产可以轻松地打破地域时空的限制，消除现实世界中机构间繁杂的借调程序，实现它们在物理空间上无法达成的相聚。而付诸数字化云展览的表达，应该比实体展览在展览的互动性、参与感和体验感上存在着更多的可能性。实现观众参与的云上策展，更是为策展思路的创新开辟了无限的发挥空间。数字化技术的介入，体现了文化遗产的“当代性”与“现代感”，亦强化了场域性格与主体性，带来丰富的参观体验，引导观众更深入探索文化遗产的内涵。

◈ 前沿观察

2017年，习近平主席在“一带一路”国际合作高峰论坛开幕式上的演讲中重点提及“数字丝绸之路”。古老的丝绸之路曾作为一条繁荣的经济和文化的交流之路，将中国与其他国家和地区紧密连接在一起，而如今数字媒介和网络技术在博物馆和文化遗产保护、研究、展示和传播中的应用，实现了“一带一路”沿线文化遗产的线上共享。它跨越了时空距离，让中国和世界再次紧密相连，某种程度上也是另一种形式的现代“数字丝绸之路”。

传达、传承与传递：非遗短视频的创造性转化与创新性发展

张艺璇[①]
（北京大学艺术学院，北京，100871）

【内容提要】 进入新时代，以习近平同志为主要代表的中国共产党人紧随时代语境转换，赓续和升华前人的传统文化观，开创性地探索和回答了传统文化观的基本问题，形成了以创造性转化和创新性发展为内核的科学传统文化观，对以短视频为媒介传播非物质文化遗产具有深刻的指导意义。本文以抖音“非遗合伙人”计划为例，通过深入探索非遗短视频传播实践中亟待解决的符号传达、接触传承、模因传递等问题，尝试从创作者、平台方的角度给出目前传统非遗短视频的创新传播策略。

【关键词】 传统文化；非遗；短视频；守正创新

Abstract: In the new era, the Communist Party of China (CPC), led by Xi Jinping, advancing with the times, continued and sublimated the traditional cultural outlook of the predecessors, explored and answered the basic questions of the traditional cultural outlook in a pioneering way, and formed the scientific traditional cultural outlook with creative transformation and innovative development as the kernel, which is of profound guiding significance for the dissemination of intangible cultural heritage through the medium of short videos. taking Ticktok' s "Intangible cultural heritage partner" programme as an example, this paper tries to give an innovative communication strategy for intangible cultural heritage short videos from the perspectives of the creators and the platform side, through in-depth exploration of the

① 张艺璇，北京大学艺术学院艺术管理与文化产业方向博士研究生，研究方向为数字文旅与创意传播。

problems of symbolic communication, contact inheritance and modal transmission that need to be solved in the communication practice of non-heritage short videos.

Key words: traditional culture, intangible cultural heritage, short video, guardianship and innovation

引　言

习近平同志在中国文联十一大、中国作协十大开幕式上的讲话中指出："一百年来，中国共产党把马克思主义基本原理同中国具体实际相结合、同中华优秀传统文化相结合，团结带领中国人民在这片广袤大地上绘就了人类发展史上波澜壮阔的壮美画卷，书写了中华民族几千年历史上最恢宏的史诗。"[①] 其中，中华优秀传统文化作为中国特色社会主义文化的重要组成部分，历代中国共产党人紧密结合革命、建设和改革不同时期的时代语境，历经萌发与探索、形成与发展、拓展与深化、升华与完善[②]，对"什么是传统文化、传统文化为什么重要、怎样对待传统文化"做出不断的探索和回答。进入新时代后，面对中华民族伟大复兴的战略全局和世界百年未有之大变局，以习近平同志为主要代表的中国共产党人在接续前人传统文化观的基础上，形成了以创造性转化和创新性发展为内核的科学传统文化观，对以戏曲、手工艺为代表的非物质文化遗产（简称非遗）的短视频创新传播具有重要指导意义和价值。

短视频平台在实践非遗创造性转化与创新性发展的道路上做出了一系列尝试和探索，利用自身的数字传播特色更有针对性地强化对优秀传统文化的唤醒、激活和复现功能。以抖音"非遗合伙人"项目为例，为更好地激发抖音平台上传统文化内容的创作，自 2017 年年底，抖音陆续联合致力传统文化推广的政府部门、社会机构和个人，发起了一系列在抖音上弘扬传统文化的线上话题挑战。例如非遗相关话题"我变脸比翻书还快"总播放量达57.2亿，居抖音热门话题总榜前十；"我要笑出'国粹范'"总播放量达 25.6 亿。由此可见，非遗相关话题自带话题属性，具有极广的传播范围。而非遗短视频推广已由原来的试点探索，逐渐成了重点推行的宣传策略，引起前所未有的广泛关注。因此，本文将运用习近平中国传统文化观的理论，结合

① 习近平．在中国文联十一大、中国作协十大开幕式上的讲话［M］．北京：人民出版社，2021.

② 周向军，赵信彦．中国共产党人传统文化观的百年历史演进与基本经验［J］．理论学刊，2021（05）：24-31.

抖音“非遗合伙人”等具体案例，从传播内容、传播效果两个角度处理把握非遗短视频传播实践中符号与形式、接触与传承的关系问题，为短视频助力非遗实现创造性转化、创新性发展给出具体策略。

一、理论基础：传统文化创造性转化与创新性发展

（一）中华优秀传统文化演进脉络

习近平总书记的系列重要讲话思想从发生论的角度出发，以古贯今，揭示了中国传统文化的历史发展脉络，指出中华传统文化大致经历了从先秦子学、两汉经学、魏晋玄学，到隋唐佛学、儒释道合流、宋明理学[①]等多个学术思想繁荣时期，具有源远流长的重要特点。

习近平总书记从“哲学思想”“人文精神”“教化思想”“道德理念”[②]四个维度，融汇儒、释、道、墨、名、法、阴阳、农、杂、兵等各家学说；博采老子、孔子、庄子、孟子、荀子、韩非子、董仲舒、王充、何晏、王弼、韩愈、周敦颐、程颢、程颐、朱熹、陆九渊、王守仁、李贽、黄宗羲、顾炎武、王夫之、康有为、梁启超、孙中山、鲁迅等众多思想家之众长，提炼出中国传统文化“讲仁爱、重民本、守诚信、崇正义、尚和合、求大同”[③]的时代价值，具有思想深邃的特点。

此外，习近平总书记还指出中国传统文化存续千年，至今依然能够焕发持久生命力的根源在于其“既随着时间推移和时代变迁而不断与时俱进，又有其自身的连续性和稳定性。我们生而为中国人，最根本的是我们有中国人的独特精神世界，有百姓日用而不觉的价值观”[④]，具有与民偕行的特点。

非物质文化遗产作为中华人民世代相传并视为其文化遗产组成部分的各种传统文化表现形式，以及与传统文化表现形式相关的实物和场所，作为中国传统文化的重要载体，同样具有与时俱进、与民偕行的特点。如黑格尔所说，它并不是一尊不动的石像，而是生命洋溢的，犹如一道洪流，离开它的源头越远，它就膨胀得越

① 习近平 . 在哲学社会科学工作座谈会上的讲话［M］. 北京：人民出版社，2016：4.
② 习近平 . 在纪念孔子诞辰 2565 周年国际学术研讨会暨国际儒学联合会第五届会员大会开幕会上的讲话［M］. 北京：人民出版社，2014：7.
③ 习近平 . 习近平谈治国理政（第 1 卷）［M］. 北京：外文出版社，2018：164.
④ 同③，171.

大。[①] 正是一代代人流传至今的风俗习惯、口头文学、传统艺术让它在今天依然能焕发鲜活的生命力。

（二）中华优秀传统文化时代价值

站在中华民族伟大复兴的关键历史节点上，习近平总书记强调传统文化的重要价值，是以马克思主义唯物史观为指导，对中华传统文化历史定位的科学评估，具有纠正过去对传统文化的片面定位，摆脱西方文化霸权影响，克服历史虚无主义、文化虚无主义[②] 的重大意义，充分显示出传统文化跨越时空、跨越国度的巨大价值。由此可见“中华优秀传统文化是中华文明的智慧结晶和精华所在，是中华民族的根和魂，是我们在世界文化激荡中站稳脚跟的根基”[③]。

随着高效、低廉的机器生产取代人工劳动，西方工业文明生产模式单一、生态破坏严重的弊端逐渐凸显。重新发现非物质文化遗产的民族或地域特色，让手工劳动、传统艺术重新回到日常生活，不仅能够抵御享乐主义、消费主义文化的入侵，治好现代人的“空心病”，还能满足大众对“原真性”的追求，找到滋养灵魂的“根”。

（三）短视频与传统文化“双创”发展

中华人民共和国成立以来，“古为今用”“去其糟粕，取其精华”便一直是中国共产党对待传统文化的主流共识。习近平总书记在此基础上提出，要“有鉴别地加以对待，有扬弃地予以继承”[④]，是指要结合新的实践和时代要求进行正确取舍，继承发扬传统文化精髓，抵制克制其糟粕性成分。习近平总书记指出发展传统文化不能固步自封，更不能闭关锁国，“激发人们的创新创造活力，最直接的方法莫过于走入不同文明，发现别人的优长，启发自己的思维”[⑤]。只有让传统文化走出国门，在不同文明中互学互鉴，兼收并蓄，才能铸就中华文化新的辉煌。

最为重要的是，习近平总书记开创性地提出要创造性转化与创新性发展优秀传统文化。所谓传统文化的“创造性转化，就是要按照时代特点和要求，对那些至今仍有借鉴价值的内涵和陈旧的表现形式加以改造，赋予其新的时代内涵和现在表达

① 黑格尔．哲学史演讲录·第 1 卷［M］．商务印书馆，1959：8.

② 陈青霞．习近平的中国传统文化观论析［J］．河海大学学报（哲学社会科学版），2019，21（03）：8-13+105.

③ 习近平．习近平谈治国理政（第 2 卷）［M］．北京：外文出版社，2017：426，313.

④ 习近平．习近平谈治国理政（第 1 卷）［M］．北京：外文出版社，2018：164.

⑤ 习近平．习近平谈治国理政（第 3 卷）［M］．北京：外文出版社，2020：470.

形式”[①]，主要目标是通过把握精神内核，改造表现形式，让传统文化的传播内容适应百姓生活，变得更加喜闻乐见；“创新性发展，就是要按照时代的新进步新发展，对中华优秀传统文化的内涵加以补充、拓展、完善，增强其影响力和感召力”[②]。主要目标是通过为传统文化添加新的时代内容，触达更多很少接触、了解过传统文化的人，让传统文化的传播效果得到有效提升。

而短视频媒介作为新兴媒介载体，已成为重要的时代性媒介。截至 2020 年 12 月，短视频用户使用率已达 88.3%，约 8.73 亿用户使用短视频分享生活、表达艺术。同时短视频平台 TikTok 等在世界各国使用率逐年攀升，市场份额下载量和用户时长占有率已大幅超越 Netflix、facebook 等西方主流媒体平台，为中华文化出海、让世界听到中国声音提供了有利的传播土壤。

如习近平总书记在中国文联十一大、中国作协十大开幕式上的讲话所说：“今天，各种艺术门类互融互通，各种表现形式交叉融合，互联网、大数据、人工智能等催生了文艺形式创新，拓宽了文艺空间。”[③] 因此，用短视频特有的媒介形式来传达传统文化内容，让传统文化在全球化的媒介平台生根发芽，覆盖、影响、号召全中国甚至全世界的人认识、接触、传承传统文化，已成为刻不容缓的时代命题。

二、符号传达：非物质文化遗产短视频的主要内容

在短视频诞生以前，非遗便拥有多种传播渠道，如学校、电视、电影、书本等，新兴传媒渠道短视频并不是非遗传播的第一阵地，而是人们在已经形成对非遗的符号化印象后的次生接触渠道。因此，作为年轻一代的视频传播阵地，抖音将是使非遗重塑形象、融入青年文化的重要媒介。

通过对抖音内部的文化类别进行比较可以发现，抖音目前官方划定的 19 大分类中并没有非遗或传统文化一项，而抖音平台推出的传统文化挑战赛也反响平平。从 2019 年抖音热度总榜可以看出，有关传统文化的话题挑战仅有“我变脸比翻书还快”在总榜前十（图 11-1），且与传统文化内容的相关度并不高，仅借用了“脸谱”这一非遗元素，让年轻人达成换装挑战的目的。

---

① 中共中央宣传部．习近平总书记系列重要讲话读本［M］．北京：学习出版社，人民出版社，2016：203.

② 同①.

③ 习近平．在中国文联十一大、中国作协十大开幕式上的讲话［M］．人民出版社，2021.

图 11-1 某日，抖音热门话题排行榜

这与抖音初期的商业定位分不开，作为一档主打年轻人视频社交的平台，其主要卖点就是潮流性和猎奇性。而与传统文化相关的话题往往带有“陈旧”“古老”的标签，与抖音的消费符号价值背道而驰。由热门话题“我变脸比翻书还快”可以看出，非遗的形式成了大众狂欢的幌子，川剧脸谱、戏剧服道化背后的内容很难在短短的几秒钟内传达给观众。

面对正统内容和新颖形式相割裂的现象，抖音在 2017—2021 年间持续推出“非遗合伙人”计划，鼓励更多传统非遗传承人入驻抖音平台，并辅以专业的 MCN 团队对非遗在抖音的表现形式进行改造。从符号层面，通过在既有的传统非遗表达结构（如技艺表演、工艺品制作）中引入新的意义生产方式，进行形象的修辞或意义的符号连结，再生产出新的次艺术符号，如立体呈现非遗传承人的日常生活，讲述传统技艺传承故事，将观众代入手艺人日常生活境遇中，唤起观众对传统文化、乡土技艺的认同。短视频平台真实记录了传承人生活。

而从形式层面，短视频 MCN 通过使用抖音热门古风背景音乐、受年轻人喜爱的酷炫滤镜、“谁说传统不抖音”的反问句式标题为传统工艺“接地气”地吸引潜在受众，同时还会顺应算法逻辑，通过文案设计、创造争议、唤醒记忆、参与话题等操作程序，将部分观众对传统文化的审美想象、对工匠精神的精神寄托、对民族技艺的自豪认同感转化为实打实的传统工艺品消费行动，切实支持非遗传承人发展。

为了进一步探究观众对传统非遗短视频的价值认同情况，笔者以寻古 MCN 联合油纸伞传承人闻士善拍摄的非遗短视频为例，对观看者评价做了初步调查，结果显示 47.52% 的观众认为非遗短视频展现了非遗传承人真实的生活，41.3% 认为非遗短视频唤起了文化自信与民族自豪感，37.89% 认为非遗短视频激活了传统非遗的生命力。这正是因为非遗短视频拍摄者能够正确处理符号和形式的关系，深入人民群众，用短视频特有的镜头语言展现出了非遗传承人真实的、现实的、朴实的生活，把心、情、思沉到人民之中。

三、接触传承：非物质文化遗产短视频的传播效果

短视频传播非遗的首要特点在于广泛性。抖音作为短视频行业的头部平台，其用户群体庞大、规模大、使用人数多、覆盖面广。2020 年，其日活跃用户数便突破 6 亿。截至 2020 年 5 月 31 日，1372 个国家级非遗项目中，抖音上涵盖 1318 项，涵盖率达 96%。投稿量 TOP50 的国家级非遗短视频中，传统戏剧门类项数占比最高，共有 18 个代表性项目入选，其中最受欢迎的剧种前三名为黄梅戏、豫剧和京剧。抖音话题“谁说京剧不抖音”共集纳视频 9.6 万个，总播放量达 15.8 亿次；“dou 出你的国风范儿”共集纳 249 个视频，总播放量逾 3860 万次。京剧脸谱系列特效广受网友喜爱，全年被使用逾 5600 万次。[①] 从以上数据可以看出，抖音作为国民级视频平台，本身具有用户规模大、地域范围广的特点，在非遗短视频传播的群众广泛性上有极大优势。

通过抖音新媒体进行非遗传播最大的问题是，如何通过大众传媒渠道获得观众对非遗内容的持续关注。抖音作为碎片化的新媒体平台，大大提高了草根博主的用户黏性，观众在挑战赛中浏览到自己喜欢的视频后，往往会选择关注博主及同类型视频，通过自主选择关注意向，结合平台的智能推荐系统，用户才能在碎片化的信息海洋中持续获得想要的文化内容。然而，部分传统文化挑战赛存在“推一阵，热一阵”的现象，难以将现象级流量转化到日常关注之中，并不适宜非遗短视频传播的可持续发展。抖音应当更加重视对非遗话题的持续关注，通过定期设置话题挑战等形式进行非遗文化的可持续推广，对于某一类型的非遗进行可持续的政策战略规划，将非遗文化的多面性完整地呈现出来。同时非遗传播者，如戏曲演员、传统剧院、非遗传承人等，也应持续、规律地推出短视频内容，实现非遗的多角度传播。

最后，对非遗短视频的影响力进行追踪可以发现，尽管超过 80% 的观众在观看短视频后对传统非遗的态度有所改善、产生继续了解兴趣，但其中只有 48.45% 的用户产生了继续加深了解的愿望，15.22% 的用户愿意通过学习传承传统非遗，14.6%

① 北京微播视界科技有限公司等 .2020 抖音文化、旅游发展大数据报告［R］.2021.

观众愿意购买，仅有 4.58% 的用户实际发生过购买行为，可见短视频传播引发后续行动效果的能力有限。

同时，统计结果表明（表 11–1），短视频触达潜在用户（即本来对非遗不感兴趣的用户）的能力有限。原先对传统非遗接触的程度将显著影响观看短视频后的态度转变情况（Chi–square=46.056，p=0.000），即经常接触传统非遗的人在观看短视频后更容易转变态度。从百分比分布来看，原本对传统非遗不了解、不感兴趣的群体分别只有 33.3% 和 40% 的观众转变了态度。

表 11–1　　接触传统非遗接触情况 * 观看后态度转变情况交叉表

			观看后态度转变情况		总计
			有改善	没变化	
观看前传统工艺接触情况	没听说过	计数	4	8	12
		占百分比	33.3%	66.7%	100.0%
	不感兴趣	计数	6	9	15
		占百分比	40.0%	60.0%	100.0%
观看前传统工艺接触情况	粗浅印象	计数	129	38	167
		占百分比	77.2%	22.8%	100.0%
	部分了解	计数	111	9	120
		占百分比	92.5%	7.5%	100.0%
	非常熟悉	计数	8	0	8
		占百分比	100.0%	0.0%	100.0%
总计		计数	258	64	322
		占百分比	80.1%	19.9%	100.0%
Chi–square=46.056***		Kendall's tau–c=2.777，p=0.000***			

注：chi–square 意为“卡方检验”，Kendall’ s tau–c 意为“肯德尔等级相关系数”

***p<0.05；**p<0.01 ***p<0.001

由此可见，要想跨越“接触”和“传承”之间的鸿沟，仅仅依靠短视频的力量还远远不够，仍需借助平台、政府与社会的合力，让更多人真正爱上非遗。

四、模因传递：非物质文化遗产短视频的价值共创

模因一词最早由理查德·道金斯在《自私的基因》中提出，道金斯认为模因是在文化传播和传承中承担信息传播和模仿任务的一种基因。语言、传统习俗、手工艺等可以被不断复制并传播的行为事物信息都是模因的形式体现。[①] 早期模因理论具有选择性继承和变异性发展的进化论色彩。[②] 进入数字时代，希夫曼在《数字文化中的模因》中以 YouTube 上的模因视频为例阐述了在线交流媒介对模因传承的文化意义与共鸣力量。[③] 在此范畴下讨论非遗短视频的模因传递情况可以发现，短视频观众对非遗模因的传承有着不同态度和参与行为：59.03% 的观众在问卷中认为，希望非遗短视频中应保持非遗的原汁原味，39.24% 的观众认为可以融合时尚元素、热点话题进行改变，而对于完全转化为现代话语仅有 1.74% 观众表示支持。然而，从现实数据来看，原汁原味的京剧片段在模因传递过程中大大受限（图 11-2），必须创造性转化为具有一定新颖性、猎奇性的互联网模因。以“王珮瑜的笑”为例，尽管视频片段脱离了京剧原始语境，但通过在几秒钟内快速整合京剧中的常见戏腔、唱法，辅以重复性的旋律，更能引发观众的好奇、观看、互动和模仿。问卷也显示观众在观看后对视频的评价多集中在正面效应上，如角度新颖、引人瞩目、幽默趣味，而对魔性洗脑、负面恶搞的评价较少。可见打破固定符号、改造固有印象仍然是传统文化破圈的第一步。

① Distin K. *The selfish meme* ［M］.Cambridge University Press，2004.

② Blackmore，S. *The meme machine* ［M］. Oxford University Press，1999.

③ Shifman L. *Memes in Digital Culture* ［M］. America：MIT press，2014.

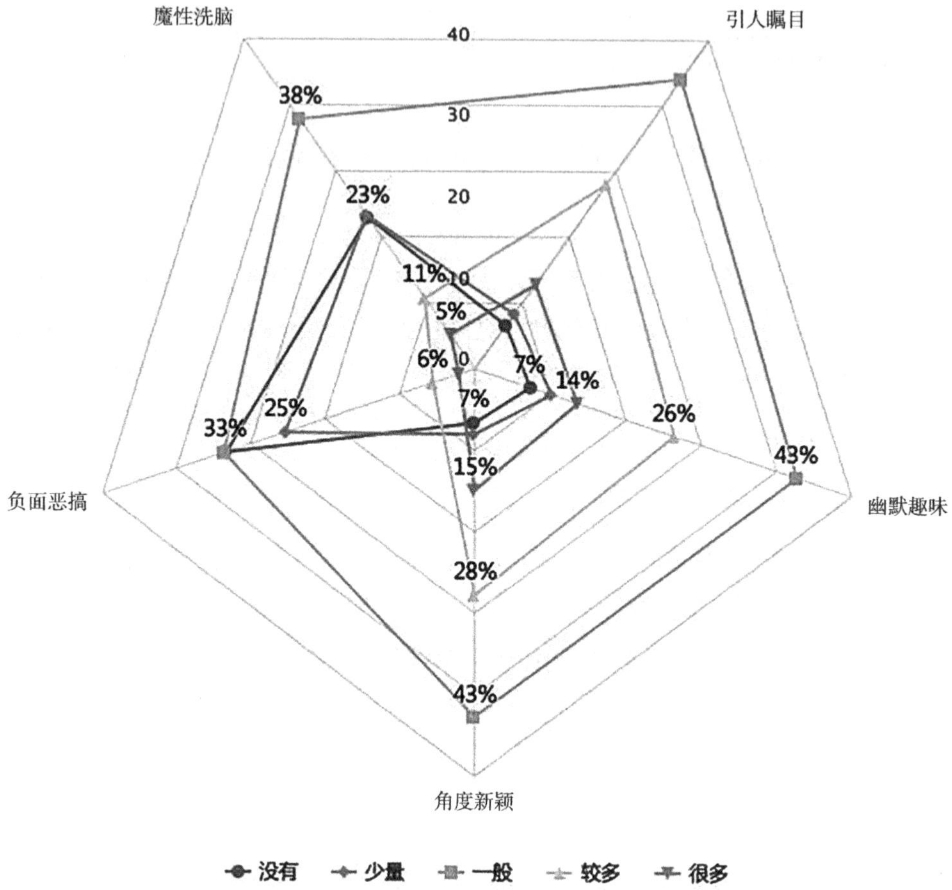

图 11-2　京剧短视频观众印象

而在传统文化模因的创新性发展上，抖音作为一种草根媒介更凸显出其社会动员与用户参与的价值。观众在观看短视频后能够快速调动自身生活经验对以往高高在上的“非遗”文化进行模仿，与其互动、交流，推动“非遗”在新时代创新性发展。如吴群等所说，“非遗”文化的传播本质上是各种“非遗”信息通过不同的传播渠道和载体在人与人之间传递。这种传递过程受到自然与社会环境改变、人的创新行为、不同人的认知差异等纷繁的因素影响，使得“非遗”信息的传递总体上呈现出既有继承又有变异的特点。[①]抖音挑战赛更是强化了这种分享、交流、互动的机制。

① 吴群，况宇翔，谢娅婷 . 非物质文化遗产模因探析［J］. 艺术百家，2016（6）.

从挑战赛的发起界面（图 11-3）可以看出，参与非遗挑战赛短视频的录制十分简单，用户只需点击参与按钮就能开始录制并上传自己的回应视频。用户不仅能够在闲暇时间更方便地刷到短视频，更能在看到后结合自身生活经验，快速对非遗视频点赞、评论、转发甚至模仿、翻拍，在实现模因复制和传递的过程中，为非遗附加了新的时代基因与创新价值。

图 11-3　挑战参与入口

五、守正创新：非物质文化遗产短视频的传播策略

习近平总书记说：“一切创作技巧和手段都是为内容服务的。科技发展、技术革新可以带来新的艺术表达和渲染方式，但艺术的丰盈始终有赖于生活。要正确运用新的技术、新的手段，激发创意灵感、丰富文化内涵、表达思想情感，使文艺创作呈现更有内涵、更有潜力的新境界。”①

因此，对于短视频创作者来说，必须坚持守正创新的创作态度，不仅要对传统非遗内容进行适应短视频风格的形式改造，更要再现传统非遗传承人的日常生活和具体场景，在打破大众对“非遗”空洞的刻板认知的同时，重新构建年轻群体对非遗传承人生活方式、文化保护意识的认同偏好，使传统非遗重新回到人们的日常生活中。

对于短视频生态来说，目前，抖音平台上部分非遗短视频仍然存在“低格调的搞笑，无底线的放纵，博眼球的娱乐，不知止的欲望”等乱象，短视频创作者通过编故事卖情怀、制造民族对立等方式来扭曲、贬低非遗文化；MCN 机构过分追求点击量、订货量，一味要求非遗传承人迎合市场，使传统文化沾上“铜臭味”；抖音平台重短期流量和视觉刺激、轻视严肃知识；推荐机制难以突破“信息茧房”，等等。未来仍需要抖音进一步承担平台责任，加强生态建设，与相关政府部门、公益组织

① 习近平 . 在中国文联十一大、中国作协十大开幕式上的讲话［M］. 人民出版社，2021.

加强合作，使更多非遗传承人进入短视频平台，并为之提供流量扶持，占领网络文化高地。

最后，应重视抖音海外版的开发，让更多展现中国传统非遗魅力的手工艺产品、民俗活动、传统美食、风土人情在短视频平台上走出国门、走向世界，在一个个非遗传承人和短视频传播者的共同努力下，塑造更多可信、可爱、可敬的中国形象，向世界展示更加生动立体的中国。

【参考文献】

[1] 北京微播视界科技有限公司等 .2020 抖音文化、旅游发展大数据报告 [R] .2021.

[2] 陈青霞 . 习近平的中国传统文化观论析 [J] . 河海大学学报（哲学社会科学版），2019，21（03）：8–13+105.

[3] 黑格尔 . 哲学史演讲录（第 1 卷）[M] . 商务印书馆，1959.

[4] 吴群，况宇翔，谢娅婷 . 非物质文化遗产模因探析 [J] . 艺术百家，2016（6）.

[5] 习近平 . 在中国文联十一大、中国作协十大开幕式上的讲话 [M] . 人民出版社，2021.

[6] 习近平 . 在哲学社会科学工作座谈会上的讲话 [M] . 北京：人民出版社，2016.

[7] 习近平 . 在纪念孔子诞辰 2565 周年国际学术研讨会暨国际儒学联合会第五届会员大会开幕会上的讲话 [M] . 北京：人民出版社，2014.

[8] 习近平 . 习近平谈治国理政（第 1 卷）[M] . 北京：外文出版社，2018.

[9] 习近平 . 习近平谈治国理政（第 2 卷）[M] . 北京：外文出版社，2017.

[10] 习近平 . 习近平谈治国理政（第 3 卷）[M] . 北京：外文出版社，2020.

[11] 赵信彦，周向军 . 习近平关于中华优秀传统文化“两创”重要论述的内在逻辑 [J] . 当代世界社会主义问题，2021（03）：3–11.

[12] 中共中央宣传部 . 习近平总书记系列重要讲话读本 [M] . 北京：学习出版社，人民出版社，2016.

[13] 周向军，赵信彦 . 中国共产党人传统文化观的百年历史演进与基本经验 [J] . 理论学刊，2021（05）：24–31.

[14] Blackmore，S. *The meme machine* [M] . Oxford University Press，1999.

[15] Distin K. *The selfish meme* [M] .Cambridge University Press，2004.

[16] Shifman L. *Memes in Digital Culture* [M] . America：MIT press，2014.

区域热点

“后身体美学”视域下传统舞蹈的传播创新

——以河南卫视“中国节日”系列节目为例

王　雪[①]

（首都师范大学，北京，100089）

【内容提要】 传统舞蹈以身体为载体，通过古典审美意味的身体语言来表情达意，但在后人类时代，身体美学逐渐转向“身体＋技术”的“后身体”视角。在虚拟性、符号性与交互性的发展趋势下，身体审美主客体界限逐渐模糊，传统身体审美范式向虚拟现实下的新审美理念转换。本文从舒斯特曼身体美学理论的三重维度出发，以河南卫视“中国节日”系列节目为例，探讨在身体语言与技术相结合的背景下，传统舞蹈如何满足当下的受众期待，以身体的表意实现传统文化的创新表达。

【关键词】 身体美学；传统舞蹈；河南卫视；后身体美学

Communication Innovation of Traditional Dance Body from the Perspective of “Post-somaesthetics”

——Take Henan Satellite Channel “Chinese Festival” Series of Programs As an Example

Wang Xue

(Capital Normal University，Beijing 100048，China)

Abstract: Traditional dance uses the body as a medium and expresses the artistic conception through classical aesthetic body language. However，in the post-human era，somaesthetics is gradually turning to a “post-body” perspective of the interaction between the

① 王雪，女，首都师范大学音乐学院 2019 级博士研究生，研究方向：舞蹈教育。

body and technology. Under virtuality symbolism and interactivity, the boundary between the subject and object of body aesthetics is gradually blurred, and the traditional body aesthetic paradigm is transformed into a new aesthetic concept in virtual reality. Starting from the three dimensions of Schusterman's somaesthetics, this article takes the Henan satellite channel "Chinese Festival" series as an example to explore how the traditional dance combining body language and technology meets the expectations of the current audience, and realizes the innovative expression of traditional culture with body performance.

Key words: Somaesthetics; Henan Satellite channel; Post-somaesthetics; Traditional Dance

引　言

2021年，河南卫视以传统节日为主题，创作了"元宵奇妙夜""清明奇妙游""端午奇妙游"等一系列节目，以身体语言展现传统文化，以传统舞蹈讲述中国故事，引发社会广泛关注并广受赞誉。河南卫视"中国节日"系列节目是对传统文化创造性转化与创新性发展的典型范例，是传统舞蹈表现形式的创新展现，也是高雅艺术走向大众生活的成功尝试。在具体内容的设计与呈现上，"中国节日"系列节目回归身体本体，重视身体关怀与身体体验、身体的情感表达与隐喻表意，在舞姿动势、身体韵律中展现传统美学理念与文化精神意涵。舞蹈影像下的身体意识与身体语言不同于传统剧场表演的身体形态，而是舞蹈身体的影像化展现。对"身体—技术—环境"三位一体的身体主体进行理论与实践探索能够为传统文化的身体表达提供新的策略，也给观众带来了新的审美体验。

一、身体美学理论与传统舞蹈的身体审美特征

身体美学是关注与探讨身体本身内在感知与意识能力的一门学科。舒斯特曼倡导的身体美学旨在对作为感官和审美主体的身体进行研究，并探索改善身体知识和话语的实践方式。舒斯特曼的身体美学涵盖三个分支，即分析的身体美学、实用主

义的身体美学、实践的身体美学[①]，分别代表了理智性、经验性和操作性三个维度。[②]其中，分析的身体美学是对身体感知的本质、身体在认识和建构世界中的作用、身体在社会中的关系进行理论性的分析；实用主义的身体美学是对重塑身体、改善身体的方法进行探索；实践的身体美学旨在以表象性、体验性、表演性等身体训练模式提升身体效能。身体美学理念与中国传统身体观有诸多共通之处，舒斯特曼也受到中国传统身体训练方式的影响和启发。身体美学理念引入国内后，引发了比西方更多的关注，身体美学与中国美学的跨界结合“拓展了传统美学的研究空间，激活了中西方众多身体资源”[①]，形成了中国特有的身体认知与身体实践，引发创造了新的理论范式。中国传统身体观不同于西方长久以来的身心二元论，而是注重“天人合一”“身心合一”。在儒道身体观中，身体不仅是肉体，也蕴含着观念、道德、精气神、自然等理念。因此，身体美学在中国传统的美学语境中应有新的融汇与发展。

“身体美学的一个重要方式，就是身体在艺术中怎样被呈现。”[②]在传统舞蹈中，身体的整体形象及其审美特征体现在多重方面，如动势上的龙飞凤舞、圆曲流转；内在表现中注重身体对意志的引导；劲律上的行云流水或欲左先右、欲上先下的迂回。传统舞蹈表演以身体为媒介，通过身体来表意诠释，但在数字科技的影响下，单一的身体媒介逐渐转向身体与技术的跨界融合，呈现为新的表现态势。

二、从身体美学向“后身体美学”的转变

随着科技的创新与发展，身体意识与身体体验也在不断发展变化。在人工智能、机器人及神经植入等技术发展下，身体的主体地位逐渐转向身体与技术交互影响的“后身体”。在信息革命的浪潮下，“后人类”“赛博格”“元宇宙”等概念不断生成。凯瑟琳·海勒在《我们何以成为后人类》中指出，“后人类”看重信息化的数据形式，轻视物质性的事实例证。在后人类时代，身体性存在与计算机仿真之间没有本质的不同与绝对的界限。身体可以被塑形，自然的身体能够被延伸成为技术的身体，且二者之间可以进行转化和替换。唐娜·哈拉维在《赛博格宣言》中，用生物体和机

① ［美］理查德·舒斯特曼．身体意识与身体美学［M］．程相占，译．北京：商务印书馆，2011：39-47.

② 舒斯特曼，曾繁仁．身体美学：研究进展及其问题——美国学者与中国学者的对话与论辩［J］．学术月刊，2007（08）：22.

器混合的赛博格前卫地反思了人类与科技的问题。哈拉维将赛博格看作是超越性别、种族与阶级的人类新身份。哈拉维的赛博格思想构建了一种联结性的身体理念，在传统身心二元论及梅洛庞蒂和福柯的身体观之外建构了一种有机体与无机物结合为新主体的身体观。

在信息化、数字化时代，“身体－主体”的身体美学逐渐转向“身体－技术－环境”的“后身体美学”，技术和身体介入同一场域之中。不同于“后人类”对生物伦理、基因技术等方面的重视，赛博格侧重于对机器介入到身体内部的关注。“后身体美学”一方面应延续身体美学从身体主体性的角度去进行身体体验与身体意识，而非赛博格对机器与身体界限的模糊化处理；另一方面也应延续身体美学的实用主义理念，从理论与实践的角度探索技术介入身体后所呈现的虚拟性与符号化的审美新范式。

身体与技术的结合被广泛应用于各领域之中，其中艺术领域尤甚。20世纪初，新媒体舞蹈在国外开始萌芽，洛伊·富勒（Loie Fuller）、阿尔温·尼古拉斯（Alwin Nikolas）、梅尔塞·坎宁安（Merce Cunningham）、奥斯卡·施莱默（Oskar Schlemmer）等舞蹈家先后对数字表演艺术的新尝试做出贡献。近年来，国内众多编导展开了对数字与艺术跨界的新媒体舞蹈尝试，代表作品如张艺谋的《对话·寓言2047》、任冬生的《界》、田湉的《西河剑器》等，编导运用沉浸、动捕、虚拟现实、增强现实等多种技术展开舞台实践创新探索。在创作的同时，身体与技术的界限问题、身体的主体性地位一直是被关注的焦点。在舞蹈艺术中，编导更加强调身体的主体地位，认为“身体与其他媒介的交互关系为编舞家们提供了重新认识身体和动作的通道”①。作品依旧以身体为本体，但前沿技术的运用为身体探索与身体表达提供了新的可能。

三、“后身体美学”下的传统舞蹈身体表达

传统舞蹈作为传统文化的组成部分，注重肢体动作的质感、风格韵律的呈现、身体对情感的诠释、身体对审美的表现，而弱化非身体的舞台呈现。传统舞蹈的表现形式一直高度依赖于人体，并呈现出较为保守的状态，“媒介之间的互通互动能力有限、媒介自身的能动性不足”。② 这种状态一方面使传统舞蹈按照既定范式稳定地

① 田湉．跨界的身体表达及其交互模式初探［J］．当代舞蹈艺术研究，2019，4（03）：89.
② 王廷信．中华传统艺术当代传承的媒介路径［J］．北京电影学院学报，2020（11）：7.

延续，并呈现出“专、精、尖”的艺术特质，具有较高的艺术水准与艺术价值；另一方面也使受众大多局限于舞蹈从业者的圈层之内，普通群众较少参与其中，相对电影、音乐、美术等其他艺术门类，公众影响力较弱，并囿于本土化，未在国际社会产生广泛而深远的影响。

近年来，在政策推动及“国潮热”的影响下，电视台及网络媒体制作了大量弘扬传统文化的综艺节目。河南卫视在2021年春晚播出《唐宫夜宴》引起观众强烈反响后，又陆续推出“中国节日”系列节目，以舞蹈身体与技术媒介相结合的方式充分展现了优秀传统文化、中原地域文化、舞蹈艺术文化，受到主流媒体、舞蹈专业从业者及广大群众的一致认可。在河南卫视对传统文化元素的创造性转化与创新性表达中，一方面依旧以身体为主体讲述中国故事，经典的舞蹈作品并未因虚拟现实、增强现实等技术的介入而丧失主体地位；另一方面，制作组在编创中融入了对技术的思考，探索身体与其他媒介交互过程中新的呈现方式与整体效果，从而打破了传统的时空关系与质感力量，在重构与融合中创新发展。

（一）分析——受众期待视野下的舞蹈身体

在舒斯特曼关于身体美学的三重维度中，分析的维度主要从理论角度对身体感知和身体训练进行描述与阐释，探讨身体因素在意识和行为中所发挥的功能，并包含谱系学、社会学和文化分析等多个层面。① 河南卫视“中国节日”系列节目的传播媒介主要以网络为主，通过哔哩哔哩、抖音、快手等短视频网站进行宣传。在互联网综艺中，节目的成功与否不仅源于作品的文化内涵，更重要的层面在于大众的审美接受，即观众能否看懂、能否产生持久的兴趣。在以舞蹈身体为媒介的综艺节目设计中，应针对大众的期待视野、接受过程与接受心理进行分析，选择“艺术—技术—市场”三者整合背景下所适宜的身体语汇、表现风格、意象营造，探讨作为小众艺术的传统舞蹈走向大众生活的当代表现方式。

受众的审美期待大致包含文体期待、意象期待和意蕴期待。在文体期待上，河南卫视选择以传统舞蹈讲述中国故事、表现传统精神。其一，舞蹈艺术本身具有“出圈”的潜质，在抖音、快手等社交平台上，舞蹈类视频受到大量关注，在短视频中占据较高的比例；其二，在休闲娱乐类的电视节目中，以身体语言讲述传统文化比文字语言更加直观、生动、有趣，更易引观众的共情；其三，借助技术手段能

① ［美］理查德·舒斯特曼．身体意识与身体美学［M］．程相占，译．北京：商务印书馆，2011：39.

够进一步强化身体表现的视觉效果，外化舞蹈身体所隐喻的美学理念与文化符号。在以舞蹈为载体的表现形式中，河南卫视选择了兼具专业性、文化性、娱乐性的身体语言进行创新。首先，河南卫视系列节目中的舞蹈身体表现能够得到舞蹈专业从业人员和广大群众的一致认可，而不像抖音热播视频中的舞蹈虽"出圈"但不"入圈"。节目中的主要舞者均是当前舞蹈圈内新一代的知名年轻舞者。舞者专业化的身体素养既还原了艺术的本真，带给观众较强的视觉冲击与审美感受，也有助于打破高雅艺术和大众文化之间的隔阂，有效促进传统舞蹈的传播与发展。在舞蹈选择上，节目组多选用专业领域内的热门作品与经典作品，如"清明奇妙游"中的《纸扇书生》、"端午奇妙游"的《唐印》等。这些作品是对古典舞文化、视觉、审美理念较为成功的身体表达，是当代语境下对舞蹈身体技术、形式、表意较具特色的探索，同时又具有较强的欣赏性。其次，河南卫视定位年轻化国风审美，探索传统剧场艺术的"青春表达"方式，将虚拟沉浸视听效果、影视剧风格呈现形式、IP 形象塑造等方式融入传统舞蹈的身体表现之中，使节目中的舞蹈身体语言既能展现"现代性思潮下的审美回溯"[①]，又能在一定程度上贴合当代年轻人的审美趣味。如在"国潮"热和哔哩哔哩用户群体对传统文化的喜爱背景下，以《唐宫夜宴》《丽人行》《芙蓉池》等宫廷元素的身体语言配合沉浸式的殿堂场景运用给观众带来盛唐气象的观感，被网友戏称为"帝王体验"。

在意象期待上，节目组根据不同的节日风俗选择与之贴合的舞蹈风格和身体语言具象展现，以典雅的身体、俏皮的身体、阳刚的身体、飘逸的身体、异域色彩的身体展现出中国古典审美的多重意象，并通过技术的加持、后期的剪辑进一步还原意象中的表演场域，满足观众的审美期待。例如，《洛神水赋》运用敦煌舞的身体语汇，通过水下表演与视频剪辑，展现出美轮美奂、飘逸云游的洛水女神形象，满足了观者对《洛神赋》中人物形象的期待。在《墨舞中秋帖》中，舞者身着水墨色的袍服，在宣纸上挥毫舞动，以舞者比拟水墨形象来书写王献之的《中秋帖》。舞者"欲左先右""欲上先下"的身体动势完美契合了书法的逆锋起笔、藏头燕尾。舞者行云流水、俯仰开合的身法动势既是对书画写意的表现，也使人感受到魏晋文人风流潇洒、清峻通脱的风度形象。

在意蕴期待上，节目组旨在通过时尚、轻松、多元的形式展现中国精神、彰显

---

① 金浩，尤佳悦．古典也流行——从破壁出圈的舞蹈《唐宫夜宴》说起［J］．四川戏剧，2021（06）：10.

文化自信。虽然综艺节目的本质不在于说教，但中国古典舞自身却蕴含着丰富的传统文化精神，舞者的精湛表演在带给观众视觉冲击的同时自然传递了作品内蕴含的家国之情、守护之情。此外，技术的使用也将舞姿动势中的审美意蕴、价值内涵进一步外化显现。例如，“清明奇妙游”的《纸扇书生》，舞者通过“趣”“雅”“狂”不同风格的身体语汇塑造出立体丰富的文人形象，表现出中国古代文人的多重情感诉求与价值认同。在虚拟的嵩阳书院中，少年书生们手执折扇、意气风发，以小生风格的舞姿身段展现出风流儒雅的情态与风乎舞雩的闲适情趣，在举手投足、折扇作揖中表现出儒家士人文质彬彬、有礼有节的风度。后半部分转场至少林寺中、中岳庙前、老君山顶，书生们以舞代文，通过“豪放洒脱的动势、顿挫有致的身体质感”①，使观者感受到“吾将上下而求索”的意气风发与忧国忧民的家国情怀。

期待视野也受到既有阅读经验及审美经验构成的思维定式或先在结构的影响。②一方面,《舞蹈风暴》《舞林争霸》《国家宝藏》等综艺节目使专业舞蹈艺术走向大众，抖音等公众平台的舞蹈短视频热潮进一步提升了大众对古典舞身体范式的审美认知，为河南卫视选择以古典舞的身体语言来创新表现传统文化奠定了基础。另一方面，“元宵奇妙夜”“清明奇妙游”“端午奇妙游”等节目的热映在哔哩哔哩吸引了一大批拥趸者，建立了良好的口碑。观众对河南卫视以身体语言表现传统文化、讲述中国故事的方式形成了一定认知，并对接下来的“七夕奇妙夜”“中秋奇妙夜”等系列节目形成了较高的期待。

（二）实用——地域性、符号性与表演性的身体语言

舒斯特曼身体美学的第二层维度是实用主义的身体美学，旨在对身体实践进行理论阐释并给出更好的方法论，是理论与实践衔接过渡的环节。“实用主义的美学试图采用多种多样的方法来对身体的感知、意识进行重新塑造，以改变人类接触、认识社会的途径。”③河南卫视“中国节日”系列节目根据主题立意，以不同的身体语汇和身体审美表现出地域文化符号、传统节日符号、古典美学符号，从而唤醒观众的文化记忆，引起观众的情感共鸣。在技术赋能下，观众进一步切身感受到传统文化的生发时空，并在沉浸中加强情感体验，形成文化认同。以“元宵奇妙夜”的《唐宫夜宴》为例，在衣饰上，舞者额贴花钿、面敷红妆，口塞棉花、裙夹海绵、以

---

① 胡岩 . 谈中国古典舞作品《纸扇书生》的创作［J］. 北京舞蹈学院学报，2018（02）：64.
② ［联邦德国］H R. 姚斯,［美］R C. 霍拉勃 . 接受美学与接受理论［M］. 周宁，金元浦，译 . 沈阳：辽宁人民出版社，1987：6.
③ ［美］理查德 · 舒斯特曼 . 实用主义美学［M］. 彭锋，译 . 北京：商务印书馆，2002：56.

唐三彩的黄、绿、褐色为服饰配色，展现出憨态可掬的"萌美"人物形象，虽不同于古典舞的常规审美范式，却更加贴合博物馆中的乐舞俑形象。在身体表现上，舞者通过娇憨可爱的嬉闹打斗、月夜下的起舞弄清影、宫廷夜宴的盛歌妙舞展现出唐代少女的风姿神韵。《唐宫夜宴》未采用叙事抒情的身体表现方式，而是巧妙地以诙谐幽默的生活化舞姿动态吸引年轻人的注意，并通过数字技术给观众带来时空交错感，艺术地展现了"唐代女子上班图鉴"。在《唐宫夜宴》的舞蹈背景中，利用虚拟现实和增强现实等技术融入了莲鹤方壶、妇好鸮尊、贾湖骨笛、《千里江山图》、《簪花仕女图》等河南地区的代表性文物图像，身体审美符号与文化符号相交织，实现了审美价值的多重表意。又如"端午奇妙游"中的《洛神水赋》，水下失重的身体与古典舞拧倾圆曲的身法韵律、长绸的飘飞舞动相结合，形神兼备地展现出"翩若惊鸿，婉若游龙"的洛神形象。《洛神水赋》的主题立意源自曹植的《洛神赋》与顾恺之的《洛神赋图》，是以身体符码来表现文字符码和图画符码的艺术尝试。舞者的五色服饰设计是对端午节系五彩绳的风俗隐喻，水下的舞姿既是对洛水女神的具象化展现，也契合了端午节在江边纪念屈原的习俗。又如在"中秋奇妙夜"的《鹤归来兮》，舞者以身体拟形仙鹤，配合视频的剪辑与沉浸式的制作，以圆游动势穿越于明堂之中，飞翔于天空之上，诠释了"晴空一鹤排云上，便引诗情到碧霄"的意境，也如同宋徽宗《瑞鹤图》中仙鹤盘旋翱翔、曲颈回首、飘逸灵动的画面。在皓月当空的沉浸式背景下，舞者在水中尽情起舞，以含仰开合的身体语言展现出仙鹤盘旋于天地之间的广阔与洒脱，同时也象征着中原大地的开放阔达、包罗万象。

（三）实践——舞蹈身体与技术媒介的交叉融合呈现

舒斯特曼身体美学的第三重维度是实践的身体美学，主要探讨对身体多方面的具体训练，以及通过肉身参与来获得身体感知与身体意识的实践路径。在身体与技术结合的"后身体美学"中，对实践的探索体现在身体与技术交互过程中的创作路径探索、舞者在技术赋能后的身体语言转化、观众在沉浸式观感下的身体意识变化等方面。

技术的切入使身体主体转向"身体—技术—环境"三者之间，这也要求编导在创作时应从数字交互的角度进行思考。一方面，河南卫视"中国节日"系列节目采用舞蹈影像的形式来展现，影像元素被投入舞蹈表演中，使舞蹈的身体表现方式和呈现效果均发生了变化。舞蹈影像更强调以"暗示性、隐喻性或抽象性方式"[1]来进

---

① 程思．"舞蹈—影像"的研究路径与类型建构［J］．北京舞蹈学院学报，2021（05）：34.

行动态展现。镜头前的舞蹈身体、摄像机下的舞蹈身体、经过后期技术加工处理的舞蹈影像呈现都有所区别。例如，“重阳奇妙夜”中的《逍遥》，虚拟技术和影像剪辑的后期处理将舞者行云流水、倾倒中求稳健的身体语言外化显现，写意地诠释出李白豪放洒脱、清新飘逸、能文能武的形象气质。在山水之间的剑舞是李白崇尚自然、洒脱不群本性的表现；庙堂之上的剑舞是李白希冀入世、报效国家理想的展现；云中之巅的剑舞是李白浪漫豪迈性格的体现。在舞者身处河南云台山实景精彩演绎的基础上，通过多角度、多层次的运镜与对动作轻重缓急的二次处理进一步加强了观众的视觉观感。以远镜头展现舞者一袭白衣于巍峨高山和潺潺溪流中醉酒当歌、纵情起舞，凸显了李白“诗仙”和“酒仙”的形象。撩剑腾空、截剑回旋配合水花飞跃的慢镜头特写是对“抽刀断水水更流”情绪的写意外化凸显。另一方面，在虚拟现实、增强现实等技术所营造的情境中，舞蹈的时、空、力也发生了转变，呈现出新的身体体验与艺术形式。例如，在《龙门金刚》舞蹈中，领舞演员在龙门石窟大佛造像前凌空飞舞、徐徐而降。在落地挥手间，各飞天如分身般怀抱乐器破空而下，铺满了整个舞台的画面空间，既增强现实技术的运用打破了传统舞台的重力与空间关系，营造出“天花乱坠满虚空”的景象，又带给观者美轮美奂的视觉享受。又如在《洛神水赋》中，水下的舞蹈改变了原初的空间，舞者不再是传统面朝观众的角度进行展示，而是在失重的状态下向上下左右回旋翻跃、游逸舞动，营造出飘飘欲仙的意象观感。

在身体与技术的交互呈现中，舞者与观者的身体意识及身体体验依旧占据主体地位。在赛博格的当代艺术中，“自然和人造、心智和身体、自我发展和外部设计”[①]等诸多身体和机器之间的区别变得模糊。对于河南卫视“中国节日”系列舞蹈节目，节目组肯定了身体与技术的交互过程中舞蹈身体的主体地位，并未以大量的视觉特效及科幻制作来夺人眼球，而是以专业舞者精湛的身体表现来引发观众的共情。在此基础上，节目组进一步利用虚拟现实、增强现实、人工智能等技术探索身体表意的外化显现方式、故事剧情的辅助讲述设计和剧场艺术的创新观感体验。

四、总结与反思

河南卫视“中国节日”系列节目以身体为媒介诠释传统文化精神与美学意蕴，

---

① ［美］唐娜·哈拉维．类人猿·赛博格和女人［M］．陈静，译．郑州：河南大学出版社，2016：321.

在“身体＋技术”的设计编创下促进了舞蹈艺术的传播发展，推动了传统舞蹈表演模式的创新展现，探索了传统文化的当代建构新路径，是较为成功的代表性案例。

首先，在传统文化符号的当代建构中，河南卫视选择以舞蹈身体为载体展现传统审美文化，并通过加入技术手段增强观众的切身体验。身体语言审美与隐喻能够将文化符号、地域符号用艺术的方式生动诠释，给观众带来较强的视觉观感与审美体验。数字技术的运用打破了身体原有的时空限制，带给观众历史与当下、传统与现代穿梭变化的沉浸式体验。

第二，在身体与技术的交互过程中，河南卫视“中国节日”系列节目注重身体本体的艺术表达，以技术为衬托，而非选用赛博格式的纯技术身体，或通过堆积视觉特效来呈现。传统的身体表演相较后现代的技术语境更适宜传统文化的表达，更能够传达情感、增进共情。

第三，虽然“中国节日”系列舞蹈节目引发了大众的关注与好评，但在技术与身体的交互过程中仍有较多可以改进的地方。例如，许多舞蹈影像的拍摄与剪辑中并未凸显身法韵律的精髓之处，所展现的审美观感“实”大于“虚”，在意境的展现上还需提升。一方面是因为技术人员对古典舞的身体表达缺乏专业理解，对身体的动势规律、舞姿的审美特征不熟悉。另一方面也源于舞蹈专业从业者缺少新媒体技术相关知识，编导的认知多局限于传统镜框式舞台的运用，对数字交互背景下舞蹈身体表现方式的设计转变仍需积累经验。

此外，传统文化综艺类节目在进一步优化上也需更加注重身体本体的艺术表现，探索身体对古典美学意境及地域文化符号的舞蹈语言表现方式。在电视舞蹈中，舞蹈编导对作品进行再加工后由电视编导决定节目的最终呈现，电视编导往往更注重视觉效果的呈现而非舞蹈身体语言在艺术专业性上的探索创新。在“后身体美学”视域下，传统舞蹈身体的当代建构仍应探索身体本体的表意，以技术助力身体审美隐喻外化显现，使传统与当代更加完美地契合，并呈现出更具感染力的艺术精品。

【参考文献】

[1] 王亚芹.身体美学的当代建构意义[J].厦门大学三者学报（哲学社会科学版），2017，242（04）：36-42.

[2] 张法.身体美学：话语缘起・中西异同・行进难点[J].社会科学辑刊，2012，200（03）：211.

[3] [美]凯瑟琳・海勒.我们何以成为后人类：文学、信息科学和控制论中的虚拟身体[M].

刘宇清，译 . 北京：北京大学出版社，2017：3.

［4］田湉 . 跨界的身体表达及其交互模式初探［J］. 当代舞蹈艺术研究，2019，4（03）：89.

［5］王廷信 . 中华传统艺术当代传承的媒介路径［J］. 北京电影学院学报，2020（11）：7.

［6］金浩，尤佳悦 . 古典也流行——从破壁出圈的舞蹈《唐宫夜宴》说起［J］. 四川戏剧，2021（06）：10.

［7］胡岩 . 谈中国古典舞作品《纸扇书生》的创作［J］. 北京舞蹈学院学报，2018（02）：64.

［8］［美］理查德·舒斯特曼 . 实用主义美学［M］. 彭锋，译 . 北京：商务印书馆，2002：56.

［9］程思 ."舞蹈 – 影像" 的研究路径与类型建构［J］. 北京舞蹈学院学报，2021（05）：34.

［10］［美］唐娜·哈拉维 . 类人猿·赛博格和女人［M］. 陈静，译 . 郑州：河南大学出版社，2016：321.

城市文化街区夜间经济游客满意度分析及其启示

——以成都宽窄巷子为例

秦　维[①]

（重庆大学 新闻学院，重庆 400044）

【内容提要】 夜间经济是文旅消费新的增长点，城市文化街区是夜间经济的核心消费场景。然而，城市文化街区的夜间经济囿于物理空间、人文空间、社会空间的分裂，其消费力尚未充分激活。游客满意度则是破解城市文化街区夜间经济沉疴宿疾的关键，更是推动夜间经济高质量发展的要求。本文基于欧洲顾客满意度指数ECSI模型，构建城市文化街区夜间经济游客满意度模型，通过成都宽窄巷子的调查数据分析发现，街区夜景形象与游客期望正相关，与游客满意、游客忠诚有多重中介效应。游客期望与感知硬件（软件）质量及游客满意正相关，与感知价值间呈正相关。感知价值与游客满意正相关，游客满意与游客忠诚正相关。感知硬件（软件）质量与感知价值正相关，并与游客满意有完全中介效用。基于此，在理念层面上应加强文化空间建设和互嵌以提高游客满意度，在微观层面上应打造多元场景提升夜游质量以刺激游客消费，进而促进城市文化街区夜间经济高质量发展。

【关键词】 城市文化街区；夜间经济；游客满意度

① 秦维，重庆大学新闻学院博士生，主要研究文化政策传播。

Analysis on Tourist Satisfaction of Night-time Economy in Urban Cultural Blocks and Its Enlightenment

——Take Kuanzhai alley in Chengdu as an example

Qin Wei

Abstract: Night-time economy is a new growth point of culture and tourism consumption, and urban cultural block is the core consumption scene of night-time economy. However, the night-time economy of urban cultural blocks is limited by the division of physical space, humanistic space and social space, and its consumption power has not been fully activated. Tourist satisfaction is not only the key to solve the persistent probrems of night-time economy in urban cultural blocks, but also the requirement to promote the high-quality development of night-time economy. Based on the European customer satisfaction index ECSI model, this paper establishes the night economic tourist satisfaction model of urban cultural blocks. Through the analysis of the survey data of Kuanzhai alley in Chengdu, it is found that the night scene of the block image is positively correlated with tourist expectations, but has multiple intermediary effects with tourist satisfaction and tourist loyalty. Tourist expectation is positively correlated with hardware (software) perceived quality and tourist satisfaction, but indirectly positively correlated with perceived value. Perceived value is positively correlated with tourist satisfaction, and tourist satisfaction is positively correlated with tourist loyalty. Hardware (software) perceived quality is positively correlated with perceived value, and has a complete intermediary effect with tourist satisfaction. Based on this, at the conceptual level, cultural space construction and inter-embedding should be strengthened to improve tourist satisfaction; and at the micro level, multiple scenarios should be created to improve the quality of night tours to stimulate tourists' consumption, and promolt the high-quality development of the night-time economy in urban cultural blocks.

Key words: Urban Cultural Blocks, night-time economy, Tourist Satisfaction

引 言

夜间经济（night-time economy）是20世纪70年代英国学者针对城市中心夜间

空巢现象改善提出的经济学名词。它是指下午6点至次日凌晨6点的夜间时段[①]进行线上及线下、实物及虚拟产品的消费，也是以服务业为主在时间和场景上延伸的消费链条，包含夜间购物、休闲餐饮、文旅体验等。[②-③]“街区”是夜间经济的新样式，城市文化街区是街区里的一种形态，城市文化街区夜间经济是指从下午6点至次日凌晨6点，城市文化街区这一消费场景为消费者提供覆盖饮食、购物、演艺、休闲娱乐、夜景观光等线上线下的产品和服务经济形式。然而，城市文化街区夜间景观千篇一律，产品服务乏善可陈，人流高峰寸步难移，低劣商铺滥竽充数等现象均表明城市文化街区的文化空间尚未有机统一，即物理空间、精神空间、社会空间相互割裂。这不仅损害游客的体验感及精神满足，更不能激发游客在地消费的需求。本文从游客满意度切入分析城市文化街区夜间经济，有助于解决街区夜间经济发展的弊病，有利于在疫情之后刺激内需、带动经济复苏和产业升级，并回应夜间经济高质量发展的召唤。

一、问题之缘起

现代生活的快节奏导致人们行为方式发生转变，游客夜间活动的频率提高，夜间消费的欲望被释放。夜间经济不但是疫后消费助力经济复苏的利器，也是经济高质量发展的内在要求，更是满足人们对美好生活向往的必然选择。

其一，夜间经济是疫后消费刺激内需、复苏经济的催化剂。2020年受新型冠状病毒的影响，国内经济一度停摆，错失春节、五一、暑期等黄金发展期。疫后，夜间经济适逢其时，夜景观光、夜市夜游、夜间演艺、夜间节事、夜间文化场所的休闲活动等产品和服务，可以满足人们工作之余的社交、娱乐、文化等需要。夜间经济通过消费刺激内需，实现城市经济“翻倍”[④]，自然也是疫情后经济增长的动力。多个城市也逐步将活跃夜间经济作为疫后扩大消费、激发城市活力[⑤]的重要举措。

---

① Beer，C. Centres that never sleep? Planning for the night time economy within the commercial centres of Australian cities［J］. *Australian Planner*，2011，48（3）：141–147.

② Franco Bianchini. Night cultures，night economies［J］. *Planning Practice & Research*，1995，10（2）：121–126.

③ Roberts，M & Eldridge A. Quieter，safer，cheaper：Planning for a more inclusive evening and night-time economy［J］. *Planning Practice & Research*，22（2）：253 – 266.

④ Bianchini，Franco. Night cultures，night economies［J］. *Planning Practice and Research*，1995（10）：121–126.

⑤ 毛中根，龙燕妮，叶胥. 夜间经济理论研究进展［J］. 经济学动态，2020（02）：103–116.

其二，夜间经济是新一轮消费升级的重要力量，其本质是经济高质量发展的内在要求。夜晚逐渐变成一种蕴含着巨大生产力的时间资源，被赋予无限的经济潜力，激发区域经济活力。[①] 夜间灯光数据不但可以用于验证经济增长的实情，还能用以测度能源消费、城镇化、经济集聚等经济活动。[②-③] 艾媒咨询的数据表明，当前中国夜间消费规模约占总体零售额的60%，并持续以约17%的规模增长。[④-⑤] 国务院办公厅出台《关于进一步激发文化和旅游消费潜力的意见》（国办发〔2019〕41号），提出要“大力发展夜间文旅经济”“到2022年，建设200个以上国家级夜间文旅消费集聚区”[⑥]。北京、上海、成都、重庆等多地相继出台扶持夜间经济发展的政策。在中国经济致力于高质量发展、新旧动能转换的关键时期，夜间经济蕴含着巨大的消费潜能与市场空间。[⑦]

其三，夜间经济的配置需不断优化，才能满足人民对美好生活的需要。从传统夜市夜游到城市文化街区的走红、灯光秀的火爆、文艺汇演的升温，深刻反映了群众夜间文化和旅游消费观的转变，体现了人们对美好生活需要的日益增长。然而，夜间经济也存在诸多弊病，如安全与卫生问题突出、噪声影响周遭环境等。夜间经济存在陷入概念误区、缺乏文化内涵、产品供给单一、规划不合理、配套设施与服务落后等问题。[⑧] 因此，夜间经济的产品与服务、硬件设施等配置需要持续更新才能紧跟人们的需求转变。[⑨] 例如，长沙超级文和友通过网络流量成功打造夜间文旅消费热点，构建特色的文化符号吸引消费者凝视，唤醒消费者对城市的文化记忆。[⑩]

---

① 丁焕峰，周艳霞．从夜间灯光看中国区域经济发展时空格局［J］．宏观经济研究，2017（03）：128-136.

② 徐康宁，陈丰龙，刘修岩．中国经济增长的真实性：基于全球夜间灯光数据的检验［J］．经济研究，2015，50（09）：17-29+57.

③ 黄亮雄，王贤彬，刘淑琳．经济增长目标与激进城镇化——来自夜间灯光数据的证据［J］．世界经济，2021，44（06）：97-122.

④ 于萍．夜间旅游与夜经济：城市发展的新动力［J］．改革与战略，2010，26（10）：32-33+128.

⑤ 艾媒咨询．2020年中国夜间经济规模将破30万亿元［J］．财经界，2019（09）：18-19.

⑥ 中华人民共和国中央人民政府，国务院办公厅关于进一步激发文化和旅游消费潜力的意见［EB/OL］．（2019-08-23）［2020-4-2］.http：//www.gov.cn/zhengce/content/2019-08/23/conten t_5423809.htm.

⑦ 付晓东．夜间经济激发城市治理新动能［J］．人民论坛，2019（28）：48-51.

⑧ 邹统钎．我国夜间经济发展现状、问题与对策［N］．北京：中国旅游报，2019-04-16（003）.

⑨ 黄亮雄，韩永辉，王佳琳，等．中国经济发展照亮“一带一路”建设——基于夜间灯光亮度数据的实证分析［J］．经济学家，2016（09）：96-104.

⑩ 傅才武，王异凡．场景视阈下城市夜间文旅消费空间研究——基于长沙超级文和友文化场景的透视［J］．武汉大学学报（哲学社会科学版），2021，74（06）.

城市文化街区是夜间经济的新样板，游客满意度是推进城市文化街区夜间经济高质量发展的突破点。夜间经济从“老三样”（夜市、演出、景区），过渡到“新三样”（节事、场馆、街区），进而发展“再三样”（书店、古镇、乡村）。[①]街区成为夜间经济新三样的重要形式，包含历史文化街区、特色商业街区、网红步行街。城市文化街区即历史文化街区，它拥有深厚的文化底蕴与较高的声誉，是城市的建筑地标与文化象征。然而，城市文化街区却存在公共交通运营时间短、街区形式千篇一律、人文内容同质化严峻、夜景形象粗制滥造、口碑参差不齐、治安隐患高[②]、游客重游率低等问题。为弥合城市文化街区夜间形象与物理空间、人文空间、社会空间的分崩离析，应以游客的满意度为重要参考指标，寻求破解街区夜间经济高质量发展瓶颈之道。虽然一些学者开展了城市文化街区游客满意度的相关研究，但关于夜间经济满意度的讨论较少，城市文化街区的满意度研究也未涵盖夜间经济。例如，郭凌等（2012）立足文化意象视角，运用探索性因子分析等方法从物质空间、精神空间、社会空间维度开展满意度研究。[③]蒋丽芹等（2015）运用 IPA 分析法（重要性—绩效表现分析法）选取旅游资源、交通、餐饮、服务质量要素探究游客满意度的影响因素。[④]周坤（2020）基于 ECSI 模型（欧洲顾客满意度指数）建构 HBTSI 模型（历史街区游客满意度模型），研究发现历史文化街区形象与游客感知价值、游客期望正相关。[⑤]刘建国等（2018）从景区主体特征、服务水平、安全水平、便利性考察游客满意度。[⑥]刘斌、杨钊（2021）验证游客通过凝视转变“符号情景”进而影响满意度。[⑦]

---

① 翟群．拥抱夜间文化休闲需求的蓝海［N］．中国文化报，2019-11-23（006）．

② Hobbs D，Winlow S，Hadfield P，et al. *Violent hypocrisy governance and the night-time economy*［M］. Oxford University Press，2005：34.

③ 郭凌，周鹏程．文化意象视角下城市历史街区游客满意度测评及影响因子分析——以都江堰市西街历史街区为例［J］．四川师范大学学报（社会科学版），2018，45（05）：102-110.

④ 蒋丽芹，熊乙．历史文化街区游客满意度的影响因素——以惠山古镇为例［J］．城市问题，2015（05）：27-33.

⑤ 周坤．基于 ECSI 修正模型的历史街区游客满意度研究［J］．重庆工商大学学报（社会科学版），2020，37（05）：67-74.

⑥ 刘建国，张妍，黄杏灵．基于感知情境的北京不同类型旅游景区游客满意度研究［J］．地理科学，2018，38（04）：564-574.

⑦ 刘斌，杨钊．城市历史文化街区旅游化发展问题研究——基于北京南锣鼓巷的旅游者凝视视角［J］．干旱区资源与环境，2021，35（03）：190-195.

总体而言，夜间经济的研究逐渐从刺激经济复苏向社会治安问题[①-②]延伸，随着文化产业发展，研究再次转向经济维度，尤其关注夜间经济政策措施刺激[③]、社区高级化作用[④]、丰富业态布局[⑤-⑥]、营造优质环境[⑦-⑧]。但上述研究者多数针对的是夜间经济的宏观研究，较少关注夜间经济的具体场景，也缺乏游客满意度方面的实证研究。在实践层面上，城市文化街区夜间经济能实现文旅消费新突破，推动经济高质量发展。然而，城市文化街区还停留在日间游客满意度分析上，其夜间经济游客满意度还是一片蓝海。因此，开展城市文化街区夜间经济游客满意度的研究具有较高理论和实践意义。本文借助 SPSS21.0 和 AMOS21.0 统计分析工具，运用结构方程模型方法，借鉴欧洲 ECSI 模型对成都宽窄巷子夜间经济游客满意度进行因子分析，从而探索城市文化街区夜间经济的规律。

二、城市文化街区夜间经济游客满意度模型建构

（一）模型建构与研究假设

欧洲顾客满意度指数（ECSI）模型是对瑞典顾客满意度指数（SCSB）模型及美国顾客满意度指数（ACSI）模型的继承与发展。相比于 ACSI 模型，ECSI 模型将“感知质量”细化为“感知硬件质量”和“感知软件质量”，以强调有形、无形产品与服务的价值。[⑨] 由于一些学者将“顾客抱怨”作为“顾客满意”的前置因素，实证结果

---

① Hobbs D，Hadfield P，Lister S，et al. Violence and control in the night-time economy［J］. *European Journal of Crime Criminal Law and Criminal Justice*，2005，13（1）：89-102.

② Finney A . Violence in the night-time economy：Key findings from the research［R］. London：Home Office Findings，2004.

③ Hadfield P，Lister S，Traynor P. “This town's a different town today.” Policing and regulating the night-time economy［J］. *Criminology and Criminal Justice*，2010，9（4）：465-485.

④ Hae L. *The gentrification of nightlife and the right to the city：regulating spaces of social dancing in New York*［M］. New York：Routledge，2012：11.

⑤ Bohling，F. Alcoholic assemblages：exploring fluid subjects in the night-time economy［J］. *Geoforum*，2015，58：132-142.

⑥ Roberts，M. A big night out：Young people's drinking，social practice and spatial experience in the “liminoid” zones of English night time cities［J］. *Urban Studies*，2015，52（3）：571- 588.

⑦ Rozhan，A. et al. Building the safe city planning concept ：an analysis of preceding studies［J］. *Jurnal Teknologi*，2015，75（9）：95-100.

⑧ Shaw，R. Alive after five：constructing the neoliberal night in Newcastle upon Tyne［J］. *Urban Studies*，2015，52（3）：456-470.

⑨ 刘新燕，刘雁妮，杨智，等．顾客满意度指数（CSI）模型述评．当代财经，2003，（6）：57-60.

表明抱怨处理对顾客满意度或者顾客忠诚度没有显著影响[①]，故ECSI模型删除“顾客抱怨”，增加“企业形象”这一对“顾客忠诚”有显著影响的变量[②]，模型最终由7个结构变量构成。ECSI模型应用于文旅领域游客满意度[③]研究的场景包括国际旅游[④]、城市公共旅游设施[⑤]、主题公园。[⑥]此类研究均根据研究对象的特征对ECSI模型适度调整，通常将“企业形象”改为“景区形象”。鉴于此，本文基于街区夜景形象的特征，构建城市文化街区夜间经济游客满意度模型（图13-1），7个模型变量分别为感知硬件质量（Hardware Perceived Quality）、感知软件质量（Software Perceived Quality）、游客期望（Tourist Expectation）、街区夜景形象（Night Scene of Block Image）、感知价值（Perceived Value）、游客满意（Tourist Satisfaction）、游客忠诚（Tourist Loyalty）。

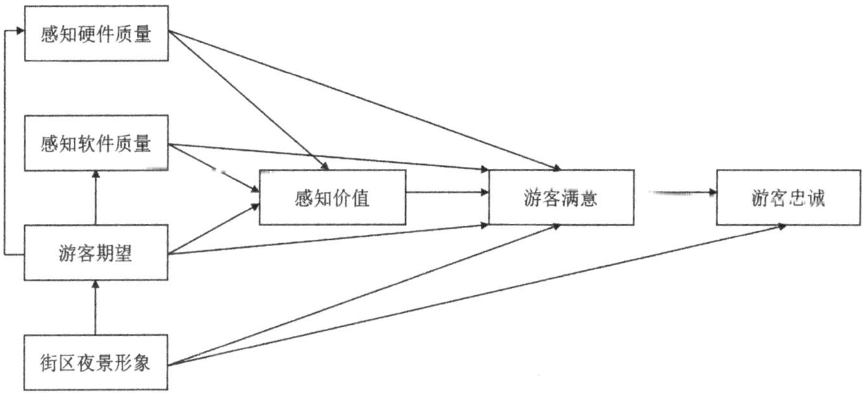

图13-1 城市文化街区夜间经济游客满意度模型

① Johnson M D, Gustafsson A, Andreassen T W, et al. The evolution and future of national customer satisfaction index models [J]. *Journal of Economic Psychology*, 2001, 22 (2): 217-245.

② Andreassen, Tor & Lindestad, Bodil. The effect of corporate image in the formation of customer loyalty [J]. *Journal of Service Research*, 1998, 1: 82-92.

③ 罗盛锋，黄燕玲，程道品，等.情感因素对游客体验与满意度的影响研究——以桂林山水实景演出“印象·刘三姐”为例[J].旅游学刊，2011，26（01）：51-58.

④ Wan A S, Tan, Falahat M, et al. Perceived consumption values, satisfaction and loyalty in the tourism: case of Malaysia [J]. *International Journal of Engineering & Technology*, 2018, 7 (03): 368-373.

⑤ Ying W, Tang X. The construction of the Tourism Public Facilities Tourist Satisfaction Index Model and the empirical research of Hangzhou [J]. *Journal of beijing international studies university*, 2013, 35 (07): 54-62.

⑥ 江丙瑞，杨钊，刘翟淳.主题公园游客满意度：量表开发与实证研究[J].四川师范大学学报：社会科学版，2018，45（5）：91-101.

根据上述理论综述及 ECSI 模型的研究结论，文章提出如下研究假设：

假设 H1：街区夜景形象对游客期望具有显著性正向影响；

假设 H2：游客期望对感知软件质量具有显著性正向影响；

假设 H3：游客期望对感知硬件质量具有显著性正向影响；

假设 H4：街区夜景形象对游客满意具有显著性正向影响；

假设 H5：街区夜景形象对游客忠诚具有显著性正向影响；

假设 H6：游客期望对感知价值具有显著性正向影响；

假设 H7：游客期望对游客满意具有显著性正向影响；

假设 H8：感知软件质量对感知价值具有显著性正向影响；

假设 H9：感知软件质量对游客满意具有显著性正向影响；

假设 H10：感知硬件质量对感知价值具有显著性正向影响；

假设 H11：感知硬件质量对游客满意具有显著性正向影响；

假设 H12：感知价值对游客满意具有显著性正向影响；

假设 H13：游客满意对游客忠诚具有显著性正向影响。

（二）量表设计与变量解释

本文基于 ECSI 模型的变量，参考相关文献并结合城市文化街区夜间经济特质，采用李克特五分量表法，设定 22 个观测变量（表 13-1）。另外，设置了性别、年龄、学历、职业、月收入、归属地 6 个人口特征题项，以及吸引物偏好和传播分享度等题目。本文根据研究对象特点，并结合相关研究，对 ECSI 模型的潜变量以及观测变量适度调整。一方面，街区夜间经济的重要元素是夜景形象，涉及街区、灯光、建筑、商铺、人群构成的场景，因此本文使用“街区夜景形象”这一潜变量取代“企业形象”，这样不仅便于测量游客夜间经济的满意度，同时也更为符合“场景理论”应用于文化空间与文化消费领域；另一方面，游客预期的观测变量通过与调研对象访谈，结合既有文献提取指标“预期停留时长”和“当晚预期消费”，更为客观可度量。①

① 史春云，刘泽华．基于单纯感知模型的游客满意度研究［J］．旅游学刊，2009，24（04）：51-55.

表 13-1　　问卷满意度题项及变量解释

空间维度	潜变量	题项	来源
物理空间 精神空间	街区夜景形象（NSBI）	街区特色鲜明	罗盛锋等[①]；郭凌[②]
		街道装饰美观	
		建筑别具一格	
		街区夜景迷人	
物理空间	感知硬件质量（HPQ）	街区交通便利	李瑛[③]；黄燕玲等[④]；王芳等[⑤]；田坤跃[⑥]
		街区公共设施完善	
		街区公共空间充足	
		在街区感到安全	
		在街区感到舒适	
精神空间	感知软件质量（SPQ）	街区生活氛围浓郁	钟晟[⑦]；王晖等[⑧]；孙希瑞等[⑨]
		街区文化特质明显	
		街区商业业态丰富	
		街区美食诱人	
		街区商业品牌时尚	

① 罗盛锋，黄燕玲，程道品，等．情感因素对游客体验与满意度的影响研究——以桂林山水实景演出“印象·刘三姐”为例［J］．旅游学刊，2011，26（01）：51-58.

② 郭凌，周鹏程．文化意象视角下城市历史街区游客满意度测评及影响因子分析——以都江堰市西街历史街区为例［J］．四川师范大学学报（社会科学版），2018，45（05）：102-110.

③ 李瑛．旅游目的地游客满意度及影响因子分析——以西安地区国内市场为例［J］．旅游学刊，2008（04）：43-48.

④ 黄燕玲，黄震方，袁林旺．基于 SEM 的饭店顾客满意度测评模型研究［J］．旅游学刊，2006（11）：54-60.

⑤ 王芳，谢朝武，吴必虎．景观空间尺度对游客满意度的影响及情绪体验的中介作用研究［J］．人文地理，2018，33（06）：142-151.

⑥ 田坤跃．基于 Fuzzy-IPA 的景区游客满意度影响因素的实证研究［J］．旅游学刊，2010，25（05）：61-65.

⑦ 钟晟．文化共同体、文化认同与国家文化公园建设［J］．江汉论坛，2022，（03）：139-144.

⑧ 王晖，王晋立．北京居民夜间消费倾向实证研究——基于Ⅳ-logit 回归模型的分析［J］．城市问题，2021，（02）：75-83.

⑨ 孙希瑞，吴贵华，魏琳．基于网络数据的城市夜间旅游游客体验研究［J］．资源开发与市场，2022，38（02）：249-256.

续表

空间维度	潜变量	题项	来源
社会空间	游客期望（TE）	预期停留时长	刘俊等[①]；访谈
		当晚预期消费	
	感知价值（PV）	消费价格适中	Morgan M 等[②]；Chen C F 等[③]；董观志等[④]
		商业服务很好	
	游客满意（TS）	对街区氛围满意	费耐尔[⑤]；马天等[⑥]；刘海滕等[⑦]
		消费体验感良好	
	游客忠诚（TL）	想再来这里游览	连漪等[⑧]；刘建国等[⑨]；Ladeira[⑩]
		想推荐朋友游览	

三、城市文化街区夜间经济游客满意度状况分析

（一）样本数据及描述

数据来源于武汉大学 2020 年“文化第一线”调研中城市文化街区夜间经济与文

① 刘俊，马风华，苗学玲．基于期望差异模型的 RBD 顾客满意度研究——以广州市北京路步行商业区为例［J］．旅游学刊，2004，（05）：14-19.

② Morgan M，Elbe J，Curiel J，et al. Has the experience economy arrived? The views of destination managers in three visitor-dependent areas［J］. *International Journal of Tourism Research*，2010，11（2）：201-216.

③ Chen C F，Chen F S . Experience quality，perceived value，satisfaction and behavioral intentions for heritage tourists［J］. *Tourism Management*，2010，31（1）：29-35.

④ 董观志，杨凤影．旅游景区游客满意度测评体系研究［J］．旅游学刊，2005，（01）：27-30.

⑤ Fornell C，Johnson M D，Anderson E W，et al. The American Customer Satisfaction Index：nature，purpose，and findings［J］. *Journal of Marketing*，1996，60（4）：7-18.

⑥ 马天，李想，谢彦君．换汤不换药？游客满意度测量的迷思［J］．旅游学刊，2017，32（06）：53-63.

⑦ 刘海滕，胡静，贾垚焱，等．具身视角下历史文化街区旅游体验质量研究——以江汉路及中山大道历史文化街区为例［J］．华中师范大学学报（自然科学版），2021，55（01）：128-136.

⑧ 连漪，汪侠．旅游地顾客满意度测评指标体系的研究及应用［J］．旅游学刊，2004，（05）：9-13.

⑨ 刘建国，晋孟雨．基于 IPA 方法的北京历史古迹景区游客满意度分析［J］．北京联合大学学报（人文社会科学版），2018，16（01）：38-45.

⑩ Ladeira W J，Santini F D O，Araujo C F，et al. A meta-analysis of the antecedents and consequences of satisfaction in tourism and hospitality［J］. *Journal of Hospitality Marketing & Management*，2016，25（8）.

旅消费调查的成都宽窄巷子项目，游客数据采集时段为某日下午 6∶00 至次日凌晨 6∶00，有效样本量为 200 份。数据统计表明：游客中有 70.5% 来自外地，29.5% 为本地人；男士占 38.5%，女士占 61.5%；年龄 18—25 岁的人数占比为 76%；大专或本科学历的占比 79.5%，游客的教育层次较高。游客职业分布，其中学生占比最高，达到 52%，其次是企业职员和事业单位职业，分别占 18.5% 和 18.5%；受职业影响月收入 2000 元以下的占比 44.5%，其次 2001 至 5000 元占 26.5%，5001 至 10 000 元占 21.5%，10 001 元及以上占 7.5%。从职业及收入情况可知，游客以学生为主，而绝大部分学生是尚未有独立经济来源的低收入群体；体制内的游客较多，该群体属于中等收入水平；高收入游客普遍较少。游客当天预计停留时间多为 1 小时至 2 小时，占比 44%；1 小时以内、2 小时至 3 小时占比分别为 25.5%、23%；停留时间超过 3 小时的占 5%；过夜的占比 2.5%。游客当晚的预计消费多集中在 1 至 200 元，占比 59%；其次是 201 至 500 元，占比 21%；500 至 1000 元占比 7.5%；1001 元及以上占比 5%；不消费占比 7.5%。

根据表 13–2 中的描述统计分析，宽窄巷子的游客以女性、青年、学生群体为主，且外地人群占比最多，该群体收入不高，当晚预计停留时间 1 至 2 小时，绝大多数预计消费 500 元以下，较少愿意在社交平台上分享游览信息，但对宽窄巷子综合评价较高。游览目的以旅游休闲为主，占 82.5%，吸引因素中城市标志、文化特色较显著，分别占 69.5%、68.5%。消费意愿以美食支付为主（占 83.5%），其次是文化艺术产品（占 47.5%）。其中，有 35.5% 的游客乐于分享游览体验，分享平台和形式多样，但以微信图文分享为主。游客对于宽窄巷子的氛围感受中复古与特色最为突出，评分均为 4.04；游览体验中街区建筑特色鲜明 4.17 分、街道装饰美观 4.21 分，街区消费价格适中 3.47 分，表明游客认为建筑特色、街道美观，体验良好，但物价较高。游客对宽窄巷子的整体满意度 3.99 分，但消费意愿一般仅 3.55 分。综合考虑游客对宽窄巷子的氛围感受、游览体验、整体评价各方面，最终平均得分为 3.86 分，说明游客较为满意。

表 13-2　　　　　　　　　　　　描述统计量

变量	变量解释	人数	百分比	变量	变量解释	人数	百分比
归属地	1= 本地	59	29.5	职业	1= 政府机关	4	2.0
	2= 外地	141	70.5		2= 事业单位职员	20	10.0
性别	1= 男	77	38.5		3= 企业职员	37	18.5
	2= 女	123	61.5		4= 学生	104	52.0
年龄	1<18	12	6.0		5= 个体户或自由职业	15	7.5
	18 ≤ 2 ≤ 25	152	76.0		6= 离退休	1	.5
	26 ≤ 3 ≤ 39	32	16.0		7= 无业	5	2.5
	40 ≤ 4 ≤ 59	2	1.0		8= 其他	14	7.0
	5 ≥ 60	2	1.0	预计停留时长（时）	0 < 1 < 1h	51	25.5
学历	1= 高中及以下	22	11.0		1h ≤ 2 < 2h	88	44.0
	2= 大专或本科	159	79.5		2h ≤ 3 < 3h	46	23.0
	3= 研究生及以上	19	9.5		4 ≥ 3	10	5.0
月收入（元）	1 ≤ 2000	89	44.5		5= 过夜	5	2.5
	2001 ≤ 2 ≤ 5000	53	26.5	预计消费（元）	1=0	15	7.5
	5001 ≤ 3 ≤ 10000	43	21.5		1 ≤ 2 ≤ 200	118	59.0
	10001 ≤ 4 ≤ 30000	9	4.5		201 ≤ 3 ≤ 500	42	21.0
	30001 ≤ 5 ≤ 50000	0	0		500 ≤ 4 ≤ 1000	15	7.5
	6>50000	6	3.0		1001 ≤ 5 ≤ 2000	3	1.5
是否分享	1= 无	129	64.5		2001 ≤ 6 ≤ 5000	4	2.0
	2= 有	71	35.5		7 ≥ 5000	3	1.5

（二）数据分析

1. 数据的信度和效度检验

对调研数据进行因子适用性分析（表 13–3），其中 KMO（检验统计量）值越接近于 1 意味着变量间的相关性越强，越适合对原有变量进行因子分析。样本的充分性 KMO 值等于 0.937，满足大于 0.6 的标准。样本分布的巴特利球形检验的近似卡方值为 3404.595，显著性水平小于 0.05，表明变量间独立的假设不成立，适合于因子分析。

表 13-3　　KMO 和 Bartlett 的检验

取样足够度的 Kaiser-Meyer-Olkin 度量		0.937
巴特利球形检验	近似卡方	3404.595
	自由度（df）	231
	显著性（Sig）	0.000

2. 模型拟合及评价

本文综合利用各类指标后选取比较拟合指数（CFI）、拟合优度指数（GFI）近似误差均方根指数（RMSEA）和卡方值除以模型自由度的值（CMIN/DF）等常用的拟合指标来检验模型拟合优度，检验结果如表 4 所示。城市文化街区游客满意度模型对应的 CFI、TLI、IFI、GFI 指标值均达到建议值标准。RMSEA 指数为 0.076，小于 0.08，满足学术界常用 RMSEA<0.08 的要求[①]。CMIN/DF 指标值 2.147 小于 3，达到建议标准。检验结果表明研究模型的拟合优度较为理想，说明所建结构方程模型具有一定的实际意义。

表 13-4　　城市文化街区夜间经济游客满意度模型

拟合指标	CFI 比较拟合指数	TLI 非规范拟合指数	IFI 增量拟合指标	GFI 拟合优度指数	RMSEA 近似误差均方根	CMIN/DF
建议值	>0.90	>0.90	>0.90	>0.80	<0.08	<3
检验值	0.933	0.920	0.934	0.846	0.076	2.147

（三）研究发现

运用 AMOS21.0 对模型的路径进行显著性检验，得出数据分析结论及假设检验结

① 温忠麟，侯杰泰，马什赫伯特．结构方程模型检验：拟合指数与卡方准则［J］．心理学报，2004，(02)：186-194.

果（表 13-5）。若 C.R. 值（临界值）大于 1.96、P 值（概率）小于 0.05，则表明通过检验标准，具有显著性。①结果显示，呈正相关的路径有：街区夜景形象与游客期望、游客期望与感知硬件（软件）质量、感知硬件（软件）质量与感知价值、感知价值与游客满意、游客期望与游客满意、游客满意与游客忠诚。然而，游客期望与感知价值负相关，感知硬件（软件）质量与游客满意不相关，街区夜景形象与游客满意负相关，街区夜景形象和游客忠诚不相关，说明这些变量之间不满足正态分布规律。故采用自助抽样（Bootstrap）的方法来估计置信区间并做出统计推断②，结果如表 13-6 标准化的 Bootstrap 中介效应检验所示，这些变量间都存在中介效用且彼此正相关。

表 13-5　　模型路径系数及假设检验

影响路径			标准化系数	C.R.（T 值）	P	假设检验
游客期望	<---	街区夜景形象	0.977	3.726	***	H1 成立
感知硬件质量	<---	游客期望	0.843	3.751	***	H3 成立
感知软件质量	<---	游客期望	0.946	3.720	***	H2 成立
感知价值	<---	感知软件质量	1.785	5.991	***	H8 成立
感知价值	<---	游客期望	−1.452	−2.893	0.004	H6 不成立
感知价值	<---	感知硬件质量	0.494	3.904	***	H10 成立
游客满意	<---	感知价值	0.830	2.934	0.003	H12 成立
游客满意	<---	感知软件质量	−0.623	−1.136	0.256	H9 不成立
游客满意	<---	游客期望	2.478	5.071	***	H7 成立
游客满意	<---	街区夜景形象	−1.351	−2.270	0.023	H4 不成立
游客满意	<---	感知硬件质量	−0.317	−1.668	0.095	H11 不成立
游客忠诚	<---	游客满意	0.882	8.380	***	H13 成立
游客忠诚	<---	街区夜景形象	−0.050	−0.526	0.599	H5 不成立

注：* 代表 P<0.05，** 代表 P<0.01，*** 代表 P<0.001

① 侯杰泰，温忠麟，成子娟 . 结构方程模型及其应用［M］. 北京：教育科学出版社，2004：162–165.
② 温忠麟，叶宝娟 . 中介效应分析：方法和模型发展［J］. 心理科学进展，2014，22（005）：731–745.

1. 街区夜景形象与游客期望正相关，和游客满意、游客忠诚有多重中介效应

根据数据分析结果可知，街区夜景形象对游客期望的路径系数是 0.977，P 值通过检验标准，具有显著性。因此，假设 H1 成立，街区夜景形象对游客期望具有显著性正向影响。街区夜景形象对游客满意的路径系数为 -1.351，P 值为 0.023，假设 H4 不成立，街区夜景形象对游客满意显著性负相关。但 Bootstrap 中介效应检验（表 6）结果显示街区夜景形象与游客满意存在多重中介效应，其多重中介效应即是二者间所有间接效应的总和[①]，其效应值为 2.114，P 值具有显著性。这说明街区夜景形象通过游客期望、感知硬件（软件）质量、感知价值多重中介变量对游客满意起间接正向作用。街区夜景形象对游客忠诚的路径系数为 -0.05，P 值为 0.599，未通过显著性检验，假设 H5 不成立，街区夜景形象与游客忠诚不相关。但 Bootstrap 中介效应检验结果显示街区夜景形象与游客忠诚存在多重中介效应，其效应值为 0.673，P 值具有显著性。街区夜景形象通过游客期望、感知硬件（软件）质量、感知价值、游客满意的多重中介变量对游客忠诚起间接正向作用。街区夜景形象与游客满意、游客忠诚的多重中介效应说明目前宽窄巷子对夜景形象的营造还不足以直接提升游客满意和游客忠诚。

2. 游客期望与感知硬件（软件）质量、游客满意正相关，但与感知价值间接正相关

游客期望对感知硬件质量的路径系数为 0.843，P 值具有显著性，假设 H3 成立，游客期望对感知硬件质量具有显著性正向影响。游客期望对感知软件质量路径系数为 0.946，P 值具有显著性，假设 H2 成立，游客期望对感知软件质量具有显著性正向影响。同相关研究结果游客期望对感知质量，即感知硬件（软件质量），显著正相关吻合。[②] 游客期望对游客满意的路径系数为 2.478，P 值具有显著性，假设 H7 成立，游客期望对游客满意具有显著性正向影响。游客期望对感知价值的路径系数为 -1.452，P 值是 0.004 具有显著性，但是负相关，假设 H6 不成立，游客期望与感知价值负相关。这一方面说明游客期望值越低，现场体验感高于预期反而感知价值越高；另一方面代表街区被游客低估，实际在场感知价值更高。这也印证了服务质

① 温忠麟，叶宝娟 . 中介效应分析：方法和模型发展［J］. 心理科学进展，2014，22（005）：731-745.

② 周坤 . 基于 ECSI 修正模型的历史街区游客满意度研究［J］. 重庆工商大学学报（社会科学版），2020，37（05）：67-74.

量模型 SERVQUAL 期望（服务质量期望）不符理论[①]。但 Bootstrap 中介效应检验结果显示游客期望与感知价值存在多重中介效应，其效应值为 2.104，P 值具有显著性。说明游客期望通过感知硬件质量与感知软件质量对感知价值起间接正向作用。

3. 感知价值与游客满意正相关，游客满意与游客忠诚正相关

感知价值对游客满意的路径系数是 0.830，且 P 值 0.03 具有显著性。假设 H12 成立，感知价值对游客满意具有显著性正向影响。游客满意对游客忠诚的路径系数是 0.882，P 值具有显著性。假设 H13 成立，游客满意对游客忠诚具有显著性正向影响。这与相关研究结论一致，游客满意与游客忠诚正相关。[②]

4. 感知硬件（软件）质量与感知价值正相关，并与游客满意有完全中介效应

感知硬件质量对感知价值的路径系数为 0.494，P 值具有显著性。假设 H10 成立，感知硬件质量对感知价值具有显著性正向影响。感知软件质量对感知价值的路径系数为 1.785，P 具有显著性。假设 H8 成立，感知软件质量对感知价值具有显著性正向影响。同相关研究结果感知质量，即感知软件（硬件）质量，与感知价值显著正相关吻合。[③] 然而，感知软件质量对游客满意的路径系数为 –0.623，且 P 值 0.256 不具有显著性，假设 H9 不成立，感知软件质量与游客满意不相关。感知硬件质量对游客满意的路径系数为 –0.317，P 值 0.095 未通过检验，假设 H11 不成立，感知硬件质量与游客满意不相关。通过对模型进行标准化的 Bootstrap 中介效应检验，感知软件质量与游客满意的中介效应值为 1.482，P 值通过检验。感知硬件质量与游客满意的中介效应值为 0.41，P 值具有显著性。这表明感知价值作为中介变量，使感知软件（硬件）质量对游客满意产生间接正相关。

---

① Parasuraman A . SERVQUAL : A multiple-item scale for measuring consumer perceptions of service quality［J］. *Journal of Retailing*，1988：12–40.

② 卢小丽，付帼 . 红色旅游质量、满意度与游客忠诚研究——以井冈山景区为例［J］. 管理评论，2018，30（02）：127–135.

③ 唐灿灿 . 珠海长隆海洋王国游客满意度实证研究——基于 ACSI 和 ECSI 模型［J］. 中共珠海市委党校珠海市行政学院学报，2015，（2）：74–80.

表 13-6　　标准化的 Bootstrap 中介效应检验

路径	效应值	Bias-corrected 95%CI（95% 的误差校正置信区间）			Percentile 95%CI（95% 的分数置信区间）		
		Lower（低）	Upper（高）	P（概率）	Lower（低）	Upper（高）	P（概率）
感知软件质量→感知价值→游客满意	1.482	0.551	4.899	0.003	0.48	4.061	0.01
感知硬件质量→感知价值→游客满意	0.41	0.078	1.479	0.004	0.049	1.169	0.01
游客期望→多重中介→感知价值	2.104	1.455	3.375	0.006	1.451	3.028	0.01
街区夜景形象→多重中介→游客满意	2.114	1.206	2.934	0.009	1.195	2.898	0.01
街区夜景形象→多重中介→游客忠诚	0.673	0.46	0.923	0.009	0.453	0.889	0.01

四、城市文化街区夜间经济高质量发展的启示

夜间经济是文旅消费中新的增长点，提高游客满意度则是促进城市文化街区夜间经济高质量发展的关键。游客是城市文化街区消费的主体，从模型来看，物质空间、精神空间、社会空间共同作用于游客满意度。促进三个空间的嵌入，是提升游客满意度的关键，是实现游客认知忠诚、情感忠诚外化为行为忠诚的基础，是促进城市文化街区夜间经济高质量发展的必由之路。

（一）加强文化空间建设和互嵌以提高游客满意度

一是基于空间生产理论，建构街区独特的夜间文化空间。夜间文化空间由物理空间、精神空间、社会空间构成[①-②]。根据模型的变量，感知硬件质量对应物理空间，感知软件质量对应文化空间，街区夜景形象是精神空间和物质空间的总和。游客期望、感知价值、游客满意、游客忠诚则对应社会空间。物理空间要求街区的基

① 陈波，延书宁．场景理论下非遗旅游地文化价值提升研究——基于浙江省 27 个非遗旅游小镇数据分析［J］．同济大学学报（社会科学版），2022，33（01）：20–32.
② 郭文，王丽．文化遗产旅游地的空间生产与认同研究——以无锡惠山古镇为例［J］．地理科学，2015，35（06）：708–716.

础建设完善，提供便利的交通网络和安全舒适且充足的街区公共空间。精神空间要求街区与原生态相近，生活氛围浓厚，要提供地方特色美食；商业业态丰富，要具有地方特色，且与时俱进；生活氛围和商业反映当地的文化特质，并且街区应建设独特的文化展示空间，以满足游客精神栖息的需求。[①]具体来说，街区夜景形象要求街区建筑形制最大程度上保持原生态，秉承修复是最好的建筑的理念；美化工程改造要符合街道历史人文风貌；要以绿色节能的照明工程来提升街区夜景的亮化程度；要实现传统与现代有机融合，从而形成独特鲜明、辨识度高的街区夜景形象。社会空间则要提高服务质量并加强景区推介，塑造街区真实立体的形象，使游客获得较好的体验，包括良好的心理预期、优质的产品与服务，从而营造良好的口碑等。

二是促进街区文化空间的建设和互嵌，以增强游客黏性。物质空间是精神空间及社会空间的基石；精神空间是连接物质空间和社会空间的阶梯；社会空间是物质空间和精神空间缔结的硕果。三层空间融合才能提升街区整体文化空间的品质[②]，方可提高游客的文化认同感[③]。具体来说，通过营造街区夜景形象，提高游客期望，游客期望提升进一步促进感知硬件（软件）质量的优化，进而促成感知价值的提高，达成游客满意的目的，实现游客忠诚的终极目标。值得关注的是，诸多变量之间的直接效应不强，反而是通过完全中介效应和多重中介效应产生间接作用。街区夜景形象对游客满意和游客忠诚均未直接产生正向影响，表明街区需要加强夜景形象的营造，满足游客的审美和文化需求。游客期望还不能直接对感知价值产生正向影响，街区应做好推介，提供丰富的游览信息，以便游客对目的地做出较好的预判。同时，需要强化街区硬件（软件）质量建设，进而提高游客感知并直接对游客满意产生正向影响。

（二）打造多元场景提升夜游质量以刺激游客消费

一是全面提升街区夜景形象工程以改善游客的体验感。建筑别具一格、街道装饰美观是夜景形象诸多观测指标中影响力排名前二位的因子。[④]一方面，夜景营造中要充分保留街区原始特色建筑的独特优势，充分利用古建复原及修缮的前沿技术

---

① 林攀，余斌．城市“夜间经济空间”的生产及其嬗变——以武汉市吉庆街为例［J］．现代城市研究，2021（02）：20-26.

② 郑震．空间：一个社会学的概念［J］．社会学研究，2010，25（05）：167-191+245.

③ 傅才武，钟晟．文化认同体验视角下的区域文化旅游主题构建研究——以河西走廊为例［J］．武汉大学学报（哲学社会科学版），2014，67（01）：101-106.

④ 周静．夜间消费的影响因素及异质性——基于消费者行为视角［J］．商业经济研究，2021（07）：74-77.

和材料，对街区的维护做到修旧如旧，街区对于商铺的改造需严格把关，不允许有破坏街区原有格调和损坏古建根基的行为；另一方面，要采用创新的灯光设计理念，运用先进技术以塑造人文的夜景形象，城市文化街区可以利用3D立体照明技术和全息投影技术，既可以将光源与城市文化街区建筑及标识融为一体，也可以利用虚拟现实技术推广沉浸式夜景互动装置，让游客融入其中产生互动体验。

二是加强街区基础设施建设以提升游客感知硬件的质量。亚里士多德提出“安全感和幸福感”是城市建设的原则。[①]同理，街区建设应该为游客带来安全感与幸福感，这很大程度依赖于游客对街区硬件质量的感知。首先，要提供宽阔舒适的公共空间。游客扎堆现象屡见不鲜，游客对空间舒适度的要求提升，在街区规划中要预留充足的公共空间。其次，要提高街区的安全性。安全出行是游览质量的保障，街区应做到监控无死角，要加强安全巡逻，重点规范酒吧等娱乐场所的秩序。再次，要完善夜间标识体系。优化景观标识、商铺标识、安全出口、泊位标识等，使人车合理引流、有序进出。最后，要优化公共交通服务，便利游客出行。要优化公交线路的走向和班次[②]，加大公交延时运营补助、地铁重点时段补贴，保障出租车和网约车服务的规范化发展。

三是营造街区历史文化氛围以提高游客感知软件质量。鲜明的街区文化特质是感知软件质量的核心，也是精神空间的灵魂。地方文化特色是街区独特的烙印，是夜间经济差异化的核心竞争优势。卡米诺·西特在《城市建设艺术》中提出城市建设应“摆脱现代的方块体系；尽可能挽救古代城市遗迹；在今后的创作中更接近古代典范的基本思想”[③]。宽窄巷子较好地保留了清兵丁胡同的布局和部分原始建筑风貌。但其文化墙的改造不佳，文化墙置于井巷子一侧，门庭冷落且夜灯微弱。因此，街区应将独特的历史文化、方言、故事、城市理念通过光影技术投射在古建筑、文化墙上，引领观光者感受城市深厚的人文底蕴。[④]

四是用心经营公关及外宣形象以提升游客期望。游客预期与街区传达的信息直接相关。一方面，以大众人际传播建立口碑。调查中发现街区游客的分享率仅

---

① 亚里士多德．尼各马可伦理学［M］．北京：商务印书馆，2017：302-311.

② 刘益，滕梦秦．基于旅游数字足迹的夜间旅游流网络结构研究——以广州市为例［J］．西北大学学报（自然科学版），2021，51（02）：279-286.

③ 卡米诺·西特．城市建设艺术：遵循艺术原则进行城市建设［M］．仲德昆，译．南京：东南大学出版社，1990：2.

④ 甄伟锋，刘建萍．夜间经济的文化经济学分析［J］．福建论坛（人文社会科学版），2020（12）：66-72.

35.5%，不足一半。因此，街区可以鼓励游客通过社交媒体“分享点赞有礼”，鼓励游客实时分享，以产生裂变效果。另一方面，以大众传播提高知晓度。社交媒体迭代频繁，街区要拓展抖音号、小红书等新媒体矩阵，提高街区的曝光率，广泛宣传街区夜景形象。街区突发事件等会直接影响到游客预期，这要求街区提高公关水平，处理危机公关要保持良好的态度和形象，提高事件（尤其是热点事件）的共情性，尽可能地提高街区的热度。

五是要实现内容升级、文化点亮、消费分级，以提升游客感知价值。街区夜间经济亟须解决的问题是能否提供合适的产品与服务，满足群体差异性的精神文化诉求。① 街区的产品与服务、文化主体设定，既要阳春白雪，也要下里巴人；既要呈现包容文化性，又要突现地方特色。街区要鼓励新兴文化消费业态。美食方面拓展深夜食堂、私房菜与大师菜、LIVE 实况转播餐厅；② 支持特色民俗、主题酒店发展；丰富 24 小时书店夜间活动等；娱乐内容上拓展酒吧主题文化、live house 演唱会等活动；剧场要鼓励实验先锋剧目与传统剧目的融合创新。例如，宽窄巷子应当立足清兵丁胡同的历史印记、成都“闲”文化的设定讲好故事，全面推进川剧变脸沉浸式体验，深度发展大碗茶故事会。游客直观的价值感受来源于服务、产品的价格及品质。调查结果显示，游客对于街区的物价普遍不满意，认为超出当地的物价水平。游客越来越倾向于深度游，希望获得地道的文化与生活体验③，这就要求街区细分游客，做好消费分级，鼓励以创意夜市的方式活跃地摊经济，引进不同层次的品牌商铺，为游客提供差异化的产品及服务。

【参考文献】

[1] Andreassen，Tor & Lindestad，Bodil. The effect of corporate image in the formation of customer loyalty [J]. *Journal of Service Research*，1998，1：82-92.

[2] Beer，C. Centres that never sleep？ Planning for the night time economy within the commercial centres of Australian cities [J]. *Australian Planner*，2011，48（3）：141-147.

[3] Bianchini，Franco. Night cultures，night economies [J]. *Planning Practice and Research*，

① 郑自立. 文化与“夜经济”融合发展的价值意蕴与实现路径 [J]. 当代经济管理，2020，42（06）：57-62.

② 程小敏. 中国城市美食夜间经济的消费特点与升级路径研究 [J]. 消费经济，2020，36（04）：11-21.

③ 李炎. 现代性驱动：文化与旅游融合的根本逻辑 [J]. 人民论坛·学术前沿，2019（11）：80-88.

1995（10）：121-126.

[4] Chen C F, Chen F S. Experience quality, perceived value, satisfaction and behavioral intentions for heritage tourists [J]. *Tourism Management*, 2010, 31 (1): 29-35.

[5] Hobbs D, Hadfield P, Lister S, et al. Violence and control in the night-time economy [J]. *European Journal of Crime Criminal Law and Criminal Justice*, 2005, 13 (1): 89-102.

[6] Bohling, F. Alcoholic assemblages: exploring fluid subjects in the night-time economy [J]. *Geoforum*, 2015, 58: 132-142.

[7] Franco Bianchini. Night cultures, night economies [J]. *Planning Practice & Research*, 1995, 10 (2): 121-126.

[8] Finney A. Violence in the night-time economy: key findings from the research [R]. London: Home Office Findings, 2004.

[9] Fornell C, Johnson M D, Anderson E W, et al. The American Customer Satisfaction Index: nature, purpose, and findings [J]. *Journal of Marketing*, 1996, 60 (4): 7-18.

[10] Hadfield P, Lister S, Traynor P. "This town's a different town today." Policing and regulating the night-time economy [J]. *Criminology and Criminal Justice*, 2010, 9 (4): 465-485.

[11] Hae L. *The gentrification of nightlife and the right to the city: regulating spaces of social dancing in New York* [M]. New York: Routledge, 2012: 11.

[12] Hobbs D, Winlow S, Hadfield P, et al. *Violent hypocrisy governance and the night-time economy* [M]. Oxford University Press, 2005: 34.

[13] Ladeira W J, Santini F D O, Araujo C F, et al. A meta-analysis of the antecedents and consequences of satisfaction in tourism and hospitality [J]. *Journal of Hospitality Marketing & Management*, 2016.

[14] Morgan M, Elbe J, Curiel J, et al. Has the experience economy arrived? The views of destination managers in three visitor-dependent areas [J]. *International Journal of Tourism Research*, 2010, 11 (2): 201-216.

[15] Parasuraman A. SERVQUAL: A multiple-item scale for measuring consumer perceptions of service quality [J]. *Journal of Retailing*, 1988: 12-40.

[16] Roberts, M. & Eldridge A. Quieter, safer, cheaper: Planning for a more inclusive evening and night- time economy [J]. *Planning, Practice & Research*, 22 (2): 253 - 266.

[17] Roberts, M. A big night out: Young people's drinking, social practice and spatial experience in the "liminoid" zones of English night time cities [J]. *Urban Studies*, 2015, 52 (3): 571- 588.

[18] Rozhan, A, et al. Building the safe city planning concept: an analysis of preceding studies [J]. *Jurnal Teknologi*, 2015, 75 (9): 95-100.

[19] Shaw, R. Alive after five: Constructing the neoliberal night in Newcastle upon Tyne [J]. *Urban Studies*, 2015, 52 (3): 456-470.

[20] Johnson M D, Gustafsson A, Andreassen T W, et al. The evolution and future of national customer satisfaction index models [J]. *Journal of Economic Psychology*, 2001, 22 (2): 217-245.

[21] Wan A S, Tan, Falahat M, et al. Perceived consumption values, satisfaction and loyalty

in the tourism: case of Malaysia［J］. *International Journal of Engineering & Technology*, 2018, 7（03）: 368–373.

［22］Ying W, Tang X. The construction of the Tourism Public Facilities Tourist Satisfaction Index Model and the empirical research of Hangzhou［J］. *Journal of beijing international studies university*, 2013, 35（07）: 54–62.

［23］艾媒咨询. 2020年中国夜间经济规模将破30万亿元［J］. 财经界，2019（09）：18–19.

［24］陈波，延书宁. 场景理论下非遗旅游地文化价值提升研究——基于浙江省27个非遗旅游小镇数据分析［J］. 同济大学学报（社会科学版），2022，33（01）：20–32.

［25］程小敏. 中国城市美食夜间经济的消费特点与升级路径研究［J］. 消费经济，2020，36（04）：11–21.

［26］丁焕峰，周艳霞. 从夜间灯光看中国区域经济发展时空格局［J］. 宏观经济研究，2017（03）：128–136.

［27］董观志，杨凤影. 旅游景区游客满意度测评体系研究［J］. 旅游学刊，2005（01）：27–30.

［28］付晓东. 夜间经济激发城市治理新动能［J］. 人民论坛，2019（28）：48–51.

［29］傅才武，王异凡. 场景视阈下城市夜间文旅消费空间研究——基于长沙超级文和友文化场景的透视［J］. 武汉大学学报（哲学社会科学版），2021，74（06）.

［30］傅才武，钟晟. 文化认同体验视角下的区域文化旅游主题构建研究——以河西走廊为例［J］. 武汉大学学报（哲学社会科学版），2014，67（01）：101–106.

［31］郭凌，周鹏程. 文化意象视角下城市历史街区游客满意度测评及影响因子分析——以都江堰市西街历史街区为例［J］. 四川师范大学学报（社会科学版），2018，45（05）：102–110.

［32］郭文，王丽. 文化遗产旅游地的空间生产与认同研究——以无锡惠山古镇为例［J］. 地理科学，2015，35（06）：708–716.

［33］黄亮雄，韩永辉，王佳琳，等. 中国经济发展照亮"一带一路"建设——基于夜间灯光亮度数据的实证分析［J］. 经济学家，2016（09）：96–104.

［34］侯杰泰，温忠麟，成子娟. 结构方程模型及其应用［M］. 北京：教育科学出版社，2004：162–165.

［35］黄亮雄，王贤彬，刘淑琳. 经济增长目标与激进城镇化——来自夜间灯光数据的证据［J］. 世界经济，2021，44（06）：97–122.

［36］黄燕玲，黄震方，袁林旺. 基于SEM的饭店顾客满意度测评模型研究［J］. 旅游学刊，2006（11）：54–60.

［37］蒋丽芹，熊乙. 历史文化街区游客满意度的影响因素——以惠山古镇为例［J］. 城市问题，2015（05）：27–33.

［38］江丙瑞，杨钊，刘翟淳. 主题公园游客满意度：量表开发与实证研究［J］. 四川师范大学学报：社会科学版，2018，45（5）：91–101.

［39］卡米诺·西特. 城市建设艺术：遵循艺术原则进行城市建设［M］. 仲德昆译，南京：东南大学出版社，1990：2.

［40］刘建国，张妍，黄杏灵．基于感知情境的北京不同类型旅游景区游客满意度研究［J］．地理科学，2018，38（04）：564-574.

［41］刘建国，晋孟雨．基于 IPA 方法的北京历史古迹景区游客满意度分析［J］．北京联合大学学报（人文社会科学版），2018，16（01）：38-45.

［42］刘斌，杨钊．城市历史文化街区旅游化发展问题研究——基于北京南锣鼓巷的旅游者凝视视角［J］．干旱区资源与环境，2021，35（03）：190-195.

［43］刘新燕，刘雁妮，杨智，等．顾客满意度指数（CSI）模型述评［J］．当代财经，2003（6）：57-60.

［44］罗盛锋，黄燕玲，程道品，等．情感因素对游客体验与满意度的影响研究——以桂林山水实景演出“印象·刘三姐”为例［J］．旅游学刊，2011，26（01）：51-58.

［45］李瑛．旅游目的地游客满意度及影响因子分析——以西安地区国内市场为例［J］．旅游学刊，2008（04）：43-48.

［46］刘海朦，胡静，贾垚焱，等．具身视角下历史文化街区旅游体验质量研究——以江汉路及中山大道历史文化街区为例［J］．华中师范大学学报（自然科学版），2021，55（01）：128-136.

［47］刘俊，马风华，苗学玲．基于期望差异模型的 RBD 顾客满意度研究——以广州市北京路步行商业区为例［J］．旅游学刊，2004（05）：14-19.

［48］连漪，汪侠．旅游地顾客满意度测评指标体系的研究及应用［J］．旅游学刊，2004（05）：9-13.

［49］卢小丽，付帼．红色旅游质量、满意度与游客忠诚研究——以井冈山景区为例［J］．管理评论，2018，30（02）：127-135.

［50］林攀，余斌．城市“夜间经济空间”的生产及其嬗变——以武汉市吉庆街为例［J］．现代城市研究，2021（02）：20-26.

［51］李炎．现代性驱动：文化与旅游融合的根本逻辑［J］．人民论坛·学术前沿，2019（11）：80-88.

［52］刘益，滕梦秦．基于旅游数字足迹的夜间旅游流网络结构研究——以广州市为例［J］．西北大学学报（自然科学版），2021，51（02）：279-286.

［53］马天，李想，谢彦君．换汤不换药？游客满意度测量的迷思［J］．旅游学刊，2017，32（06）：53-63.

［54］毛中根，龙燕妮，叶胥．夜间经济理论研究进展［J］．经济学动态，2020（02）：103-116.

［55］孙希瑞，吴贵华，魏琳．基于网络数据的城市夜间旅游游客体验研究［J］．资源开发与市场，2022，38（02）：249-256.

［56］史春云，刘泽华．基于单纯感知模型的游客满意度研究［J］．旅游学刊，2009，24（04）：51-55.

［57］田坤跃．基于 Fuzzy-IPA 的景区游客满意度影响因素的实证研究［J］．旅游学刊，2010，25（05）：61-65.

［58］唐灿灿．珠海长隆海洋王国游客满意度实证研究——基于 ACSI 和 ECSI 模型［J］．中共珠海市委党校珠海市行政学院学报，2015（2）：74-80.

［59］温忠麟，侯杰泰，马什赫伯特．结构方程模型检验：拟合指数与卡方准则［J］．心理学报，2004，(02)：186-194.

［60］温忠麟，叶宝娟．中介效应分析：方法和模型发展［J］．心理科学进展，2014，22（005)：731-745.

［61］王晖，王晋立．北京居民夜间消费倾向实证研究——基于Ⅳ -logit 回归模型的分析［J］．城市问题，2021（02)：75-83.

［62］王芳，谢朝武，吴必虎．景观空间尺度对游客满意度的影响及情绪体验的中介作用研究［J］．人文地理，2018，33（06)：142-151.

［63］徐康宁，陈丰龙，刘修岩．中国经济增长的真实性：基于全球夜间灯光数据的检验［J］．经济研究，2015，50（09)：17-29+57.

［64］于萍．夜间旅游与夜经济：城市发展的新动力［J］．改革与战略，2010，26（10)：32-33+128.

［65］亚里士多德．尼各马可伦理学［M］．北京：商务印书馆，2017：302-311.

［66］钟晟．文化共同体、文化认同与国家文化公园建设［J］．江汉论坛，2022（03)：139-144.

［67］郑震．空间：一个社会学的概念［J］．社会学研究，2010，25（05)：167-191+245.

［68］周静．夜间消费的影响因素及异质性——基于消费者行为视角［J］．商业经济研究，2021（07)：74-77.

［69］甄伟锋，刘建萍．夜间经济的文化经济学分析［J］．福建论坛（人文社会科学版)，2020（12)：66-72.

［70］郑自立．文化与“夜经济”融合发展的价值意蕴与实现路径［J］．当代经济管理，2020，42（06)：57-62.

［71］中华人民共和国中央人民政府，国务院办公厅关于进一步激发文化和旅游消费潜力的意见［EB/OL］．(2019-08-23)［2020-4-2］.http：//www.gov.cn/zhengce/content/2019-08/23/conten t_ 5423809.htm.

［72］邹统钎．我国夜间经济发展现状、问题与对策［N］．北京：中国旅游报，2019-04-16（003)．

［73］翟群．拥抱夜间文化休闲需求的蓝海［N］．北京：中国文化报，2019-11-23（006)．

［74］周坤．基于 ECSI 修正模型的历史街区游客满意度研究［J］．重庆工商大学学报（社会科学版)，2020，37（05)：67-74.

从艺术管理视角探析广西藤县舞狮的传承与发展

张嘉怡[①]
（北京大学艺术学院，北京，100871）

【内容提要】藤县舞狮是广西梧州的传统民俗运动，于2011年成功入选《第三批国家级非物质文化遗产名录》，有着“东方狮王”的美誉。但是随着社会的发展，尤其是受到新冠疫情的影响，藤县舞狮的传承与发展面临诸多挑战，需要专业的艺术管理理论加以指导。本文从艺术管理的视角出发，采用文献分析法与访谈法展开研究，主要介绍藤县舞狮的艺术特色、传承情况与发展困境，分析藤县舞狮当下的艺术管理策略，并尝试结合艺术管理理论对后疫情时代下藤县舞狮的发展提出新建议。

【关键词】藤县舞狮；艺术管理；非遗传承；发展建议

Abstract: Teng County Lion Dance is one of the traditional folk sports in Wuzhou, Guangxi. In 2011, Teng County Lion dance was successfully listed in List of Intangible Cultural Heritage of China, hoorayed as "Lion King of the East". However, with the development of society, especially under the influence of the convid-19, the inheritance and development of Teng County Lion Dance are facing many challenges, which requires the guidance of professional art management theories. From the perspective of art management, this paper adopts the method of literature analysis and interview to conduct research, mainly elaborates on the artistic characteristics, inheritance and development difficulties of the lion dance in Teng County, analyzes the current art management strategies of the lion dance in Teng County, and tries to

① 张嘉怡，北京大学艺术学院文化产业方向21级硕士研究生，研究方向：文化产业与数字文旅。

put forward new suggestions for the development of lion dance in Teng County in the post-epidemic era by applying art management theories.

Key words: Teng County Lion Dance, Arts management, intangible cultural heritage, development advice

一、引　　言

中国舞狮起源于汉代，集运动竞技与艺术审美于一体，是我国民间的优秀民俗活动①。舞狮主要分为北狮和南狮两种，其中南狮又被称为“醒狮”，动作威猛、鼓乐激昂，深受民众喜爱。地处桂东南的藤县舞狮，便是南狮中的翘楚②。藤县舞狮的历史可以追溯到千年前，在清乾隆时期达到鼎盛。明末清初，藤县当地的舞狮队伍高达500余支③。20世纪90年代末，藤县禤洲村舞狮队成立，广泛学习众家所长。2004年7月，这支队伍作为中国代表队出战了在马来西亚举办的“世界狮王争霸赛”，并凭借精彩的表演勇夺冠军，一举获得“东方狮王”的荣誉称号。④2006年，藤县舞狮入选广西《第一批区级非物质文化遗产名录》。2011年，藤县舞狮又成功入选《第三批国家级非物质文化遗产名录》。⑤藤县舞狮凝结了两广地区广大劳动人民的无与伦比的生活智慧与艺术创造力，是优秀的民间文化活化石。

然而，在时代发展日新月异的如今，藤县舞狮的发展不可避免地遇到了一些困难和挑战，如人才流失、资金紧缺等问题。疫情的影响更是使其雪上加霜。目前，已有诸多前人学者通过实地走访、田野调查等形式对藤县舞狮的传承现状进行了调研，也针对一些困境给予了相关建议，不过，暂时没有文献从艺术管理学的视角进行分析。赵骞指出，艺术管理对于艺术的发展和传播有着重要影响。⑥作为一种民间艺术，提高艺术管理质量对于藤县舞狮破除困境、持续发展有着不可替代的积极意

---

① 孙庆彬，王晓晨，牛培林，等．南狮管窥：岭南醒狮的“困”之境与“养”之道——基于藤县舞狮保护传承的实地调查［J］．玉林师范学院学报，2019，40（01）：44-47.

② 张仕．当代社会变迁下岭南醒狮传承发展研究——基于广西藤县“东方狮王”的实地调查［J］．五邑大学学报（社会科学版），2022，24（02）：21-25+92.

③ 向军，苗宇，郑荣发．国家非物质文化遗产“藤县舞狮”的传承与保护研究［J］．南京体育学院学报，2018，1（12）：75-80+2.

④ 张仕．当代社会变迁下岭南醒狮传承发展研究——基于广西藤县“东方狮王”的实地调查［J］．五邑大学学报（社会科学版），2022，24（02）：21-25+92.

⑤ 王标．从传承普系看广西藤县舞狮技艺变迁［J］．辽宁体育科技，2019，41（06）：88-92.

⑥ 赵骞．论艺术管理在艺术发展和传播中的作用［J］．大观（论坛），2021（12）：36-37.

义。本文从艺术管理的视角出发，主要采用文献资料法与访谈法，对藤县舞狮的艺术特色、传承演变与发展困境展开分析，结合艺术管理理论分析藤县舞狮产业结构，并尝试为促进藤县舞狮这一优秀民间艺术的发展提供新的思路。

二、艺术特色

藤县舞狮表演有诸多组成部分，包括舞步、鼓乐、狮头、狮身等，是一种集合舞蹈、音乐、戏剧、雕塑、杂技、体操等多种艺术形式的视听综合艺术。藤县舞狮主要可以分为采青狮（文狮）① 与高桩狮（武狮）② 两种舞蹈形式③。藤县舞狮队的前身是成立于 1997 年的藤县禤州武术醒狮队，主要以采青舞狮为主。后来，在藤县体委的支持下，禤洲醒狮队向濛江狮队学习传统舞狮技术，又向广东狮队学习高桩舞狮，并将多地的优秀成果融会贯通，整合创新，形成了如今藤县舞狮队兼具力量感与美学意味的独特舞狮表演形式。④ 藤县舞狮表演能够让观众获得多重审美体验。

1. 视觉体验

视觉体验动静相宜。从动态方面讲，一头头或金、或白、或红的狮子在高高的木桩上高速闪转腾挪，惊险刺激、高潮迭起。梁爽指出，藤县舞狮中狮子的动作有“轻捷地走、跑、跳、飞和巧险地上桩、翻腾、凌空跃、拜四方、甩尾跳、回头跳等”。例如，“灵猴攀树”的舞狮套路技法中，狮子跺脚、转身、昂首挺背，跳跃的动作与静止的造型连缀成篇、一气呵成⑤，塑造出摇头摆尾、活灵活现、神气十足的狮子形象，令观众叹为观止。从静态方面讲，除了欣赏舞姿之外，观众还可以欣赏

① 资料显示，采青狮是濛江子孙堂醒狮团舞狮前辈集众家之长，根据狮子的十大神态（喜、怒、醉、乐、猛、惊、疑、动、静、醒等）所创造出来的舞狮内容。传承下来的节目有《雄狮拆蟹》《狮子吃柚》《高台采青》《狮子摘银元》《狮子捞银元》等；表演套路有参拜、起狮、三星、抛狮、洗脚、食青等；打击乐表演套路有擂鼓、起狮鼓、行狮鼓、抛狮鼓、七星鼓等。采青表演中放有象征“青”的生菜，寓意为“生财”，整个舞狮表演围绕着狮子上山采青展开。（资料来源：藤县舞狮从业人员提供）

② 资料显示，高桩狮是在采青狮的基础上，根据狮子的十四大神态（喜、怒、醉、乐、猛、惊、疑、动、静、醒、寻、望、探、烦等），集武术、舞蹈、技巧、杂技等表现手法于一体的开发的藤县狮舞内容。目前已问世的节目有《高桩舞狮》《金狮倒挂》《灵猴攀树》《金狮翻筋斗》《醉狮独峰赏月》《绝壁采灵芝》等；技艺（套路）有“飞攀上桩”“侧空翻下桩”“桩上钢线前滚翻”“钢线一字腿”“飞桩 3.5 米”“独桩挟腰转体 450 度”“金狮倒挂”等。（资料来源：藤县舞狮从业人员提供）

③ 梁爽 . 试论广西藤县舞狮的舞蹈特性与社会功能［J］. 尚舞，2021（19）：123-125.

④ 向军，梁炳源，苗宇 . 藤县舞狮文化现代传承模式及其协同策略研究［J］. 体育科技，2019，40（01）：89-90.

⑤ 梁爽 . 试论广西藤县舞狮的舞蹈特性与社会功能［J］. 尚舞，2021（19）：123-125.

藤县人民精心打造的各式狮头、狮身道具。这些精致的龙狮工艺品本身便具有审美价值。藤县的舞狮演员们穿戴着它们在空中定格，做出“金狮倒挂”“醉狮独峰赏月”“钢丝上一字腿”等舞蹈造型，给观众留下了深刻的印象。

2. 听觉体验

听觉体验韵律明快。舞狮表演中，背景音乐与舞蹈动作的结合非常重要，舞狮演员往往配合鼓点节奏而起落。舞狮表演主要使用乐鼓、锣、钹等乐器进行演奏[①]，鼓乐的打击节奏与舞蹈的节奏相契合，往往激昂的音乐、急促的节拍会出现在舞蹈动作夸张、故事情节高潮的时候，视听相合，各增加其艺术效果。

3. 心理体验

观众还可以通过观看舞狮表演获得文化层面的精神体验。舞狮自古以来便是中国人民热爱的民俗活动，更是被无数先人赋予了“吉祥如意”“喜庆纳福”的美好寓意。至今，舞狮文化流传至大江南北，成为海内外华人心中关于传统文化的深沉烙印。观看舞狮表演时，人们可以通过精彩的艺术形式体悟其背后蕴藏的优秀中国传统文化，感受自己与恢弘的神州大地相连之感，在心中塑造起“共同体想象”[②]，无形中增强中国文化向心力与中华民族归属感。

三、传承及发展现状

1. 传承情况

藤县舞狮的历史源远流长，大约在唐代便出现了狮子形象，藤县县城中的龙母庙门前伫立的两尊唐朝“蛇身狮头”雕像便是证明。不过，其历史上的传承谱系已经遗失，直到近些年申报非遗时才有学者对其进行系统整合。[③] 目前，可追溯到的藤县舞狮第一代传承人出生于清末，至今约有五代（详细传承人名录见附录 1）。[④] 历史上舞狮队伍的民间传承主要有两种形式，分别为血缘传承和地缘传承。血缘传承即为家族主导式的“父母—子女”模式，如第四代与第五代传承人中的邓氏家族成员即主要为血缘传承；地缘传承则指的是处于同一地理环境下的乡亲、邻居、宗族成

---

① 梁爽 . 试论广西藤县舞狮的舞蹈特性与社会功能［J］. 尚舞，2021（19）：123-125.

② 本尼迪克特 · 安德森 . 想象的共同体［M］. 上海：上海人民出版社，2016：08+310.

③ 向军，苗宇，郑荣发 . 国家非物质文化遗产“藤县舞狮”的传承与保护研究［J］. 南京体育学院学报，2018，1（12）：75-80+2.

④ 同③.

员间等以师徒的形式进行传承，从第一代至第四代的大部分舞狮传承人都在此列。[①]进入现代后，在政府的支持下，社会上出现了一批专业的舞狮团队、公司企业与教习机构，如中国龙狮运动协会、开设舞狮专业的藤县中等专业学校（下称藤县中专）、梧州市藤县狮王文化传播有限公司（下称狮王公司）等。这些社会组织又为舞狮文化的传播继承提供了新的场域，出现了学校传承、企业传承等新的传承形式。然而，即使开辟了新的传承通道，当前藤县舞狮的传承与发展仍然面临着严峻的考验。

2. 发展困境

随着经济社会的发展，藤县舞狮受到了重重冲击，传承与发展逐渐陷入了困境，许多学者都曾对此进行过研究。本文结合文献资料与对藤县舞狮从业人员[②]的采访，对藤县舞狮当前面临的困境进行分析，得出如下结论：

（1）专业人才流失

改革开放以来，内陆人口逐渐向沿海发达城市迁移，大量藤县居民赴广东打工，许多舞狮从业者也在此列。此外，藤县狮队与外地狮队接触不断增多，许多舞狮精英被发达地区狮队以高昂薪金聘走[③]，在外地将舞狮文化发扬光大，但本地却陷入了人才流失、无以为继的窘境。此危机在10年前尤为严峻[④]，虽然近些年在各方的努力下有所缓解，但仍然是不可忽视的问题。

（2）后备人才紧缩

舞狮表演惊险紧张，需要演员进行强爆发力、高强度的体力活动，因此演员年龄大多集中在15—25岁，职业巅峰期非常短暂，同时对身体的消耗相当大，容易受伤。在到达一定年龄后，舞狮演员要么转向后勤辅助工作，如扎作道具、教学管理；要么转行，前途并不明确。在面临多重人生选择之际，许多年轻人对舞狮之路的职业选择存在顾虑。

（3）文化认同下降

曾经每逢佳节，舞狮活动是藤县各地的保留节目。然而，近20年来，面对新媒

① 梁海萍，蒋东升，唐元超，等. 新时代背景下广西藤县舞狮运动传承与发展策略研究［J］. 运动精品，2019，38（03）：39-41.

② 主要受访者为藤县中等专业学校舞狮专业的教务老师、梧州市藤县狮王文化传播有限公司的负责人等。

③ 向军，苗宇，郑荣发. 国家非物质文化遗产“藤县舞狮”的传承与保护研究［J］. 南京体育学院学报，2018，1（12）：75-80+2.

④ 张仕. 当代社会变迁下岭南醒狮传承发展研究——基于广西藤县“东方狮王”的实地调查［J］. 五邑大学学报（社会科学版），2022，24（02）：21-25+92.

体的崛起、西方文化的冲击，越来越多的民众对传统的舞狮文化“失去兴趣”，而转向手机中短、平、快的声光电刺激，更愿意消费电影、电视等大众流行文化。青少年群体中的很多人甚至认为舞狮已经过时，并且更加热衷于现代的文化娱乐。[①] 在这种观念的影响下，看舞狮的人减少了，舞狮表演的市场骤然缩水，承载舞狮文化的场域也不断减少，人们对舞狮的关注和热情也逐渐降低，构成了一个恶性循环。

（4）新冠疫情影响

新冠疫情影响了社会的方方面面，某种程度上使得上述三个问题都更加尖锐和严峻。防控新冠疫情之下，藤县本地的舞狮商演数量锐减。在号称“狮舞之乡”的藤县，部分地区甚至数月没有舞狮商演活动，许多地方狮队入不敷出、难以维持生计，一些民间队伍甚至解散、转行或离开本地。一些当地民众了解到这样的情况后，送孩子进入舞狮学校进行学习的意愿便降低，后备人员数量受到了一定的负面影响。

不过，舞狮文化并没有就此被重重困难击败。藤县政府十分重视对舞狮文化的保护与发展。在政府的支持下，藤县热爱舞狮文化的各界人士做了许多努力，形成了一套具有当地特色的舞狮产业艺术管理体系，始终推进着舞狮文化的发扬光大。下文将从艺术管理的角度，分析藤县舞狮当前的文化产业结构及艺术管理策略。

四、艺术管理现状

“文化艺术管理即是将文化艺术活动作为管理对象，通过科学理论方法及现代管理理念，对其进行全方位的人为管理控制，以促使文化艺术活动达到预期效果及目标。文化艺术管理对于维护文化产业健康稳定发展具有重要意义。”[②] 藤县舞狮作为一种优秀的民俗活动和非物质文化遗产，属于兼具地方与民族特色的民间艺术。想要更好地发挥这种艺术的潜力，使优秀的民间文化不至失落，扩大其文化、社会、经济价值，无疑需要从艺术管理角度进行发力。实际上，在县政府的支持下，藤县舞狮已经形成了一套多社会主体参与的文化管理发展模式。(图 14-1)

自 1997 年藤县禤洲醒狮队成立起，现代化的藤县舞狮产业便在政府的支持下不断成型。张仕将作为“东方狮王”的藤县舞狮队伍发展分为四个阶段，即 1997—

① 孙庆彬，王晓晨，牛培林，等．南狮管窥：岭南醒狮的“困”之境与“养”之道——基于藤县舞狮保护传承的实地调查［J］．玉林师范学院学报，2019，40（01）：44–47.

② 张夏露．文化艺术管理在文化产业发展中的重要作用［J］．文化学刊，2021（10）：34–37.

1999 年的萌芽期、2000—2006 年的发展期、2007—2014 年的困难期和 2015 年至今的成熟期。[①]本文讨论的藤县舞狮文化产业结构主要是从 2015 年后的成熟期部分。当前，藤县舞狮文化产业的实践主体的涉及面相对较广，主要的相关单位有广西壮族自治区、梧州市、藤县政府、中国龙狮运动协会、藤县中专（开设有舞狮专业）、藤县中专龙狮团、禤洲醒狮队、狮王公司、藤县中专与狮王公司合作开设的舞狮工艺品扎作基地，以及多地区乡镇小学（开设有课外兴趣舞狮队伍）等，多方人马汇聚，形成了藤县舞狮当下的主要产业管理结构。

优秀文化艺术事业的发展离不开政府的支持与管理，而艺术人才是艺术产业得以发展的基石。2015 年 6 月，梧州市政府对藤县舞狮的传承与发展进行了战略部署，主要从政策、资金和制度等三方面为舞狮人才培养提供保障。[②]在政府的领导下，2015 年秋，藤县中专开设舞狮专业，教授学生规范化学习舞狮运动和龙狮扎作，同时成立了藤县中专学校龙狮团。同年，藤县政府从财政中给予每位舞狮专业学生每年补助费用 4500 元，梧州市教育局下拨 20 万专项资金用于购置舞狮训练设备。次年，广西壮族自治区教育厅下拨 690 万专项资金用于建设藤县中专舞狮专业及实训

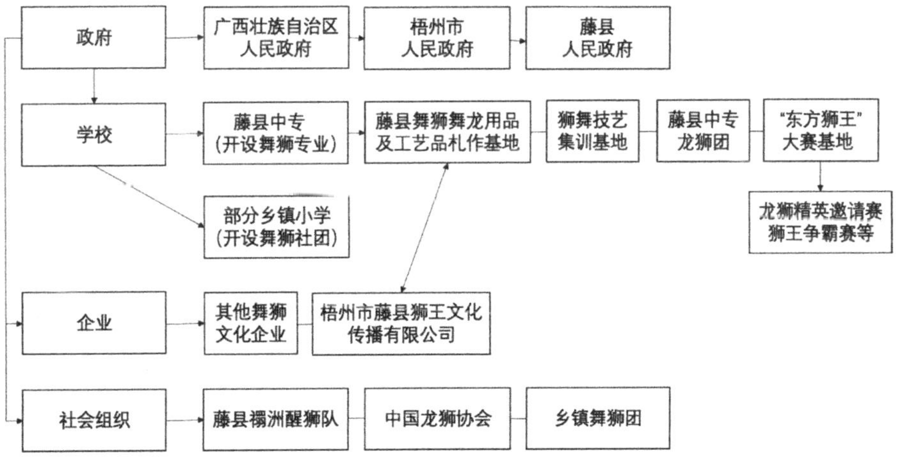

图 14-1　藤县舞狮的艺术管理主体结构

① 张仕. 当代社会变迁下岭南醒狮传承发展研究——基于广西藤县“东方狮王”的实地调查［J］. 五邑大学学报（社会科学版），2022，24（02）：21-25+92.

② 同①.

基地。[①]与此同时，藤县文体局、教育局还将塘步镇、太平镇等地的10多所中小学建设为舞狮后备人才培养基地[②]，结合藤县中专的舞狮文化进校园活动，创办课外兴趣舞狮队伍，培养中小学生的舞狮兴趣。在传统的师徒传承、血缘传承逐渐被现代化的学校教育所取代后，藤县中专充分发挥了其作为舞狮文化传承教育中心的作用。藤县舞狮以藤县中专为依托，成立了一系列产业基地，也举办了一系列重大舞狮赛事。例如，在广西壮族自治区教育厅和中国龙狮运动协会的指导下，自治区体育局主办、藤县人民政府等单位在藤县中专承办的两年一届的“全国龙狮精英邀请赛”、藤县本地一年一度的“藤县狮王争霸赛”等，从艺术管理角度看，这些热门赛事无疑为藤县“东方狮王”的文化名片起到了良好的宣传效果。以2020年“决胜小康、奋斗有我”狮王争霸赛为例，全国各地舞狮团队齐聚藤县切磋舞狮技艺，在抖音App等短视频平台进行了赛事直播，3天累计观看量高达500万人次[③]，提高了藤县舞狮文化的知名度。

藤县中专大力推进校企合作、产教融合，加强了与社会企业的联系，尤其是与由舞狮界的大腕邓彬光、邓植伦等人成立的藤县狮王文化传播有限公司合作，开设了舞狮训练基地、龙狮扎作基地等。一方面，狮王公司派出3—5名专业舞狮教员进驻藤县中专讲授舞狮理论与实践，提升学生的技术水准；另一方面，学校与企业合作进行龙狮工艺品的开发，2020年产值达800多万元。[④]由此一来，学生不但能够学习如何舞狮，还能够学习如何制作舞狮工艺品，即使在到达一定年龄无法参与舞狮表演后，也仍然可以继续舞狮行业内的工作，实现“退役不退休”的理想。除此以外，藤县中专也在积极探索学生未来发展的多种可能。据调查了解，藤县中专鼓励舞狮毕业生继续升学，主要目标为梧州大专学院，希望通过提高学生学历，为其未来的职业发展提供更多保障。这也有利于更多家长做出送孩子就读舞狮专业的决定。总而言之，在政府的扶持下，经过数年的发展，借助社会各方面的通力合作，藤县形成了以藤县醒狮队为基础、以藤县中专学校舞狮团队为主力军的新“东方狮王”团队，持续推进舞狮文化的保护与传播。[⑤]

---

① 资料来源：藤县舞狮从业人员提供。

② 张仕．当代社会变迁下岭南醒狮传承发展研究——基于广西藤县“东方狮王”的实地调查［J］．五邑大学学报（社会科学版），2022，24（02）：21-25+92.

③ 张小文．藤县舞狮传承与发展的现状分析［J］．体育科技，2021，42（05）：79-80.

④ 张仕．当代社会变迁下岭南醒狮传承发展研究——基于广西藤县“东方狮王”的实地调查［J］．五邑大学学报（社会科学版），2022，24（02）：21-25+92.

⑤ 同④.

在现行的艺术管理结构下，藤县舞狮一方面得到来自政府方面自上而下的帮扶，另一方面得到来自社会方面自下而上的参与，形成了一条从舞狮文化到舞狮文化产品开发的发展之路，打通了整个文化产业链的上下游。在这条产业链中，有属于上游的舞狮文化继承与创新（即舞狮的内容汇编与开发），有属于中游的龙狮扎作与具体舞狮节目排演（即舞狮的文化产品生成），也有属于下游的舞狮比赛、舞狮宣传节目（即舞狮的推广与营销）。每位对舞狮感兴趣的当地居民都可以在这条产业链中找到自己的位置。例如，对舞狮感兴趣的学生，便可以从就读舞狮学校开始，系统学习舞狮表演与扎作知识，并在经过数年的培训后成为一名舞狮运动员，在退役后可以继续从事培训、扎作或管理的工作，由此形成一条人才通路。在这种结构中，各方互动良好，运转效率较高，取得了许多令人瞩目的成就（藤县中专龙狮队2015—2020比赛获奖情况与参与活动情况见附录2）。藤县舞狮还凭借出色的艺术成果登上了更大的舞台，如《中国达人秀》《出彩中国人》等，更是在2019年登上了春节联欢晚会、2022年登上了央视元宵晚会，引起了社会更广泛的关注。这些大众传媒活动集视听娱乐、艺术审美与文化传播于一体，唤起无数海内外华人关于传统佳节观看舞龙舞狮的共同文化记忆，达到了深入人心的艺术宣传效果，同时也让“东方狮王”的招牌更加明亮。

五、发展建议

“文化艺术管理是文化产业发展的重要推动力量，对构建良性的文化产业发展循环、实现文化产业的迭代升级具有重要的导向作用。”[①] 加强艺术管理，正是要通过处理艺术产业中多方主体间的关系，扩大产业优势，实现文化艺术的进一步发展。提升艺术管理能力是实现藤县舞狮文化产业深化发展的重要途径。艺术管理有宏观与微观两类：前者指“国家政府和社会组织对艺术活动及其生产的管理”，具有宏观性、整体性、指导性；后者指“承担艺术生产和服务活动的部门、企业在实施生产与服务活动中的自我管理”，具有微观性、局部性、操作性。[②] 本文接下来将结合艺术管理理论，从艺术管理者、艺术生产活动、艺术市场三个角度，分宏观和微观两个层次，对藤县舞狮产业提出发展建议。

---

① 徐静．文化艺术管理对于文化产业发展的影响探究［J］．文化产业，2021（26）：102-104.
② 田川流．论宏观艺术管理与微观艺术管理［J］．齐鲁艺苑，2018（04）：106-111.

1. 艺术管理者

进行艺术管理，首先要有艺术管理者。在谈到如何进行艺术管理升级时，多位学者都将提升艺术管理者的综合能力与水平、做好管理人才队伍的建设放在了所有策略的首位进行论述。[①-②] 李赵指出："艺术管理人员应具备良好的素质能力，积累管理经验，通过对自身的管理理念的改善，使艺术传播的效果得到改善，发挥出艺术管理者的带头作用。"[③] 从微观角度讲，藤县舞狮产业目前的艺术管理者主要是狮队领袖、学校教员、公司经理等，他们大多数是资深或退役舞狮运动员。这些艺术管理者大多没有接受过专业系统的艺术管理训练，而是从无数艺术个体中天然涌现出的具有领导能力的人才，往往依据传统管理模式进行艺术管理。这样做的优势是，管理者对于艺术本身的理解程度较高，便于引领新入行的艺术从业者进行艺术生产。但是缺点是，管理者对于管理知识相对缺乏，更多依赖经验进行管理。因此，可以适当加强他们在管理理论方面的培训，提升其管理能力，促进管理模式和理念创新，从而深度激活舞狮文化的艺术创造。此外，在部分重大赛事及扶持工作中，还会有政府公务人员参与管理工作，这一部分人是宏观层面的艺术管理者。应当增强他们对艺术资源宏观配置、文化产业扶持的知识储备，同时深化其对舞狮文化的理解，建设一支"懂行"又"爱行"的政府方艺术管理团队，更好地推动舞狮文化产业的建设。

2. 艺术生产活动

艺术生产活动是艺术文化产业的核心要素，没有生产创新，艺术产业便无从构建。因此，应当积极促进整个藤县舞狮文化产业体系的建设，完善艺术管理机制，丰富舞狮文化产业链条。当前，藤县舞狮从业者主要的文化产品为舞狮表演和龙狮扎作工艺品，以及一些带有舞狮元素的衍生产品，在当今时代下显得相对传统，没有能够充分开掘文化资源的价值，因此应当适当拓宽文化产品种类。从宏观层面讲，藤县政府可以在经济扶持之余，适当参考其他优秀非遗的开发形式。例如，贵州便围绕布依小打音乐建设了布依生态小镇、风情音乐节等搭建非遗文化平台，既拓展了产业链，又促进了文化的传播。[④] 因此，在举办常规的大型舞狮赛事之外，藤县政府可以考虑主持举办舞狮文化节等活动，邀请全国各地游客参与，开发具有藤县

① 李赵．艺术管理在艺术发展和传播中的作用研究［J］．青春岁月，2021（12）：74–75.
② 赵骞．论艺术管理在艺术发展和传播中的作用［J］．大观（论坛），2021（12）：36–37.
③ 同①。
④ 赵芳．艺术管理模式下贵州布依小打音乐的传承发展研究［J］．北方音乐，2020（21）：13–15.

特色的舞狮文化旅游业。同时，藤县政府应当增加对疫情防控动态的掌握，为各类项目推进做好指导。从微观层面讲，藤县的舞狮文化管理者应当不断提升创新能力，通过设置创新激励机制鼓励原创生产。艺术工作者不仅要保持对舞狮舞蹈节目编排、舞狮工艺品具体形象的创新，还应当实时关注时代前沿，借助新潮流、使用新媒体开发新的文化产品，如舞狮盲盒、舞狮短视频、舞狮手机小游戏等，从而丰富文化产业链，促进非遗文化的传播。

3. 艺术市场

艺术产品需要触达艺术受众才能够被消费。文化产业的发展离不开良性运转的文化市场。李赵指出，应当推动文化艺术市场的发展，使艺术产品有更好的销售条件、艺术创作者有更广的发展前景。[①] 藤县舞狮文化产业发展至今，能够提供优秀的舞狮表演、龙狮工艺品、舞狮培训等文化产品，吸引着本地乃至周边地区的人前来消费，形成了一个发展扩张中的艺术市场。其中，舞狮表演主要通过街区商演、比赛竞演、电视台展演等多种形式触达文化消费者，新媒体运营部分暂缺。新冠疫情使得多地的商演难以举行，许多狮队受到了不小的冲击。这种情况下，更应当积极寻求新的艺术市场，尤其是借助新媒体的力量，将舞狮文化销售至更广阔的空间。宏观而言，政府可以积极推进藤县舞狮文化的宣传营销，利用好各种机会积极展示“东方狮王”的文化名片。例如，在举办各项承接外来访客的盛大活动时，引入舞狮表演，采购龙狮工艺品作为纪念品发放，在展现地域风情的同时扩大潜在市场。同时，政府还要加强对新媒体的重视，让更多舞狮活动有线上表现的空间。这样一方面能够减轻疫情的冲击，另一方面能使更多观众通过网络平台看到优秀的舞狮节目，触达更多的艺术受众。微观而言，舞狮从业者应当主动进行社交媒体运营，在抖音、快手、微信等平台进行文化内容输出，实现自我营销。舞狮舞蹈、训练内容、文化知识、扎作技巧等都可以成为输出的内容。可以通过讲述舞狮少年少女的日常成长故事，展现拼搏不懈的雄狮精神，引起观众的情感共鸣；还可以适当与海内外各地的舞狮队伍进行合作输出内容，深化观众对中国传统舞狮文化的心理认同，打造兼具审美价值、文化价值与经济价值的自媒体账号，实现市场营销、商业变现的双赢。

① 李赵．艺术管理在艺术发展和传播中的作用研究［J］．青春岁月，2021（12）：74-75.

六、总　　结

总而言之，本文从艺术管理的角度分析了国家级非物质文化遗产藤县舞狮在后疫情时代下的传承与发展。首先介绍了藤县舞狮的艺术特色，又从视觉、听觉和心理三个层次对藤县舞狮的艺术魅力进行了分析；其次阐述了藤县舞狮的传承情况，并指出了藤县舞狮所面临的专业人才流失、后备人才紧缩、文化认同下降和新冠疫情影响等困境；接下来分析了藤县舞狮的艺术管理结构，讨论了政府、学校、企业和社会组织等多方携手共建舞狮产业的合作形式；最后，结合艺术管理理论从艺术管理者、艺术生产活动和艺术市场等三个角度，以及宏观与微观两个层次，对藤县舞狮在后疫情时代下的发展提出了新的建议。

本文主要的理论贡献是从艺术管理的视角对藤县舞狮进行了探讨，填补了以往藤县舞狮研究中暂缺的部分。实际贡献则在于通过艺术管理学理论对藤县舞狮的现实情况进行了分析，并提出了发展建议。局限性是由于疫情原因难以进行线下实地走访调研，无法获得更直观的田野调查数据，并且本文笔者主要访谈对象仅为藤县中专与狮王企业的相关人员，视角相对局限。未来的研究可以考虑使用民族志的研究方法，进行线下调研，从更多角度丰富完善藤县舞狮的艺术管理结构，提出更多行之有效的发展建议。

藤县舞狮是我国优秀的非物质文化遗产，锣鼓喧天、舞龙舞狮的场景是无数海内外华人心灵深处的共同文化记忆，以喜庆欢快的艺术形式承载着丰富深厚的文化内涵。通过艺术管理升级助推藤县舞狮非遗文化的发展，任重而道远。

附录1　广西藤县舞狮传承谱系[①]

代别	姓名	性别	出生年	民族	传承方式	师从	学狮地点 技术特长
第一代	黄伟清	男	1911	汉	师徒传承	长辈	濛江镇采青舞狮
	徐轰	男	1915	汉	师徒传承	长辈	濛江镇采青舞狮
	杨牛	男	1920	汉	师徒传承	长辈	濛江镇采青舞狮

① 王标．从传承普系看广西藤县舞狮技艺变迁［J］．辽宁体育科技，2019，41（06）：88-92.

续表

代别	姓名	性别	出生年	民族	传承方式	师从	学狮地点 技术特长
第二代	陈定昌	男	1933	汉	师徒传承	黄伟清	濛江镇采青舞狮
	王永杰	男	1941	汉	师徒传承	黄伟清	濛江镇采青舞狮
	朱甲洲	男	1936	汉	师徒传承	黄伟清	濛江镇采青舞狮
	朱十	男	1933	汉	师徒传承	何兆元	濛江镇采青舞狮
第三代	朱甲华	男	1938	汉	师徒传承	陈定昌	濛江镇采青舞狮
	廖兴贤	男	1949	汉	师徒传承	陈定昌	濛江镇采青舞狮
	柯林生	男	1951	汉	师徒传承	陈定昌	濛江镇采青舞狮
	邓明华	男	1945	汉	师徒传承	长辈	濛江镇、广东、佛山
	廖金胜	男	1950	汉	师徒传承	长辈	濛江镇、广东、佛山
第四代	黄立志	男	1991	汉	师徒传承	朱甲华、廖兴贤	濛江镇采青舞狮
	杨泽胜	男	1992	汉	师徒传承	朱甲华、廖兴贤	濛江镇采青舞狮
	吴杰	男	1989	汉	师徒传承	朱甲华、廖兴贤	濛江镇采青舞狮
	杨定帆	男	1990	汉	师徒传承	朱甲华、廖兴贤	濛江镇采青舞狮
	邓彬光	男	1990	汉	师徒传承	朱甲华、廖兴贤	榻州岛商桩舞狮
	邓静安	男	1988	汉	师徒传承	朱甲华、廖兴贤	榻州岛商桩舞狮
第五代	邓宇	男	1980	汉	家庭传承	邓明华	榻州岛商桩舞狮
	邓宇文	男	1987	汉	家庭传承	邓明华	榻州岛商桩舞狮
	郑惠娉	女	1982	汉	家庭传承	邓明华	榻州岛商桩舞狮
	邓慧婷	女	1985	汉	家庭传承	邓明华	榻州岛商桩舞狮

附录2　藤县中专龙狮队2015—2020比赛获奖与参与活动情况[①]

藤县中等专业学校龙狮队从2015年参加广东珠海国际马戏节到2019年9月参加第十届马来西亚槟城高桩舞狮邀请赛，短短几年内作舞狮的专场表演及参加各种

① 资料来源：藤县舞狮从业人员提供。

比赛多达 100 多场，得到国际和国内舞狮专家的高度赞扬和上级各部门领导的充分肯定。

2015 年 4 月 21 日，藤县中等专业学校龙狮队参加广西体育总会、广西龙狮运动协会和广西社会体育运动发展中心在桂林举办的首届“兴宸杯”狮王争霸赛传统南狮比赛并荣获银奖。

2015 年 12 月 23 日，藤县中等专业学校龙狮队参加 2015 年第七届广西体育节暨第二届广西大学生龙狮锦标赛，在传统南狮比赛中荣获金奖。

2016 年 5 月 30 日，藤县中等专业学校龙狮队在 2016 年梧州市第八届职业学校文艺汇演中以总分第一的成绩荣获一等奖和创作奖。

2016 年 9 月 21 日，藤县中等专业学校迎来了来自亚洲、欧洲、美洲等 40 多家海内外媒体，实地考察藤县舞狮技艺等非物质文化遗产。藤县中等专业学校龙狮队进行了表演，把狮子的喜、怒、哀、乐演绎得淋漓尽致，赢得了全场雷鸣般的掌声。

2017 年藤县中等专业学校龙狮队获得广西第四届广西大学生龙狮锦标赛金奖和银奖。

2018 年 11 月，藤县中等专业学校龙狮队荣获中国（南海）国际民族民间醒狮公开赛殿军。

2018 年 11 月，藤县中等专业学校龙狮队荣获中国东盟（钦州）狮王争霸赛亚军。

2018 年 12 月，藤县中等专业学校龙狮队荣获参加广西壮族自治区成立 60 周年汇演。

2019 年，藤县中等专业学校学生唐载鹏参加中央电视台春节联欢晚会《百狮报喜贺新春》表演。

2019 年 2 月，藤县中等专业学校我校舞狮专业学生到浙江横店影视城参加拍摄《少年黄飞鸿之狮王争霸赛》电影。

2019 年 8 月，藤县中等专业学校龙狮队荣获印尼泗水“市长杯”国际狮王争霸赛冠军。

2019 年 8 月，藤县中等专业学校龙狮队随李克强总理赴内蒙古参加中蒙建交 70 周年文艺晚会汇演。

2019 年 9 月，藤县中等专业学校龙狮队荣获广西—东盟（桂林）狮王邀请赛季军。

2019 年 9 月，藤县中等专业学校龙狮队荣获第十届马来西亚槟城高桩舞狮邀请赛亚军。

2020 年，藤县中等专业学校龙狮队荣获第三届“世界长寿市”狮王邀请赛双冠军。

2020 年藤县狮王争霸赛、2020 年广西校园舞龙舞狮争霸赛和 2020 年广西狮王争霸赛等系列比赛在藤县中等专业学校举行，同时藤县中等专业学校龙狮队在此系列比赛中荣获最高荣誉“王中王”。

参考文献

[1] 孙庆彬，王晓晨，牛培林，等 . 南狮管窥：岭南醒狮的“困”之境与“养”之道——基于藤县舞狮保护传承的实地调查［J］. 玉林师范学院学报，2019，40（01）：44–47.

[2] 张仕 . 当代社会变迁下岭南醒狮传承发展研究——基于广西藤县“东方狮王”的实地调查［J］. 五邑大学学报（社会科学版），2022，24（02）：21–25+92.

[3] 向军，苗宇，郑荣发 . 国家非物质文化遗产“藤县舞狮”的传承与保护研究［J］. 南京体育学院学报，2018，1（12）：75–80+2.

[4] 王标 . 从传承普系看广西藤县舞狮技艺变迁［J］. 辽宁体育科技，2019，41（06）：88–92.

[5] 赵骞 . 论艺术管理在艺术发展和传播中的作用［J］. 大观（论坛），2021（12）：36–37.

[6] 梁爽 . 试论广西藤县舞狮的舞蹈特性与社会功能［J］. 尚舞，2021（19）：123–125.

[7] 向军，梁炳源，苗宇 . 藤县舞狮文化现代传承模式及其协同策略研究［J］. 体育科技，2019，40（01）：89–90.

[8] 本尼迪克特・安德森 . 想象的共同体［M］. 上海：上海人民出版社，2016：08+310.

[9] 梁海萍，蒋东升，唐元超，等 . 新时代背景下广西藤县舞狮运动传承与发展策略研究［J］. 运动精品，2019，38（03）：39–41.

[10] 张夏露 . 文化艺术管理在文化产业发展中的重要作用［J］. 文化学刊，2021（10）：34–37.

[11] 张小文 . 藤县舞狮传承与发展的现状分析［J］. 体育科技，2021，42（05）：79–80.

[12] 徐静 . 文化艺术管理对于文化产业发展的影响探究［J］. 文化产业，2021（26）：102–104.

[13] 田川流 . 论宏观艺术管理与微观艺术管理［J］. 齐鲁艺苑，2018（04）：106–111.

[14] 李赵 . 艺术管理在艺术发展和传播中的作用研究［J］. 青春岁月，2021（12）：74–75.

[15] 赵芳 . 艺术管理模式下贵州布依小打音乐的传承发展研究［J］. 北方音乐，2020（21）：13–15.

企业 CSR 利用 ABIs 参与都市再生成效浅析
——以中国台湾忠泰“新富町文化市场”为例

尹子丹[①]

（中国台湾元智大学人文社会学院社会及政策科学学系，桃园市 32003）

【内容提要】 企业社会责任（CSR）是企业累积社会资本的一种投资行为，CSR 政策的施行成效与社会结构、经济发展、生态环境密切相关。艺术倡议（Art-Based Initiatives，ABIs）参与都市再生在文化及商业维度上具有不可忽视的作用，能够增加地方利益并惠及社会。“新富町文化市场”是忠泰建筑文化艺术基金会于 2017 年正式开幕运营的古迹空间活化项目。其前身“新富町食料品小卖市场”，位于中国台北万华老街区，1935 年开业，至今保留了比日本殖民时期颇具特色的马蹄形公设市场建筑。修旧如旧的硬件整修、饮食教育、文艺展演、社会议题讨论等项目丰富了古迹活化后的多元用途与本土意义。本研究以“新富町文化市场”为例，从都市再生（Urban Regeneration）与文化资本（Cultural Capital）理论出发，结合案例分析、实地调查、项目负责人访谈，探析 ABIs 实行过程中产生的价值与影响。

【关键词】 CSR；都市再生；古迹活化；文化资本

① 尹子丹，女，元智大学文化产业与文化政策博士生。研究领域包括文化政策、数位知识产权、博物馆学、美术史。

A Preliminary Analysis on the Efficacy of Corporate CSR through Art-Based Initiatives in Urban Regeneration: A Case Study of JUT's "XinFu Market" in Taiwan

Yin Zidan

YUAN ZE UNIVERSITY, College of Humanities and Social Sciences, Department of Social and Policy Sciences, TaoYuan City,32003 Taiwan

Abstract: Corporate Social Responsibility (CSR) functions as an investment mechanism for firms to accrue social capital, with its effectiveness intricately correlated with societal structures, economic growth, and ecological sustainability. Art-Based Initiatives (ABIs) play an indelible role in the sphere of urban regeneration, augmenting local benefits and contributing positively to society across both cultural and commercial dimensions. The study investigates the "XinFu Market", a project initiated in 2017 by the JUT Foundation For Arts & Architectural, aiming to revitalize heritage spaces. The precursor to this initiative, the "Midoricho Foodstuff Market", situated in the historic Wanhua district of Taipei of China, dates back to 1935 and retains its distinctive horseshoe-shaped public market architecture. Through meticulous restoration and the implementation of various programs, such as culinary education, artistic performances, and discussions on social issues, the project enriches the multipurpose utility and localized significance of the rejuvenated historical site. Employing theories of Urban Regeneration and Cultural Capital as frameworks, this research melds case analysis, field investigation, and interviews with project administrators to scrutinize the value and impact generated during the execution of ABIs.

Key words: CSR, Urban Regeneration, Heritage Site Revitalization, Cultural Capital

一、前　　言

近代都市建设的发展主要经历三个阶段，分别为都市更新（Urban Renewal）、都市再发展（Urban Regeneration）和都市再生（Revitalization），各国各有不同的政策、对应机制与内容。20 世纪初，西方城市治理理念被引入，1920 年“都市”一词首次在中国台湾被官方应用。时至今日，中国台湾在“都市再生”政策制定及实施过程中，借鉴了美国、英国、日本等发达国家经验。近年来，都市中的闲置空间的价值被重新正视、开发、再利用，使其在文化、社会、经济层面发挥积极作用。其中，由忠泰建筑文化艺术基金会开发的“新富町文化市场”极具研究价值与代表性，既有自身的空间实践性（Spatial Practice），亦展现了中国台湾“都市再生”的另一番面貌。

二、文献回顾

（一）都市再生

工业革命后，都市中心机能的衰退成为各国经济发展的重大阻碍，西方国家拯救衰颓都市的一系列对策纷纷出炉。1875 年的“巴黎改建计划”成为“都市更新”（Urban Renewal）的起源。美国则是率先执行“都市更新”计划的国家。中国台湾本土都市计划法的修正亦受到美援会之协助。

都市再生较过去曾有过的尝试（都市复兴、都市更新、都市再发展等）更为活化与全面，主要目的是促进都市的新陈代谢，借此保持或增加都市的生命力。[①]“都市再生”概念将都市视作具备新陈代谢能力的一种有机生命体，具有诞生、成长、壮盛、衰退、死亡的生命周期。与“都市更新” 大肆拆除改建旧城区、都市郊区化不同，“都市再生”应城市生命周期与结构的变化，更强调与环境共生，并将关注重心重新拉回旧都市本身，利用可循环利用之资源，从环境、文化、经济等不同角度对都市资产进行重新转化，以复苏都市的生命力。通过将中心区土地有效再开发，维护、修缮旧城区历史文化资源，将闲置空间进行功能再生、特色营造，强调民间团体投入，积极促进公私合作、策略联盟等方式，使“更新”过度、荣景不再的旧都市再生。再生过程中被活化的区域资源可以对周边环境产生改善作用，甚至形成产业群聚（Cluster）效应，协助地方产业升级、激发所在区域发展，进而产生更广泛的社会、文化和经济意义。

艺术作为一种文化实力与经济资源，逐渐被应用到当代全球化都市再生中，常常成为产业、企业、政府与城市之间的中介纽带并带来实际的效益。这种效益不止体现在经济、环境方面，更体现在人与社群之间的精神及情感的凝聚力上。

---

① 曾信杰 . 文化行销：博物馆在都市再生中扮演之角色［J］. 中国台湾：博物馆学季刊，2005：19（4）.

（二）闲置空间

闲置空间系依法被指定为古迹、登记为历史建筑或未经指定的旧有闲置建筑物或空间，其结构安全无虞，仍具有可再利用以推展文化艺术的价值。[①] 基本上，空间被闲置，明白地说明了它的没有被使用、没有机能的特质，然而造成这种情况的因素却不止一项。有些是原使用者已不存在或者是所有权人已经放弃的真正闲置空间，然而有些却是管理不当的空间。[②] 从单一主体的建筑空间扩大到整体社会层面来看，闲置空间再利用绝对不只是基于经济及社会成本考量下的空间再利用而已，而是要延续空间中所呈现的一种本土产业的历史轨迹风貌，使当地人文社区意识与情感能在空间中被阅读。[③] 闲置空间在早期都市结构中被视为棕地，常造成都市发展的阻力及限制。文建会于 1998 年起积极推动“产业闲置空间再利用”，引起民众热烈的反响。如今，闲置荒废之空间一反过去代表都市的没落、停滞及环境污染等负面的印象，成为给人惊喜感受的空间。巨大的工业厂房、极简美学的机械结构及高耸伫立的烟囱，给现代人一种新颖的另类空间体验，人置身于工业建筑中所获得的不只是视觉上的空间感官体验，更有蕴含着丰富的历史意涵及空间情境之感受，这样的空间能满足人们精神上之情感交流。[④]

（三）企业社会责任

迈克尔·波特（Michael Porter）认为，企业社会责任（CSR）应该是公司的核心经营策略之一，而不只是锦上添花的公关。F. Farache 等人提出的 SCSR（Strategic CSR）定义涉及两个重要的意义——解决经济价值（EV）和社会价值（SV），并为公司和其利益相关者带来好处。[⑤] 如今，企业社会责任的创造条件受到了广泛关注，不仅在个体企业层面，而且在国家层面，它正成为许多政府的战略重点。在发达经济体中，它是社会和经济发展的一个组成部分。企业社会责任的某些方面不仅被专家公众所探讨，而且正在成为一般的社会主题。[⑥] 中国台湾“上市上柜公司治理实务

---

① 试办闲置空间再利用实施要点［S］. 中国台湾：“文化建设委员会”，2002.

② 傅朝卿 . 台湾闲置空间再利用理论建构［C］.// 闲置空间再利用国际研讨会论文集 . 中国台湾：“行政院文化建设委员会”，2001.

③ 曾梓峰 . 推动闲置空间再利用相关法令之探讨与研拟［R］. 中国台湾：“文化建设委员会”研究报告，2002.

④ 刘雅琪 . 从工厂到神殿，荒废地景的论述——以台金厂为例［D］. 中国台湾：台湾大学，1999.

⑤ Francisca Farache，Georgana Grigore. *Values and corprate responsibility：CSR and sustainable development*［M］. London：Palgrave Macmillan，2020.

⑥ Maria Antosova，Adriana Csikosova. Corporate social responsibility in small and medium enterprises in Slovakia［J］. *Actual Problems of Economics*，2016：220.

守则”规定，上市上柜公司应重视公司之企业社会责任，其中包含三个层面：公司治理、环境保护、社会关怀。

在文化方面，当艺术参与到企业社会责任时，企业通常把其纳入社会关怀板块，同时又常常将对人文社会、生态环境的关注与行为反向渗透到公司治理的细节中。优秀的企业社会责任项目会形成内部与外部共通的良性循环，成为公司永续发展的策略竞争优势。在环境保护层面，艺术的创意往往使生态议题或环保事件更具有感染力与传播性。在社会关怀方面，艺术丰富了企业对社区贡献的形式以及社区参与度。同时企业社会责任亦使企业参与文化投资，是都市再生的推动者。关于中国台湾艺术与企业的合作，在 2000 年 10 月，文化艺术基金会举办的“从世界的视角阅读文化”论坛第二项议题“企业与艺文的创意伙伴关系”，即讨论了企业与艺术在传统的“赞助”关系之外可以发展出共生共赢的互助生态。艺术倡议提供了这样一种可能。

（四）艺术倡议

艺术在商业中的力量从根本上与它们作为美学技术的作用有关。在这种情况下，美学技术被定义为用于处理或解决业务 / 组织问题的艺术形式和艺术过程。这等于将艺术项目和实践视为管理组织的组织美学维度的实用手段。[①]

所谓的艺术倡议（Art-Based Initiatives，ABIs），是指任何一个组织或管理单位，运用一种或多种艺术形式使更多人能在组织内获得一种艺术经验，以及将嵌入的艺术转化为企业资产的过程。艺术倡议的影响在于对组织知识资产所产生的改造，在促进人类情感以及组织生产与基础建设上发挥催化的功能。此外，通过发展组织的知识资产，艺术倡议还能强化组织的竞争力与创造力，实现组织营运与策略目标，进而提升企业营运绩效。[②]

（五）中国台湾文化空间政策

将文化置于发展政策的核心地位，是对未来世界的一项必要投资，也是在文化多样性原则下推动全球化进程的先决条件。[③]在全球化时代，文化的作用具有了前所未有的意义，并被重新定义为一种资源，使其能被用作解决政治和社会经济问题的

---

① Daniela Carlucci，Giovanni Schiuma.The power of the arts in business［J］. *Journal of Business Research*. 2018，4（85）：342-347.

② 2013 台北艺术论坛 . 什么是艺术倡议呢？［R］. 中国台湾：台北艺术产经研究室 .TAERCentre，2013.

③ World Day for Cultural Diversity for Dialogue and Development，21 May［EB/OL］. https：//www.un.org/zh/observances/cultural-diversity-day/background.

手段，包括城市问题。[①] 城市化正在全球快速发展，预计到 2030 年世界上将有超 40 个超大城市，每座城市的居民人数都将超过 1000 万。无论规模大小，城市中移民的增加意味着文化多样性的增加，这种多样性应被转化为创意、创新和全面发展的可持续资源。作为文化交流和遗产建设的核心，城市正在回收公共空间作为促进讨论、创意表达和社会互动的方式。联合国教科文组织文化部门副总干事弗朗切斯科·班德林（Francesco Bandarin）认为，明天的城市必须以人为本，具有抗逆性，有宜居建筑、自然空间、城乡联系及优质公共空间。这就要求有创新全面的政策和以文化为核心的城市规划和改造，从而确保可持续性、提升民众生活质量。[②] 文化政策有助于形成社会凝聚力，而社会凝聚力本身就被认为对城市的竞争力很重要。[③]Bianchini 和 Parkinson 认为文化是西欧都市再生的关键，而文化空间亦在此扮演了重要角色。[④]

中国台湾由于 20 世纪 80 年代开始的大众流行文化，对文化消费空间的需求更为殷切。为聚集四处分散的文化活动，文化政策开始从空间着手，通过空间环境的整备和资源的串流、整合，达到文化产业着床的目的。[⑤] 中国台北市文化局在 1999 年成立后紧密推动“闲置空间再利用”，这种“替代性空间”的兴起，改变了市民对公共空间的想象。[⑥] “行政院文化建设委员会”自 2001 年开始推行闲置空间再利用之政策，地方政府运用闲置空间再利用政策来解决都市老化的问题，完成都市再生的工作。

三、研究方法与研究对象：文化治理、都市再生、企业社会责任的策略联盟

艺术与企业的关系从由来已久的“赞助”逐渐向互惠互利的合作伙伴关系转化。

---

① George Yudice. *The pediency of Culture: Uses of Culture in the Globol Era* [M] . Duke University Press，2003.

② Culture lies at the heart of urban renewal and innovation [EB/OL] .（2016-12-30）.https://zh.unesco.org/news/wen-hua-chu-yu-cheng-shi-fu-xing-yu-chuang-xin-he-xin.

③ Boddy，Parkinson. *City Matters* [M] . Bristol：The Policy Press，2004.

④ Franco Bianchini，Michael Parkinson. *Cultural policy and urban regeneration: the West European experience* [M] . Manchester：Manchester University Press，1993.

⑤ 财团法人环境规划与城乡研究文教基金会 . 全球化趋势下文化产业园区发展策略之研究 [R] . 中国台湾：“行政院经济建设委员会”，2003（2）：11-12.

⑥ 陈华志 . 艺文空间发展与都市再生：从台北市空间在利用观察 [J] . 中国台湾：博物馆学季刊，2005，19（4）：85-86.

中国台湾文艺会（财团法人文化艺术基金会，1996 年 1 月正式成立）于 2004 年成立“文艺之友”，旨在号召民间力量，推广、艺术与企业合作之理念与实践。其中不乏法国巴黎银行文化基金会赞助的表演艺术领域项目、现代汽车集团赞助的水星音乐奖、Levi's 主办的 Levi's Music Project 长期驻地音乐教育计划、台新银行支持的艺术创作系列、雄狮铅笔厂“艺教于乐”专案等众多优秀案例，其中忠泰建筑文化艺术基金会创办的“新富町文化市场”，利用都市老旧空间与文化结合，显得既“日常”又与众不同。

（一）忠泰集团与忠泰建筑文化艺术基金会

忠泰集团（忠泰建设机构）创办于 1988 年，本业为建筑公司，相继创办了建筑规划、营造施工、企划营销、室内设计、家具家饰及艺术文化等相关企业来介入城市发展，以空间、生活美学、文化艺术连接人与人、人与社群、人与城市之间的关系。忠泰文化艺术基金会是 2007 年在忠泰集团支持下成立的非营利机构，旨在希望能够在建筑、文化、艺术三个领域上以非营利的方式创造具前瞻性、价值性、公益性的能量。[①] 从关注城市的过去到关心城市的未来，从建筑兴建到闲置空间再利用，“明日博物馆”“都市果核计划”“忠泰建筑学院”“忠泰美术馆”是目前基金会运营的四个系列项目。

（二）“都市果核计划”

2010 年起，忠泰建筑文化艺术基金会开始推动“都市果核计划”（Project UrbanCore）中长期项目。该项目整合城市中闲置的旧有空间，集忠泰建筑企业之资源与艺术文化跨界聚合，推动艺企合作与都市再生之实践。“Urban”意为都市，“Core”意为果核。以“UrbanCore”为名，象征着这些原被遗忘的城市（Urban）角落，能够触发城市新一代生命走向茁壮，如同被啃食殆尽的果核（Core）在新的养分浇灌下萌发生机。“都市果核计划”是一个游移式的长期艺文耕耘计划，利用富群聚性、启发性、辐辏性的闲置空间，鼓励艺术、设计、建筑及相关创意工作者进驻或合作，打造利于创作能量汇集与交流的平台。[②]“都市果核计划”历经三个项目转承发展，包括“城中艺术街区”“中山创意基地 URS21”“新富町文化市场”。

2010 年至 2012 年“城中艺术街区”作为该计划的第一站，将城市中颓败街区的一栋老旧建筑再利用，综合评估后邀请艺文类非营利机构及团队入驻、创作，以免

① 彭俊亨，秦雅君 . 给今日企业的一份艺术提案［M］. 中国台湾：艺术家，2011：76-92.

② 忠泰建筑文化艺术基金会［EB/OL］.http：//www.jutfoundation.org.tw/project/1.

租为条件达成定期开展讲座、工作坊、展演等跨界合作共识。“城中艺术街区”所用建筑为忠泰集团闲置空间，运营总天数为 2 年 22 天，共举办展览 69 场，论坛、讲座 66 场，音乐、舞蹈、戏剧表演 29 场，记者会 15 场，其他活动 51 场，参与核心活动总人数 32 415 人。（数据资料来源：忠泰建筑文化艺术基金会）中国台北市都市更新处于 2010 年开始推动“都市再生前进基地”（Urban Regeneration Station，简称 URS）计划。中国台湾台北市中山区民生路一段 21 号，随着烟酒公卖制度的废除成为闲置空间。忠泰基金会争取到此处在 2011 年 9 月至 2014 年 6 月之间将近三年的经营权，将废弃基地改建为市民公共空间，集成“城中艺术街区”经营机制与内容，并更名为“中山创意基地 URS21”，成为“都市再生前进基地 URS”的子基地之一。其为“城中艺术街区”结束运营后的延续，亦是“都市果核计划”的第二个创意跳岛，并以“都市再生”“在地链结”“文创产业群聚”为三项推动主轴。[①]经营期间，共举办展览 74 场、工作坊 29 场、记者会 19 场、演讲 112 场、活动 44 场、其他 15 场，参与核心活动总人数高达 168 117 人。（数据资料来源：忠泰建筑文化艺术基金会）

（三）“新富町文化市场”

“新富町文化市场”是“都市果核计划”的第三个据点，目前正在营运，是忠泰基金会继“中山创意基地 URS21”之后对废弃空间再开发的新实践。位于万华地区的市定古迹“新富市场”于 1935 年落成，是当时第一座同时表现新式卫生模式与现代建筑式样的公有市场，也是现存唯一案例。马蹄形的外观、中央自然采光的天井及现代主义的建筑风格，皆为同时期市场的前卫表现。除市场本体外，基地亦保有日本殖民时期的管理员办公室与日式宿舍，呈现完整空间脉络。[②]

“新富市场”修建时基地面积约 506 坪[③]，建物面积约 199 坪，墙体为加强砖建造，外以洗石子装饰，屋顶用水泥浇灌，基地外为红砖围墙，内设有三十多个摊位，贩售烟酒糖茶、生鲜百货等生活物资，开业后一度成为万华地区民众的生活采买中心。荣景不长，1939 年二次世界大战全面爆发，物资紧缺，政府开始采取配给制，“新富市场”经营陷入停滞。战后伴随经济复苏，因为大量生活买卖需求，“新富市场”恢复营业，并走向全盛时期。1970—1990 年传统市场模式式微，同时受到市场外流动摊贩的生意挤兑，加之现代生活方式的改变，“新富市场”客源逐渐流失，20

① 忠泰建筑文化艺术基金会［EB/OL］.http：//www.jutfoundation.org.tw/project/1/164.

② Irene Hsu. 这次市场不卖菜 新富市场告诉你：菜市场可以是这样［EB/OL］.（2015-05-22）. https：//www.wowlavie.com/article/ae1501004.

③ 1 坪约合 3.3 平方米。

世纪90年代起，商户经营陷入困境，陆续迁出，原有空间被当作仓库使用。“新富市场”被历史尘封，而建筑及其历史价值得以留存。随着都市再生及文化空间政策的推行，2006年“新富市场”被指定为市定古迹，2013年完成空间修复；2014年5月招标市定古迹新富市场空间经营团队，忠泰建设公司得标取得9年营运权，委托忠泰建筑文化艺术基金会负责营运。经过三年的古迹空间再利用增建装修，“新富市场”被重新命名为“新富町文化市场”，于2016年12月试运营，2017年3月正式开幕。[①]“新富町文化市场”以新时代角色，担任传统市场文化、民众生活日常的研究基地，以及老城再生的公共参与平台。[②]

生长于市井深处的“新富市场”与当地居民的衣食住行相伴近一个世纪之久，是久居于此的几代“新富人”的成长记忆。因为如此，都市在这里更似政策与时代的大背景，人与空间、社区与空间的关系在这个项目上显得尤为突出。古建硬体修缮、机电整合、室内增建装修、四周环境修葺一新，对于建筑业出身的忠泰基金会来说只是运营开始前的热身。如何让经营了几代的老“新富”人接受新“新富”？如何在观念、情感、生活上与当地社区建立链接？如何在想象中共好，没落中振兴？这些是“新富町文化市场”的新功课，也是忠泰基金会的新功课。[③]

目前，“新富町文化市场”承担着重建市场公共服务的责任，同时在空间规划及使用上，内设餐桌学堂、巷仔内教室、展演空间、市场史脉络常设展、创意协作空间、进驻办公室、复合式餐饮空间等，引进都市、建筑、艺术、设计、文化等多元创新能量，让新旧使用者、不同时代的使用模式共存其中，借由正向互动转换为具有公共意涵的文化场域。

新富町文化市场基本经营思路可归纳为三大方向：将市场建筑转换为饮食教育的场域、使古迹作为当地社会议题讨论的基地、让场馆成为连结当地与外部社群的沟通平台。[④]在经营内容上，包括了“一口新富”常设展，展出内容包括了新富市场历史沿革文献、照片及录像，还有保存至今的柜台样本、形象逼真的市场还原模型及采样于万华老市场的传统食物及烹饪器具，以还原“一口原汁原味”的旧时光。专题策划及征件展，灵活运用空间，搭配教室学堂，策划有趣内容，使展览从室内

---

① 新富町文化市场［EB/OL］.http：//umkt.jutfoundation.org.tw/about/history.

② 李彦良.2007—2017忠泰建筑文化艺术基金会［M］.中国台湾：财团法人忠泰建筑文化艺术基金会，2017.

③ 李彦良.后都市的共生 × 共创［M］.中国台湾：财团法人忠泰建筑文化艺术基金会，2014.

④ 新富町文化市场［EB/OL］.http：//umkt.jutfoundation.org.tw/about/activate.

延伸至街巷，除既定观众族群外，探索与社区居民的新互动形式。创意协作空间与进驻办公室则产生创意群聚，为灵感激发提供聚合媒介。

在研究过程中，本文对“新富町文化市场”总监洪宜玲女士进行了专访，采集到运营相关数据。“新富町文化市场”项目古迹建筑相关部分投入约 5000 余万元（本文货币单位皆为新台币），每年计划性投入约 1000 余万元，每月支付场地租金 27 万元。目前，尚未申请获得相关类型的政府补助或民间赞助，资金支持来源于忠泰集团与忠泰基金会。在对观众群体的统计上，发现年轻族群变多，甚至成为主要参观群体，“新富町文化市场”使他们更愿意在休息日进入到传统空间观看展览、参与活动及在咖啡馆内享受休闲时光。在观众数据统计上，新冠疫情前每月参观人数约 7000 人左右，疫情趋于平缓阶段，参观人数逐渐回升，截至 2021 年 12 月，达到 5000余人每月。收益部分，来自委外咖啡馆场地租金、讲座课程学费等。（数据来源：忠泰建筑文化艺术基金会“新富町文化市场”总监洪宜玲女士）

四、结　　论

布尔迪厄资本理论认为，资本之间是可以转换的，最显而易见的是经济手段影响文化资本，而文化资本也可以与社会资本、经济资本共同转化为符号资本。[①] 布尔迪厄提出阶级指标对应于个人的社会地位，审美标准与消费趣味。不同的社会地位分化出种类繁多的消费兴趣，以凸显统治阶级的文化独特性。关于文化资本布尔迪厄主张，重要的是来自社会出身与继承家族累积的社会资本与经济资本。这与文化艺术作为一种不寻常的存在所对应，资本形成的距离使文化空间成为都市中的一种特殊公共空间。

“新富町文化市场”恰巧成为“特殊公共空间”的例外，重新定义了文化资本与阶级的关系。从艺企合作到社会责任，从都市再生到社区营造，将文化经验从有墙空间惠及至不同社会群体中。从公司治理的角度我们可以将这样的艺术计划视作文化投资，以投资转化成效来看，忠泰的艺企合作项目于内体现在市场红利与企业品牌价值上，于社会体现在促进公共幸福上。同时在忠泰基金会组织的一系列艺术计划中，可以观察到其在即有资本形态及社会阶级上的超越。

---

① Bourdieu，P. and Wacquant，L.布赫迪厄社会学面面观［M］.李猛，李康，译.中国台湾：麦田，2008.

【参考文献】

[1] 彭俊亨，秦雅君 . 给今日企业的一份艺术提案 [M] . 中国台湾：艺术家，2011：76-92.

[2] 李彦良 . 后都市的共生 × 共创 [M] . 中国台湾：财团法人忠泰建筑文化艺术基金会，2014.

[3] 叶银华 . 公司治理：全球观点、台湾经验 [M] . 台中市：沧海，2008：442-460.

[4] Yudice. 文化的权宜之计：全球时代文化的运用 [M] . 达勒姆：杜克大学出版社，2003.

[5] Bourdieu，P.and Wacquant，L. 布赫迪厄社会学面面观 [M] . 李猛，李康，译 . 中国台湾：麦田，2008.

[6] Grout，C. 艺术介入空间：都会里的艺术创作 [M] . 中国台湾：远流，2002：22-37.

[7] 曾信杰 . 文化行销：博物馆在都市再生中扮演之角色 [J] . 中国台湾：博物馆学季刊，2005：19（4）.

[8] 赖炳树、白仁德 . 推动闲置空间再利用相关法令之探讨与研拟 [J] . "文化建设委员会"研究报告 . 建筑与规划学报 . 2009，10（1）：15-32.

[9] 陈华志 . 艺文空间发展与都市再生：从中国台湾空间在利用观察 [J] . 中国台湾：博物馆学季刊，2005，19（4）：85-86.

[10] 刘雅琪 . 从工厂到神殿，荒废地景的论述——以台金厂为例 . [D] . 中国台湾：台湾大学，1999.

[11] 曾梓峰 . 推动闲置空间再利用相关法令之探讨与研拟 [R] . 中国台湾："文化建设委员会"研究报告，2002.

[12] 2013 台北艺术论坛 . 什么是艺术倡议呢？ [R] . 中国台湾：台北艺术产经研究室 TAERCentre.2013.9.

[13] 财团法人环境规划与城乡研究文教基金会 . 全球化趋势下文化产业园区发展策略之研究 [R] . 中国台湾："行政院经济建设委员会"，2003（2）：11-12.

[14] 李彦良 .2007—2017 忠泰建筑文化艺术基金会 [M] . 中国台湾：财团法人忠泰建筑文化艺术基金会，2017.

[15] 傅朝卿 . 台湾闲置空间再利用理论建构 [C] .// 闲置空间再利用国际研讨会论文集 . 中国台湾："行政院文化建设委员会"，2001.

[16] 试办闲置空间再利用实施要点 [S] . 中国台湾："文化建设委员会"，2002.

[17] 忠泰建筑文化艺术基金会 [OL] .http：//www.jutfoundation.org.tw/project/1.

[18] 忠泰建筑文化艺术基金会 [OL] .http：//www.jutfoundation.org.tw/project/1/164.

[19] 新富町文化市场 [EB/OL] .http：//umkt.jutfoundation.org.tw/about/history.

[20] Irene Hsu. 这次市场不卖菜 新富市场告诉你：菜市场可以是这样 [EB/OL] .（2015-05-22）. https：//www.wowlavie.com/article/ae1501004.

[21] Boddy，Parkinson. *City matters* [M] .Bristol：The Policy Press，2004.

[22] Franco Bianchini，Michael Parkinson. *Cultural policy and urban regeneration：the West European experience* [M] .Manchester：Manchester University Press，1993.

[23] Francisca Farache, Georgana Grigore. *Values and Corprate Responsibility: CSR and sus-tainable development* [M] .London: Palgrave Macmillan, 2020.

[24] Maria Antosova, Adriana Csikosova. Corporate social responsibility in small and medium enterprises in Slovakia [J] . *Actual Problems of Economics*, 2016: 220.

[25] Daniela Carlucci, Giovanni Schiuma.The power of the arts in business [J] . *Journal of Business Research*. 2018, 4 (85): 342–347.

[26] World Day For Cutural Diversity for Dialogue and Development, 21May [EB/OL] . https://www.un.org/zh/observances/cultural–diversity–day/background.2021.5.21.

[27] Culture lies at the heart of urban renewal and innovation [EB/OL] . (2016–12–30) . https: //zh.unesco.org/news/wen–hua–chu–yu–cheng–shi–fu–xing–yu–chuang–xin–he–xin.